Desenvolvimento e política
Reflexões sobre a crise dos anos 1960

FUNDAÇÃO EDITORA DA UNESP

Presidente do Conselho Curador
Mário Sérgio Vasconcelos

Diretor-Presidente / Publisher
Jézio Hernani Bomfim Gutierre

Superintendente Administrativo e Financeiro
William de Souza Agostinho

Conselho Editorial Acadêmico
Divino José da Silva
Luís Antônio Francisco de Souza
Marcelo dos Santos Pereira
Patricia Porchat Pereira da Silva Knudsen
Paulo Celso Moura
Ricardo D'Elia Matheus
Sandra Aparecida Ferreira
Tatiana Noronha de Souza
Trajano Sardenberg
Valéria dos Santos Guimarães

Editores-Adjuntos
Anderson Nobara
Leandro Rodrigues

FUNDAÇÃO PERSEU ABRAMO

Instituída pelo Diretório Nacional do Partido dos Trabalhadores em maio de 1996.

Diretoria

Presidente
Paulo Okamotto

Vice-presidenta
Vívian Farias

Elen Coutinho
Naiara Raiol
Alberto Cantalice
Artur Henrique
Carlos Henrique Árabe
Virgílio Guimarães
Jorge Bittar
Valter Pomar

Conselho editorial
Albino Rubim, Alice Ruiz, André Singer, Clarisse Paradis, Conceição Evaristo, Dainis Karepovs, Emir Sader, Hamilton Pereira, Laís Abramo, Luiz Dulci, Macaé Evaristo, Marcio Meira, Maria Rita Kehl, Marisa Midori Deaecto, Rita Sipahi, Silvio Almeida, Tassia Rabelo, Valter Silvério

Coordenador editorial
Rogério Chaves

Assistente editorial
Raquel Costa

PAUL SINGER

Desenvolvimento e política
Reflexões sobre a crise dos anos 1960

Desenvolvimento e crise
A política das classes dominantes

ORGANIZAÇÃO André Singer, Helena Singer e Suzana Singer

COLEÇÃO PAUL SINGER VOLUME 3

© 2023 EDITORA UNESP

Direitos de publicação reservados à:
Fundação Editora da Unesp (FEU)
Praça da Sé, 108
01001-900 – São Paulo – SP
Tel.: (0xx11) 3242-7171
Fax: (0xx11) 3242-7172
www.editoraunesp.com.br
www.livrariaunesp.com.br
atendimento.editora@unesp.br

DADOS INTERNACIONAIS DE CATALOGAÇÃO NA PUBLICAÇÃO (CIP) DE ACORDO COM ISBD
Elaborado por Odilio Hilario Moreira Junior – CRB-8/9949

S617d
Singer, Paul
    Desenvolvimento e política: reflexões sobre a crise dos anos 1960 / Paul Singer; organizado por André Singer, Helena Singer, Suzana Singer. – São Paulo: Editora Unesp; Fundação Perseu Abramo, 2023.

    Inclui bibliografia.
    ISBN: 978-65-5711-181-9 (Editora Unesp)
    ISBN: 978-65-5626-108-9 (Fundação Perseu Abramo)

    1. Ciências políticas. 2. Economia. 3. Desenvolvimento econômico. I. Singer, André. II. Singer, Helena. III. Singer, Suzana. IV. Título.

2023-829   CDD 320
                                      CDU 32

Editora afiliada

Sumário

Coleção Paul Singer, 7
O intelectual se forma no combate –
Alexandre de Freitas Barbosa, 9

DESENVOLVIMENTO E CRISE

Prefácio, *33*
Prefácio à 2ª edição, *39*
  I. Conceituação de desenvolvimento, *43*
  II. Conjuntura e desenvolvimento, *63*
  III. Política econômica do desenvolvimento, *103*
  IV. Análise crítica do Plano Trienal, *139*
  V. Ciclos de conjuntura em economias subdesenvolvidas, *177*
  VI. Implicações políticas da crise econômica, *199*

A POLÍTICA DAS CLASSES DOMINANTES

1. Introdução, *225*
2. Realidade e aparência, *226*
3. O político profissional, *231*
4. Os grupos políticos, *237*
5. Os partidos e a realidade política, *244*
6. Os partidos de direita em perspectiva, *274*
7. Posfácio, *280*

Coleção Paul Singer

Paul Singer nasceu em Viena, Áustria, em 1932. Em 1940, fugiu do nazismo levado pela mãe, viúva, para São Paulo. No Brasil, completou a escolaridade fundamental, tornando-se eletrotécnico no ensino médio. Antes de ingressar na Universidade de São Paulo (USP), em 1956, para estudar economia, foi operário e tornou-se militante socialista, condição que manteria para o resto da vida, tendo intensa participação partidária até a morte, em 2018.

Diplomado pela Faculdade de Economia e Administração (FEA) da USP, fez carreira acadêmica, a qual passou por doutorado em Sociologia, livre-docência em Demografia e titularidade na própria FEA, onde se aposentou em 2002. A segunda metade de sua existência foi marcada pela gestão pública, na qual exerceu os cargos de secretário do Planejamento do município de São Paulo (1989-1992) e secretário nacional de Economia Solidária do governo federal (2003-2016). Neles teve oportunidade de implementar ideias e propostas que havia desenvolvido desde a juventude.

O legado dessa trajetória inclui 24 livros próprios e seis em coautoria, algumas dezenas de artigos científicos publicados em diversos países, várias centenas de textos e entrevistas a jornais, além de relatórios e comunicações orais, hoje no acervo do Instituto de Estudos Brasileiros (IEB) da USP. A Coleção Paul Singer, da Fundação Editora da Unesp e da Editora Fundação Perseu Abramo, visa disponibilizar ao público uma seleção de trabalhos do autor, cuja obra se estendeu não somente a assuntos econômicos, mas relacionados à política, urbanismo, demografia, saúde e história, entre outros.

André Singer, Helena Singer e Suzana Singer

O intelectual se forma no combate

*Alexandre de Freitas Barbosa**

Os textos que compõem este livro foram escritos na primeira metade dos anos 1960, quando Paul Singer, recém-graduado em Economia pela Universidade de São Paulo (USP) em 1959, participava com desenvoltura no debate nacional. Ao percorrermos os artigos de jornal desse período no acervo de Paul Singer no Instituto de Estudos Brasileiros (IEB-USP),[1] nos deparamos com o reconheci-

---

* Alexandre de Freitas Barbosa é professor de História Econômica e Economia Brasileira do Instituto de Estudos Brasileiros da Universidade de São Paulo (IEB-USP); coordenador do Núcleo "Repensando o Desenvolvimento" do LabIEB; e pesquisador com Bolsa Produtividade do CNPq, Nível 2.

1 O acervo de Paul Singer foi doado por sua família ao IEB-USP no ano de 2018. Ele compreende a biblioteca e o arquivo de documentos pessoais. Os livros e documentos de Paul Singer passaram pelo protocolo de conservação que envolve o processo de irradiação, realizado pelo Instituto de Pesquisas Energéticas e Nucleares (Ipen), desmetalização, higienização e pré-classificação, atividades essas realizadas ainda em 2019. Após a pandemia, entre 2022 e 2023, com o apoio de estagiários, bolsistas do Programa Unificado de Bolsas (PUB) da USP e alunos de pós-graduação, sob a supervisão da Biblioteca e do Arquivo do IEB, os livros e documentos passaram a ser catalogados e descritos, estando à disposição, ainda não na sua totalidade, para a consulta do público.

10 DESENVOLVIMENTO E POLÍTICA

mento obtido em um curto espaço de tempo. Se, em abril de 1961, ele aparece no *Diário da Tarde* como o economista "Paul Zinger",[2] o *Diário de Notícias* de agosto de 1968 traz a seguinte manchete: "Paul Singer fala sobre 'juventude e política'".[3] O entrevistado, ao que tudo indica, agora dispensa apresentação.

A *Folha da Tarde*, de 30 de dezembro de 1968, refere-se a ele como alguém "ainda jovem – 36 anos", mas já "muito conhecido nos meios universitários do Brasil".[4] Em seguida, traz o seu alentado currículo. Além de ter sido professor da Faculdade de Economia, Administração, Contabilidade e Atuária (FEA-USP) e das faculdades de Rio Claro e Araraquara,[5] o jovem Singer possui doutorado em Ciências Sociais pela Faculdade de Filosofia, Letras e Ciências Humanas (FFLCH) da USP e atua como professor de Estatística Aplicada na Faculdade de Higiene e Saúde Pública da mesma universidade. Entre as obras de sua autoria, aparecem na matéria *Desenvolvimento e crise* (1968), publicado pela editora Difel, e *Política e revolução social no Brasil* (1965) pela Editora Civilização Brasileira, em colaboração com Octávio Ianni, Gabriel Cohn e Francisco Weffort.[6]

São estes os textos agora republicados – no segundo caso, o seu artigo "A política das classes dominantes" que consta do livro organizado pelos pesquisadores da USP – pela Editora Unesp e pela Fundação Perseu Abramo. Neles podemos já identificar o intelectual que

---

2 "O sistema econômico atual poderá impedir o desenvolvimento econômico do país", relato da participação de Paul Zinger (*sic*) no Seminário de Estudos da Realidade Nacional, realizado em São Paulo. *Diário da Tarde*, 25 abr. 1961, Arquivo IEB, PS-FC-015.

3 "Paul Singer fala sobre 'juventude e política'", *Diário de Notícias*, 01 jul. 1968, Arquivo IEB, PS-FC-026.

4 "Um povo não cresce a esmo", entrevista com Paul Singer, *Folha da Tarde*, 30 dez. 1968, Arquivo IEB, PS-FC-027.

5 As duas Faculdades de Filosofia, Ciências e Letras, denominadas de Institutos Isolados de Ensino Superior do Estado de São Paulo (Iies-SP), seriam incorporadas à Unesp em 1976. Paul Singer, entre 1963 e 1966, foi professor-regente da Cadeira de Economia, lecionando para os alunos de Ciências Sociais das duas faculdades. Ver Arquivo IEB, PS- MEMO-002, p.3.

6 "Um povo não cresce a esmo", op. cit.

O INTELLECTUAL SE FORMA NO COMBATE

falava "com simplicidade sobre os mais duros temas do pensamento econômico",[7] conforme a imprensa da época.

A sua leitura, contudo, será feita pelos leitores de hoje, sessenta anos depois de escritas essas páginas. Leitores que provavelmente conhecem Paul Singer por meio de algumas das suas várias *personas:* o intelectual do Centro Brasileiro de Análise e Planejamento (Cebrap), com suas interpretações sobre a economia brasileira e obras no campo da economia política marxista; o destacado e abnegado economista do Partido dos Trabalhadores (PT), com suas sínteses de largo fôlego; e o militante e teórico da economia solidária, que arregaçou as mangas para concretizar a sua versão do socialismo democrático "aqui e agora".

Impossível é resgatar a complexidade histórica do momento em que os ensaios foram escritos, até porque o próprio livro *Desenvolvimento e crise* é uma reunião de textos elaborados em diversos momentos e com distintas finalidades. Eles compõem – juntamente com o autor e seu contexto – uma intrincada teia, sendo nosso intuito tão somente o de puxar alguns fios, de modo a elucidar conexões e tensões que lhe conferem sentido histórico. Ao fazê-lo, procuramos prestar uma homenagem ao grande mestre que nos deixou em 2018 e teria completado 90 anos em 2022.

Com quem Paul Singer debate? Como ele afia os conceitos, seus instrumentos, para o embate de ideias? Qual a sua concepção sobre economia? E qual o papel da política? O figurino (estilo) que ele veste é o mesmo nos vários textos? Esta apresentação tem o objetivo de lançar algumas hipóteses sobre essas questões.

Antes de prosseguirmos, cabe enfatizar que parte importante da bagagem política e intelectual do jovem Singer se deu fora dos bancos universitários. Entre 1946 e 1961, ele esteve vinculado a diversas

---

7 "Só se entende o desenvolvimento como fenômeno social e político", relato de participação de Paul Singer na II Semana de Estudos Econômicos, na Faculdade de Ciências Econômicas e Administrativas (FCEA, hoje FEA) da USP. *Diário da Tarde*, 24 out. 1960, Arquivo IEB, PS-FC-007. Na época, Singer era professor assistente do Instituto de Administração da FCEA a convite do professor catedrático Mario Wagner Vieira da Cunha, lecionando as disciplinas Estrutura das Organizações Econômicas e Ciências da Administração. Arquivo IEB, PS-Memo-002, p.2.

organizações políticas, como o Partido Socialista Brasileiro (PSB), a Liga Socialista Independente (LSI) e a Organização Revolucionária Marxista – Política Operária (ORM-Polop). Singer foi também uma das lideranças do Sindicato dos Metalúrgicos de São Paulo na histórica greve dos 300 mil de 1953.

A leitura do jornal *Vanguarda Socialista* de Mário Pedrosa e o convívio com Febus Gikovate, Antonio Candido, Fúlvio Abramo e Paulo Emílio Sales Gomes se mostraram decisivos para a sua iniciação nos estudos marxistas.[8] Assim como a participação no grupo de leitura de *O capital*, criado em 1958, junto com outros professores da USP, sendo ele o único economista do grupo e ainda cursando a graduação.

O curso na FEA-USP e a sua atuação como economista no debate público, logo em seguida, lançaram a sua militância a um novo patamar: não apenas pelo prestígio e reconhecimento angariados, mas especialmente pela maneira como conduziu a sua argumentação teórica e prática, como veremos em seguida.

Nos vários veículos da imprensa, durante a primeira metade dos anos 1960, Singer aparece enfrentando Dorival Teixeira Vieira, professor catedrático de Teoria Econômica da USP, sobre a Instrução 204 da Sumoc, de 1961, que trouxe mudanças na política cambial do país;[9] debatendo com Ignácio Rangel, importante economista do Banco Nacional de Desenvolvimento Econômico e Social (BNDES), sobre agricultura e desenvolvimento;[10] ou circulando pelo país em eventos que abordam o desenvolvimento regional e a desigualdade social.[11]

---

8 Ferreira, *A trajetória política e intelectual de Paul Singer: a "reinvenção" da economia solidária como projeto socialista de transformação do Brasil*, p.14-6, 26-35, 62-4.

9 "Professores de economia debatem a Instrução 204", *Folha de S.Paulo*, 12 abr. 1961, Arquivo IEB, PS-FC-012.

10 "O sistema econômico atual poderá impedir o desenvolvimento econômico do país", *Diário da Tarde*, 25 abr. 1961, Arquivo IEB, PS-FC-015.

11 Paul Singer participa do Curso sobre Problemas Agrários na Faculdade de Direito da Universidade de Minas Gerais (UMG) em Belo Horizonte (*Diário de Minas*, 28 abr. 1960, Arquivo IEB, PS- EXP-PROV-027); do Seminário de Estudos do Nordeste em Recife (*Jornal do Comércio*, 25 mar. 1961, Arquivo IEB, PS-FC-10); e realiza conferência sobre o desenvolvimento da Amazônia na Faculdade de Filosofia da Universidade do Pará em Belém (*Folha do Norte*, 18 set. 1967, Arquivo IEB PS-FC-024).

O INTELECTUAL SE FORMA NO COMBATE

O intelectual Paul Singer que aparece nestas páginas possui pleno conhecimento não apenas dos assuntos abordados nos ensaios – economia e desenvolvimento, política e democracia –, mas também da diversidade de orientações teóricas existentes no Brasil e no contexto internacional. Ele ensaia uma forma de se posicionar no debate, de forma inovadora em relação àqueles que o precederam e oferecendo interpretações alternativas de acordo com os interesses da classe trabalhadora. Este é o seu posto de observação, que influencia seus diagnósticos e proposições de política.

Mas, como ele escreve no olho do furacão, as coordenadas do sistema, repletas de ziguezagues, não conformam tendências estruturais, tantas são as possibilidades abertas. Se Singer já é um pensador maduro, o movimento da história revela-se pouco propício a sínteses analíticas.[12]

A consolidação do quadro político e econômico nos anos 1970 lhe permitirá destrinchar mais adiante as contradições do sistema capitalista que avança a todo o vapor. O Cebrap fornece um mínimo de estabilidade institucional e o espírito de grupo para que a sua contribuição crítica seja acolhida pelas novas legiões de pesquisadores e militantes. Ele plantará em terreno semeado previamente.

Uma consideração adicional se refere ao estilo do cronista da cena econômica e política, característica que será um dos traços marcantes da sua trajetória. Isso fica evidente em dois artigos de natureza conjuntural.

No Capítulo 4 de *Desenvolvimento e crise*, publicado originalmente em volume com artigo de Mário Alves, Singer procura não apenas

---

12 O próprio autor se dá conta disso no início dos anos 1980. Sobre o "esquema teórico" do livro *Desenvolvimento e crise*, ele teria servido em vários de seus trabalhos posteriores, "até a sua essência ser modificada quando tratei de elaborar uma teoria estrutural do emprego, na década de 1970". Paul Singer, *Militante por uma utopia*, São Paulo: Com-Arte, 2013, p.32. Esse livro contém a íntegra do seu memorial acadêmico para a obtenção do cargo de professor titular de Macroeconomia na FEA-USP em 1983. O texto a que ele se refere é intitulado "Elementos para uma teoria do emprego aplicável a países não-desenvolvidos", publicado em *Cadernos Cebrap*, n.18, 1974. Depois comporia a primeira parte do seu livro clássico. Ver Singer, *Economia política do trabalho*.

"traduzir" e "didatizar" a linguagem técnica e "esotérica" do Plano Trienal, mas apontar "as suas implicações políticas, econômicas e sociais" para o "brasileiro comum" (p.139, 143). O texto é uma análise do plano, encomendada e publicada pela UNE, que se detém na estrutura das contas públicas e do balanço de pagamentos, e ainda hoje pode cumprir papel importante no ensino dos cursos de Economia e de Ciências Sociais.

Já no Capítulo 6, ele descreve o debate realizado pela imprensa em torno do Plano de Ação Econômica do Governo (Paeg), lançado em agosto de 1964. Contracenam no seu relato o então ministro do Planejamento, Roberto Campos, Carlos Lacerda, Herbert Levy (proprietário da *Gazeta Mercantil* e deputado federal pela União Democrática Nacional – UDN), representantes da Confederação Nacional da Indústria (CNI) e críticos "burgueses" do governo. Singer desmonta com ironia as várias argumentações.

Nosso economista procura entender o plano do governo militar no contexto da crise conjuntural do sistema; e destaca o papel estratégico do ministro, que encarna a "visão global do processo do ângulo da grande burguesia (nacional e estrangeira), que não tem por que temer" o papel do "Estado que sabe a seu serviço" (p.208-9).

Desenvolvimento e mudanças estruturais

No "Prefácio" à primeira edição de *Desenvolvimento e crise*, o seu autor julga necessário dar alguns recados aos leitores. Ele se refere aos capítulos do livro como "ensaios" marcados por "diferenças de ênfase". Em seguida, afirma que, apesar do conjunto relativamente "harmônico", eles fazem parte da "evolução" do seu pensamento no período (p.37). Trata-se, portanto, de um pensamento – não pronto e acabado – que se nutre da prática para compreender teoricamente o objeto de pesquisa na sua totalidade.

Não deixa de ser revelador que, na primeira página do "Prefácio", o adjetivo estrutural apareça três vezes, como "contradições estruturais" ou "transformações de estrutura". Afinal, insiste o autor, o elemento unificador é "a preocupação com as mudanças estruturais que se verificam na economia quando se dá o desenvolvimento" (p.37).

O INTELECTUAL SE FORMA NO COMBATE

Um segundo ponto digno de nota é a necessidade de traçar um "panorama da teoria do desenvolvimento". Singer localiza o seu surgimento na sequência da crise de 1930, com o nascimento da contabilidade nacional e internacional, mas especialmente com as tentativas de aplicar a macroeconomia aos "países subdesenvolvidos".

O autor destaca como a teoria marginalista (neoclássica) apenas esporadicamente faz uso da histórica econômica. A integração entre história e teoria é um apanágio dos marxistas. Já Keynes se detém numa análise da economia capitalista focada no curto prazo. No seu nascedouro, a teoria do desenvolvimento identifica, por analogia, a relativa escassez de capital como "a causa principal do subdesenvolvimento".

Nesse contexto, jovens marginalistas dos países subdesenvolvidos se tornam marxistas, e muitos destes se convertem em keynesianos, gerando um ecletismo saudável que fornece a base da escola estruturalista. Para Singer, logrou-se demonstrar "que não basta aos países 'novos' apreender as lições decorrentes da industrialização que se deu antes de 1914, para poder repetir o processo nos dias que correm" (p.41).

Logo, em seguida, porém, ele se diferencia da análise estruturalista. Esta não teria levado a sua premissa às últimas consequências, o que significaria encarar "a nova economia produzida pelo desenvolvimento enquanto economia capitalista".[13] No entender do autor, demarcando aqui a fronteira que o separa de Furtado e outros teóricos – a quem ele raramente nomeia como se preferisse não confrontá-los diretamente –, o caráter apologético do capitalismo os impede

---

13 Vale ressaltar a originalidade da sua proposta teórica. No momento em que escreve, por exemplo, os economistas da sua geração ainda traziam no seu repertório "a retaguarda teórica de 15 anos de pensamento cepalino", como atesta Maria da Conceição Tavares sobre o seu clássico estudo de 1963, "Auge e declínio do processo de substituição de importações no Brasil", em Tavares, *Da substituição de importações ao capitalismo financeiro*, p.16. A investigação do "subdesenvolvimento enquanto uma formação capitalista e não simplesmente histórica" vai encontrar o seu auge, em 1972, com a *Crítica da razão dualista* do seu colega de Cebrap, Francisco de Oliveira, e depois com as contribuições da Escola de Campinas. Ver Oliveira, *Crítica à razão dualista/O ornitorrinco*, p.33.

16 DESENVOLVIMENTO E POLÍTICA

de situar as "reformas de estrutura" para além da estrutura central do sistema, qual seja, "a economia de mercado" (p.42).

A sua veia crítica também se dirige às teorias do imperialismo, de corte marxista, para quem não haveria industrialização sem o rompimento dos vínculos com a economia internacional. Para o jovem economista, o desenrolar dos acontecimentos teria levado a uma revisão dos fundamentos tanto dos teóricos marxistas quanto dos acadêmicos.

Isso nos remete ao Capítulo 2 de sua obra.[14] Singer aponta duas concepções básicas na teoria econômica. Uma que trata "desenvolvimento" como sinônimo de "crescimento". Os países subdesenvolvidos são aqueles que crescem abaixo do potencial, pois não se aproveitam da sua dotação de fatores produtivos. Para essa concepção, a dinâmica econômica é "invariavelmente a mesma" em qualquer tempo e espaço, não havendo diferenças entre sistemas econômicos. Inexiste aqui uma "visão integrada da economia subdesenvolvida", pois ela deriva da junção de características isoladas (p.44-6).

O autor passa logo, em seguida, para a concepção estruturalista. Aqui o desenvolvimento é encarado como "o processo de passagem de um sistema a outro". Segundo essa abordagem, o funcionamento das economias encontra-se condicionado às estruturas existentes, sem as quais não possui validade histórica.

Para Singer, mesmo partindo da reflexão sobre "sistemas, regimes e estruturas" historicamente condicionados, "o método indutivo do estruturalismo" não logra articular as estruturas a um sistema mais amplo. Portanto, "as estruturas desligadas dos sistemas não passam de abstração sem significado". É o movimento oposto, do sistema que "se desdobra em estruturas" (p.52-3), que permite captar a totalidade

---

14 Esse capítulo contém a primeira parte de uma tese de doutoramento na FEA-USP, jamais concluída, "por circunstâncias alheias à minha vontade". Com o Golpe de 1964, Mario Wagner Vieira da Cunha, com quem Singer trabalha na FEA, pede a sua aposentadoria. Paralelamente, Florestan Fernandes o convida para uma pesquisa no âmbito do projeto "Desenvolvimento Econômico e Mudança Social", vinculado à cadeira de Sociologia I na USP, permitindo assim que Singer completasse o seu doutorado em Ciências Sociais no ano de 1966. Singer, *Militante por uma utopia*, p.33-4, 40-1.

O INTELECTUAL SE FORMA NO COMBATE

da realidade histórica, concebendo o particular como manifestação do universal, a unidade na diversidade.

O economista provavelmente se escora no Marx da *Contribuição à crítica da economia política*, que recomenda a seguinte atitude metodológica: conceber o concreto como um "processo de síntese", pois "as determinações abstratas conduzem à reprodução do concreto pela via do pensamento", e não por meio da observação imediata e da representação.[15]

Os autores classificados como "estruturalistas" são todos franceses e a limitação do seu horizonte teórico faz de suas recomendações de política econômica para o desenvolvimento, na melhor das hipóteses, uma lista de "bons conselhos", genéricos e "acacianos". Seus argumentos dualistas não permitem desvendar como se dá a articulação, nos países subdesenvolvidos, entre um "sistema capitalista" e um "sistema pré-capitalista", isso porque as estruturas são superpostas e independentes (p.55-6).

Depois de oferecer exemplos históricos das regiões desenvolvidas – Europa, Estados Unidos e Japão – e de contrastar a experiência estadunidense, que montou no século XIX "uma estrutura industrial por completo", com a experiência de transplante dos países de "economia colonial" (p.57) – o autor avança por outra seara metodológica: "o método de abordagem estrutural, que adotamos", sem desprezar a indução, parte do movimento integrado do sistema, o qual não se detém no "exame exterior dos fatos" (p.56 e 58).

Daí a necessidade de "uma análise estrutural consequente – e para tanto globalizante – do processo em sua totalidade". Apenas assim o desenvolvimento pode ser concebido, nos marcos da divisão internacional do trabalho, "como a reorientação dessas economias" (coloniais ou subdesenvolvidas) "em função do seu mercado interno" (p.60).

Uma questão não deixará de intrigar os leitores do jovem Singer. Por que ele não menciona Furtado, então um dos mais destacados estruturalistas da cena internacional – e cujas obras, *Economia brasileira*

---

15 Marx, *Contribuição à crítica da economia política*, p.246-9.

(1954) e *Formação econômica do Brasil* (1959),[16] ele conhece tão bem? Na introdução do seu doutorado, Singer cita também Ignácio Rangel, do qual difere em termos analíticos, mas sem precisar o conteúdo da divergência, pois então o seu objetivo é "revelar certos aspectos significativos do desenvolvimento" no Brasil.[17]

Por que citar os franceses, resguardando-se do debate com aqueles autores que já haviam aplicado o método estrutural para a análise da formação histórica brasileira? Trata-se de uma omissão deliberada ou de uma recusa ao confronto de ideias? Acreditamos que a primeira opção seja a mais plausível. E mesmo assim não se trata de omissão completa, pois Singer se apropria das contribuições de Furtado e Rangel no intuito de enquadrá-las numa nova roupagem teórica.

Economia colonial, subdesenvolvida ou capitalista?

Qual o desafio de Singer? Compreender "como funciona o sistema econômico dos países subdesenvolvidos, sistema que denominamos, não tanto em função da sua origem como do seu funcionamento global, de 'economia colonial'" (p.57).

Inicialmente, o autor reluta em usar o termo "subdesenvolvimento". Quer situar as "economias coloniais", que antecederam às ditas "economias subdesenvolvidas", como parte de um processo histórico, uma vez que elas apenas existem porque integradas à economia mundial.

Nesse sentido, duas conclusões se impõem: primeiro, inexiste desenvolvimento possível no sistema da economia colonial. Em segundo lugar, o desenvolvimento só se faz possível por meio de transformações estruturais que acarretam a substituição da economia colonial por outra de tipo industrial (p.54), ou seja, por outra diferente, "capitalista ou centralmente planificada *nas condições históricas do*

---

16 Esses livros são citados em *Desenvolvimento e crise*, de forma lateral (p.185).

17 Singer, *Desenvolvimento econômico e evolução urbana*, p.13. A introdução deste livro, a sua tese de doutorado na íntegra, foi escrita em 1966, portanto antes da publicação de *Desenvolvimento e crise*.

O INTELECTUAL SE FORMA NO COMBATE

mundo contemporâneo" (p.59). Esse é o cerne de sua argumentação que se assemelha à de Caio Prado Jr.[18]

Nos capítulos 3, 4 e 6, Singer parte para a análise do funcionamento da "economia de um país subdesenvolvido que se acha incluído no sistema econômico liderado pelas nações capitalistas industrializadas" (p.70).

Num primeiro esforço analítico, ele divide a economia brasileira, "colonial" ou "subdesenvolvida", em dois setores: de mercado e de subsistência. No caso do latifúndio escravista, ambos fazem parte do mesmo complexo de produção, sediado na grande fazenda. Mesmo no regime de colonato das fazendas de café, os trabalhadores se dividem entre a produção para o mercado e para a subsistência. Já no Nordeste, os setores aparecem em territórios distintos, pois o setor de mercado concentra-se na Zona da Mata, perfazendo o agreste e o sertão o papel de setor de subsistência. A descrição das várias situações concretas tem como base a pesquisa da sua tese de doutorado.

Uma das inovações do livro é justamente proceder a uma investigação dos fluxos econômicos entre os vários setores: economia de subsistência, economia de mercado e mercado externo (p.58). Como ressalta o autor, o movimento do setor de mercado comanda a divisão interna do setor de subsistência, em que uma parte é produzida para o autoconsumo e outra para o setor de mercado.

Singer utiliza o conceito de "economia natural", emprestado de Ignácio Rangel,[19] para denominar a produção da economia de subsistência voltada para o autoconsumo. E a noção de articulação entre setores remonta à análise realizada por Celso Furtado, quando descreve

---

18 Caio Prado Jr. possui a mesma reticência com o termo "subdesenvolvimento", geralmente utilizado com ressalvas ou entre aspas. O historiador paulista também guarda distância com a teoria do (sub)desenvolvimento. Ver Prado Jr., *História e desenvolvimento*, p.16-26. Durante a participação em evento da FCEA-USP, Singer contrasta os pensamentos de Caio Prado, Celso Furtado e Ignácio Rangel, para então afirmar que, apesar de não ter "um modelo de desenvolvimento econômico", o primeiro autor "pode dar melhor imagem do processo real". Em Singer, "Só se entende o desenvolvimento como fenômeno social e político".

19 Rangel, *Introdução ao estudo do desenvolvimento econômico brasileiro*, p.46-51.

a formação do complexo nordestino por meio da articulação entre a pecuária e a produção açucareira no período colonial.[20]

Num segundo momento, Singer aprimora o modelo para entender a dinâmica de uma economia subdesenvolvida, ao dividir o setor de mercado em economia de mercado interno e economia de mercado externo. Paralelamente, ele passa a denominar o "mercado externo" como "economia (ou setor) capitalista". O esquema de fluxos entre os vários setores ganha em complexidade (p.81-2).

O seu objetivo é mostrar como o setor de mercado interno tende a substituir as importações realizadas pelos dois outros setores, ao mesmo tempo que concentra para si as divisas alocadas na aquisição de bens de produção. Quando isso acontece, conclui-se a etapa 1 do desenvolvimento.

Mas não se pode perder de vista o "conteúdo político-social" do desenvolvimento. Pois o que está em jogo é "a desapropriação do excedente, que, para tornar-se real, precisa passar das mãos dos latifundiários, comerciantes e banqueiros, ligados ao comércio exterior para as dos empresários do setor de mercado interno" (p.87).

Não à toa, o processo detonado na etapa 1 é resultado direto da ação do Estado e "só pode se dar em condições políticas que, via de regra, também são revolucionárias". Nesse sentido, "o estudo do desenvolvimento não pode ser confinado apenas ao campo das especulações econômicas" (p.99).

A autonomização do setor de mercado interno não é espontânea e tampouco inevitável. Singer faz questão de frisar que ele surge como fornecedor de serviços complementares ao setor de mercado externo, possuindo um caráter acessório. Nesse momento, ele ainda não conta com "capacidade própria de expansão".

A etapa 2 do desenvolvimento ocorre quando o setor de mercado interno avança na produção interna de bens de capital. O mercado externo deixa de ser o motor e também o principal fator de constrangimento à expansão da economia com diferenciação produtiva. Agora outras preocupações emergem: a extensão do mercado interno e

---

20 Furtado, *Formação econômica do Brasil*, cap.11 e 12.

O INTELECTUAL SE FORMA NO COMBATE

o capital disponível para o investimento. Na prática, contudo, como esclarece o autor, as etapas 1 e 2 se superpõem, não existindo "um limite nítido entre elas" (p.89).

Singer destaca que, antes da etapa 1, quando a expansão econômica é comandada pelo setor de mercado externo, e predomina a economia colonial, o país encontra-se em "situação de pleno subdesenvolvimento" (p.95). Percebe-se, portanto, como ao longo do texto os conceitos são costurados e assumem nova caracterização.

O quadro a seguir nos auxilia a acompanhar o seu recorte teórico e histórico, à medida que a economia brasileira subdesenvolvida adquire uma feição "cada vez mais capitalista".

Quadro analítico

	Setor de mercado externo	Setor de mercado interno	Setor de subsistência
Economia colonial (até 1930)	Setor líder	Acessório, fornece serviços complementares	Amplo reservatório de mão de obra
Etapa 1 (1930 a 1950)	Fornecedor de divisas	Setor líder, expansão quantitativa	Libera mão de obra e se reorganiza parcialmente
Etapa 2 (1950 a 1964)	Monopólio do comércio exterior	Setor líder, maior diferenciação qualitativa com produção de bens de capital	Antagônico ao desenvolvimento (trava o potencial de expansão do mercado)

Fonte: Elaboração nossa a partir de Singer, *Desenvolvimento e crise*.

A sucessão de etapas serve como recurso analítico, pois o autor ressalta que o desenvolvimento implica "uma sucessão de desequilíbrios" (p.95). No nosso entender, Singer procura alargar o horizonte analítico apresentado por Ignácio Rangel em sua obra de 1957. A correspondência entre os trechos a seguir nos parece elucidativa.

Para Singer, "o mercado interno, suficiente na etapa 1, torna-se estreito demais" na etapa 2. É nesse contexto que "o setor de subsistência torna-se antagônico ao desenvolvimento". Isso porque "toda uma parte do país encontra-se, 'fechada' ao setor de mercado interno, que encarna o desenvolvimento, e cujas barreiras é preciso romper" (p.92).

Para Rangel, "essas atividades extramercantis ocupam muito mais de metade da força de trabalho efetiva de uma nação subdesenvolvida. Segue-se que a economia de mercado não passa de leve crosta boiando em imenso oceano de força de trabalho à espera de melhor ocupação".[21]

O economista maranhense também divide a economia brasileira em três estratos: a economia natural, a economia de mercado e o comércio exterior, que estabelece o vínculo com a economia mundial sob o domínio do capitalismo monopolizado.[22] Com a criação do mercado nacional, desenvolve-se "um capitalismo", que passa a depender do "monopólio do comércio exterior" pelo Estado. Nesse contexto, a abertura do "complexo rural" deve estar em sintonia com o desenvolvimento industrial.

Conforme ressaltamos, Singer acompanha o processo econômico sem perder de vista o seu conteúdo político-social. Ele enfatiza, por exemplo, a transferência do poder dos empresários do setor de mercado externo para a equipe "desenvolvimentista" (p.122). Mas também para os empresários dos ramos potencialmente "autônomos" do setor de mercado interno (a origem da "indústria nacional") (p.89).

Os dilemas do processo de desenvolvimento aparecem enumerados no Capítulo 4. O setor de mercado interno passa de produtor complementar a competidor da indústria estrangeira. Faz-se necessária também a elevação da produtividade do setor de subsistência pela pequena propriedade (reforma agrária) ou pela formação de cooperativas (p.106, 115). Não menos importante é assegurar a demanda, pois o processo de transformação deve desembocar numa "economia industrial completa" (p.127).

O desafio do ponto de vista da política econômica é canalizar via setor público uma massa de excedente sem comprometer o setor privado, alojado no setor de mercado interno. O setor de subsistência ainda está imerso na economia natural e alguns recursos podem

---

21 Rangel, *Introdução ao estudo do desenvolvimento econômico brasileiro*, p.55-6.

22 Ibid., p.71-2, 90, 97.

ser mobilizados via setor de mercado externo com a manipulação das taxas de câmbio. No entanto, ao fim e ao cabo, a inflação e o ingresso de capitais estrangeiros irão propiciar o financiamento da expansão (p.118).

No Capítulo 6, o sistema econômico do Brasil no período pós-1930 é descrito como um caso em que a economia subdesenvolvida "ainda não adquiriu inteiramente características capitalistas" (p.183).

Porém, ao acompanhar o processo de substituição de importações, Singer sugere que "a economia deixa de ter a sua dinâmica presa à dos países industrializados". Por sua vez, o setor de mercado interno, "que é capitalista, passa a ser um foco autônomo de variações conjunturais" (p.186).

Não apenas a pirâmide industrial está sendo montada de cima para baixo (bens de consumo e, depois, bens intermediários e de produção), mas também os pontos de estrangulamento aparecem por todos os lados: escassez de energia elétrica e de combustíveis, de infraestrutura de transportes, de mão de obra qualificada etc.

De modo a não travar o processo, o governo recorre a emissões, mantendo a economia em expansão, assim como as margens de lucros dos empresários e a parcela destinada a bens de produção. Tudo parece indicar a inexistência de ciclos de conjuntura, típicos das economias desenvolvidas.

Na prática, a poupança forçada é assegurada por dois mecanismos: o confisco cambial, que transfere à burguesia industrial parte do excedente do setor de mercado externo; e o confisco salarial, devido ao reajustamento dos salários em prazos mais longos se comparados com os preços dos artigos de consumo da classe operária (p.171). Uma vez rompidos ambos os "diques" que protegem a geração de "poupança forçada", entra em cena a inflação de custos e avança a espiral inflacionária a partir de 1959 (p.172-4).

Trata-se de uma interpretação original, elaborada no calor da hora, logo após o Golpe de 1964. Singer descreve a crise como "de conjuntura", que não pode ser confundida com a "crise de estrutura" – esta resultante do "embate entre o impulso desenvolvimentista e as estruturas arcaicas", caracterizadas pela imobilidade tecnológica na agricultura e pelo papel do capital estrangeiro travando a expansão dos serviços públicos (p.197).

A crise de conjuntura remete à própria natureza da economia capitalista, resultante da anarquia da produção, em virtude da incapacidade do mercado para gerar a necessária alocação de investimentos em face das necessidades reais da economia. A estagnação, promovida pelo governo, faz que a crise de estrutura se atenue e os resíduos coloniais aparentemente deixam de ser um problema.

No entender do autor, a raiz do problema está na concepção de que as reformas de base poderiam libertar uma série de entraves estruturais, "deixando intocada a anarquia da produção e suas consequências cíclicas" (p.197).

Aí está a sua verdadeira diferença com os estruturalistas brasileiros. Pois, no seu entender, tanto a crise de conjuntura, como a crise de estrutura – que se superpõem –, devem ser enfrentadas "operando-se modificações profundas na economia, num sentido anticapitalista" (p.197), por meio do planejamento econômico integral.

Assim se explica a omissão deliberada de Furtado no texto. Alguns dos livros do economista aparecem citados marginalmente, embora deles se aproveite, assim como no caso de Rangel, para a composição de seu edifício teórico original. Furtado comparece ainda na análise crítica do Plano Trienal.

Para retornar expressamente ao final do livro, quando o jovem economista refere-se à "escola estruturalista" como a "versão econômica do reformismo". No seu entender, a utilização de "remédios monetaristas" – leia-se Plano Trienal – pode ser explicada pela dificuldade de perceber que as crises de estrutura não estão dissociadas das crises de conjuntura, típicas de uma economia capitalista onde vigora a anarquia da produção.

Antes do golpe de 1964, Celso Furtado e Paul Singer cumprem, respectivamente, papéis sociais distintos – um é o intelectual estadista, e o outro, o intelectual das classes populares.[23] Isso explica as suas distintas concepções do desenvolvimento enquanto processo histórico no país. Por mais que as diferenças se mantenham, eles vão atuar nos

---

23 Barbosa, *O Brasil desenvolvimentista e a trajetória de Rômulo Almeida: projeto, interpretação e utopia*, p.27, 333-44, 401-5.

O INTELECTUAL SE FORMA NO COMBATE

anos 1970 na mesma trincheira, compondo o rico mosaico de variantes teóricas do estilo de interpretação histórico-estrutural no Brasil.

Desenvolvimento, política e classes sociais no Brasil

A leitura do artigo *A política das classes dominantes*, na sequência de *Desenvolvimento e crise*, comprova o acerto dos editores. O estilo é ensaístico, mas sem proselitismos. Paul Singer exercita com primazia a sua pedagogia política.

Logo na introdução, ele anuncia a sua perspectiva: "não se trata de pesquisa e nem se pretende provar as assertivas feitas". Quer o autor "esclarecer, em alguma medida, aos que se engajam na luta do povo brasileiro por sua libertação, o que são os partidos de direita" (p.226).

Fazemos apenas um reparo. O intelectual não é um participante "ocasional" da vida política do país (p.226), pois atua na militância partidária e na organização sindical ao longo de todo o período.

Nesse ensaio, percorre-se a o período entre 1945 e 1964 a partir de um olhar que insere a economia na política e as ideologias nas classes sociais. Se o foco são as classes dominantes e os partidos "burgueses", PSD e UDN, o seu objetivo é entender as opções e os equívocos da esquerda durante a crise dos anos 1960.

Trata-se de leitura obrigatória para a compreensão do Brasil desenvolvimentista, acompanhando o seu andamento contraditório e repleto de nuances. O figurino de "cientista político" não cai bem no autor, pois o conjuntural apenas se explica a partir das relações de classe desse capitalismo que avança de modo peculiar.

Na prática, Singer constrói um esquema analítico para destrinchar o funcionamento das instituições políticas no período. Em vez de se concentrar nos estatutos e nos programas dos partidos, ou de questionar a sua "autenticidade", ele vai direto ao ponto: que "papel" os partidos das classes dominantes desempenham na vida política do país? (p.226-8).

Em primeiro lugar, Singer caracteriza os "políticos profissionais" que desempenham funções no Executivo e Legislativo nos vários níveis da federação. Por meio de um raciocínio weberiano, o autor classifica três "tipos puros": o coronel, o representante do grupo econômico e o político de clientela (p.232).

Se o coronel remete ao político tradicional com raízes no passado, no contexto do Brasil urbano ele sofre readequações, atuando cada vez mais em empreendimentos capitalistas. Já o político de clientela, vinculado a setores do eleitorado, prima pela estreiteza do horizonte político e pela atitude oportunista. Também ele passa a ser engolfado pelas redes empresariais. Portanto, o desenvolvimento da economia capitalista no Brasil tende a repercutir no plano político, tornando "o representante do grupo econômico a figura central do processo" (p.240).

A questão decisiva para o nosso ensaísta político é a seguinte: como esses grupos políticos se enquadram nos partidos das classes dominantes? (p.242). Não se pode superestimar a sua homogeneidade, ele nos diz. O que pode parecer instabilidade dos partidos de direita para um cientista político puro-sangue, ele concebe como um recurso para dar "às suas estruturas o máximo de flexibilidade" (p.243).

Na seção 5 do texto, Singer procede a uma recuperação histórica da atuação dos partidos burgueses no período analisado. Sugerimos aos leitores desta apresentação que acompanhem o seu relato minucioso e fidedigno, pois nos concentraremos em alguns aspectos de sua análise estrutural, priorizando o entrelaçamento das dimensões política e econômica.

O PSD e a UDN possuem origens distintas. O primeiro surge do agrupamento de chefes políticos locais em torno do Estado Novo. O segundo tem a sua unidade selada pelo antivarguismo. Reconfigurados no período pós-1945, eles garantem a sustentação do processo de acumulação de capital, apesar das orientações ideológicas aparentemente distintas e da participação diferenciada nos sucessivos governos.

Como nos relata Singer, "a política operária é sempre a pedra de toque para se averiguar o conteúdo de classe de um governo" (p.246), claramente burguês no governo Dutra. No segundo governo Vargas, com o "renascimento operário", o conteúdo de classe mostra-se menos evidente. No governo JK, a política operária segue "ativa", "sob o patrocínio do PTB, sem que a burguesia tivesse motivos de preocupação" (p.263).

Durante o governo JK, dois processos coligados alteram o quadro econômico e político. Em primeiro lugar, muda a composição da burguesia. O processo de centralização de capitais, comandado pelo capital estrangeiro, abre um fosso entre a grande e a pequena burguesia, esta última mais "nacionalista", ainda que cada vez mais propensa a confundir "capitalismo de Estado" com "socialismo" (p.259).

Em segundo lugar, fica patente a inaplicabilidade dos expedientes usuais para estimular o desenvolvimento. A burguesia se depara com dois tipos de solução: transformações produtivas na própria estrutura econômica ou deflação. Prefere a primeira solução, mas sua posição de classe "só lhe permite escolher a segunda alternativa" (p.265-6).

Paralelamente, no plano político, entre agosto de 1961 (renúncia de Jânio Quadros) e janeiro de 1963 (vitória do presidencialismo com João Goulart), pela primeira vez, desde 1945, "se defrontam a grande burguesia e o capital estrangeiro com uma esquerda no comando de poderosas organizações de massas e com real influência sobre os poderes constituídos" (p.272).

Nesse contexto, o PSD exerce um papel dúplice. De um lado, representa a ala da grande burguesia que confia na solução da crise, com Jango, em prol dos seus interesses de classe. De outro, opõe-se às "veleidades reformistas" do governo, por levarem à divisão das classes dominantes num contexto de acirramento dos "choques com o movimento operário e camponês" (p.273). Para complicar o cenário, "as soluções burguesas para a crise econômica" (p.272), ensaiadas com o Plano Trienal, reforçam a unidade de classe dos detentores de riqueza.

Nosso economista-cientista político termina seu texto procurando compreender por que as classes dominantes perderam o controle do processo político. No seu entender, o período pós-Revolução de 1930 revela o equívoco da concepção de que a função do Estado "é apenas servir de árbitro na luta de interesses privados". Para então emendar: "acontece que o Brasil é um país subdesenvolvido" (p.274), devendo o Estado intervir vigorosamente no progresso econômico, o que acarreta não apenas embates entre frações da própria burguesia, mas também destas com a classe trabalhadora.

Neste sentido, a intervenção militar representa "a falência da política partidária burguesa" (p.281-2).[24] Mas a sua veia crítica não poupa a esquerda que se mostrou "imatura para o pleno exercício do poder": "sendo fraca demais para conquistá-lo, contentou-se em exercer o papel de grupo de pressão sobre os que o detinham" (p.280).

Aqui flagramos uma das marcas registradas de Paul Singer ao longo de toda a sua trajetória: o exercício da autocrítica consistente como tarefa inescapável dos intelectuais e dos movimentos sociais de contestação ao capitalismo.

Referências bibliográficas

BARBOSA, Alexandre de Freitas. *O Brasil desenvolvimentista e a trajetória de Rômulo Almeida: projeto, interpretação e utopia*. São Paulo: Alameda, 2021.

FERREIRA, Maria Paula Quental. *A trajetória política e intelectual de Paul Singer: a "reinvenção" da economia solidária como projeto socialista de transformação do Brasil*. Relatório de Qualificação de Mestrado. São Paulo: IEB-USP, 21 dez. 2022.

FURTADO, Celso. *Formação econômica do Brasil*. Rio de Janeiro: Fundo de Cultura, 1959.

MARX, Karl. *Contribuição à crítica da economia política*. 4.ed. São Paulo: Martins Fontes, 2011.

OLIVEIRA, Francisco de. *Crítica à razão dualista/O ornitorrinco*. São Paulo: Boitempo, 2003.

PRADO JR., Caio. *História e desenvolvimento*. 3.ed. São Paulo: Brasiliense, 1989.

RANGEL, Ignácio. *Introdução ao estudo do desenvolvimento econômico brasileiro*. Salvador: Livraria Progresso, 1957.

SINGER, Paul. *Militante por uma utopia*. São Paulo: Com-Arte, 2013.

_____. *Economia política do trabalho*. São Paulo: Hucitec, 1977.

_____. *Elementos para uma teoria do emprego aplicável a países não-desenvolvidos*. Cadernos Cebrap, n.18, 1974.

_____. *Desenvolvimento econômico e evolução urbana*. 1.reimp. São Paulo: Companhia Editora Nacional, 1974.

_____. *Desenvolvimento econômico sob o prisma da evolução urbana*. São Paulo, 1966. Tese (Doutorado) – Faculdade de Filosofia, Letras e Ciências Humanas, Universidade de São Paulo (USP).

TAVARES, Maria da Conceição. Auge e declínio do processo de substituição de importações no Brasil. In: *Da substituição de importações ao capitalismo financeiro*. 2.ed. Rio de Janeiro: Zahar, 1973.

---

24 A última parte do texto contém um "Posfácio", escrito depois do golpe de 1964.

Desenvolvimento e crise

Aos meus filhos e seus companheiros de geração, para que façam mais e melhor

Prefácio

Os ensaios enfeixados neste volume foram escritos nos anos que medeiam entre 1961 e 1965. Embora versando sobre temas diferentes, eles têm como elemento comum a preocupação com as mudanças estruturais que se verificam na economia quando se dá o desenvolvimento. Por isso eles formam, de certa maneira, um conjunto harmônico, embora as etapas da evolução do meu pensamento, nesse período, se façam notar pela diferença de ênfase em certos aspectos nos vário ensaios. No Capítulo IV, "Política econômica do desenvolvimento", acentuam-se as contradições estruturais que dão um ritmo cíclico ao processo de desenvolvimento. Quando foi escrito esse ensaio (1962) minha atenção estava voltada sobretudo para as transformações de estrutura exigidas pelo desenvolvimento e para as consequências que adviriam do fato de tais transformações não serem realizadas a tempo. O Capítulo VI, "Ciclos de conjuntura em economias subdesenvolvidas", escrito dois anos depois (1964), sublinha o caráter capitalista da economia que resulta do processo de desenvolvimento e que, portanto, o ciclo de conjuntura não decorre unicamente da crise estrutural própria das economias coloniais em

34 DESENVOLVIMENTO E POLÍTICA

transformação, mas da anarquia de produção, que constitui um dos traços essenciais do capitalismo. Nesse último ensaio, a argumentação atinge um grau maior de generalidade, integrando os fenômenos cíclicos das economias em desenvolvimento na dinâmica de toda economia capitalista moderna, sem negar as conclusões anteriores: as contradições estruturais aparecem como fatores agravantes do movimento cíclico, assumindo esse papel precisamente porque atuam numa economia que se torna cada vez mais capitalista.

Para situar devidamente esses ensaios no panorama da teoria do desenvolvimento é preciso fazer algumas considerações sobre a evolução desta última. O que se entende hoje por teoria do desenvolvimento surgiu como uma aplicação da macroeconomia (de inspiração keynesiana) aos países subdesenvolvidos. Dessa macroeconomia, elaborada sob as tensões da grande crise dos anos 1930, nasceu a contabilidade nacional e internacional e a própria categoria de "subdesenvolvimento" começou a ser definida mediante a aplicação de seus conceitos (principalmente o de nível de renda per capita). Acontece, no entanto, que a macroeconomia keynesiana não passa de uma extensão da teoria da conjuntura, tendo em vista a dinâmica da economia capitalista a curto prazo. O desenvolvimento, por outro lado, é um processo que se estende por muitas décadas, trazendo em seu bojo transformações estruturais de monta. Isto obrigou os teóricos do desenvolvimento a procurar na história econômica os elementos para a compreensão do que ocorre nos países que procuram substituir sua economia colonial por outra do tipo industrial.

Ora, a integração de história econômica e teoria econômica tinha sido, até então, apanágio dos marxistas. Os esforços, nesse sentido, de pensadores de tradição marginalista foram apenas esporádicos e sem nenhuma influência significativa sobre a elaboração da teoria econômica, o que se explica pelas pretensões à universalidade das proposições marginalistas que não encorajam, evidentemente, a pesquisa histórica como elemento fundante do pensamento teórico.

O interesse dos marxistas pela investigação histórica deriva da premissa de que cada modo de produção tem suas próprias leis econômicas que só adquirem sentido no contexto histórico apropriado. Pensadores marxistas de países de economia colonial, particularmente russos (como Lênin) e poloneses (como Rosa Luxemburgo), passaram a se preocupar, desde o começo do século, com o impacto da expansão capitalista sobre as diversas economias pré-capitalistas existentes fora da Europa central e ocidental. Dessas preocupações nasceram as várias teorias do imperialismo que provocaram vivas polêmicas desde os anos que antecederam a I Guerra Mundial. Uma das mais importantes conclusões desses estudos e debates é que os países de economia colonial jamais se industrializariam se não rompessem os vínculos que os prendiam, através do comércio internacional e do movimento internacional de capitais, à economia dos países capitalistas industrializados. Essa conclusão se baseava sobretudo na simbiose econômica e na aliança política entre as classes dominantes dos países coloniais e as potências econômicas (trustes e cartéis, amparados pelo poder estatal) dos países capitalistas.

Quando a teoria do desenvolvimento começou a ser elaborada, a partir dos anos 1940, nos meios acadêmicos do mundo capitalista, havia interesse não só de refutar a teoria marxista como de encontrar meios pelos quais os países capitalistas industrializados pudessem ajudar suas ex-colônias e demais países "atrasados" a encontrar o caminho da industrialização e do enriquecimento. O mais óbvio seria procurar na história dos países "adiantados" os nexos causais que levam da economia pré-capitalista à industrialização, o que foi feito reanalisando-se a história daqueles países à luz das proposições macroeconômicas correntes. Assimilou-se, portanto, o processo de desenvolvimento ao da revolução industrial sofrido pelos países da Europa central e ocidental, da América do Norte etc. A teoria do desenvolvimento assim construída acabou identificando a relativa escassez de capital como a causa principal do subdesenvolvimento, concentrando seus esforços na procura de meios para incrementar a taxa da poupança dos países "pobres", para ampliar os canais do comércio de artigos coloniais e para intensificar o movimento de capitais do centro para a periferia do mundo capitalista.

O desenrolar dos acontecimentos nas últimas décadas obrigou os pensadores, tanto marxistas quanto acadêmicos, a rever os fundamentos de suas teorias quanto ao desenvolvimento. De um lado, diversos países de economia colonial (entre os quais o Brasil) começaram a se industrializar intensivamente sem se desligar da economia capitalista mundial, antes pelo contrário, com participação significativa de capitais dos países industrializados. O imperialismo parece ter rompido sua tradicional aliança com a oligarquia latifundiária desses países, tendo preferido participar nas novas economias industriais em formação e eventualmente dominá-las em vez de tentar impedir que elas se concretizassem. Por outro lado, maciças transferências de capital para países de economia colonial, tendo em vista a exploração de recursos naturais (principalmente petróleo), não tiveram os efeitos esperados pela teoria acadêmica de desencadear um processo irreversível de acumulação de capital e industrialização.

Verificou-se, também, nestes últimos anos, uma ruptura, ao menos parcial, na separação rígida que predominava entre as duas principais correntes no campo do pensamento econômico, particularmente no que se refere ao desenvolvimento. Jovens economistas de países subdesenvolvidos, educados na tradição marginalista, começaram a se voltar para a economia marxista à medida que passaram a compreender que o processo de desenvolvimento exige, além de uma política econômica adequada, uma série de pré-requisitos institucionais impossíveis de serem atingidos nos limites do *status quo*. Autores marxistas, por sua vez, passaram a utilizar o instrumental de análise da conjuntura da macroeconomia keynesiana – nível de emprego, taxa de inversões, relação produto/capital etc. – para relacionar adequadamente as transformações estruturais com o funcionamento a curto prazo da economia. Dessa confluência das teorias marxista e keynesiana, aplicadas ao desenvolvimento, surgiu a chamada *análise estruturalista*.

O grande mérito da análise estrutural foi mostrar que a interação dos setores – "moderno" e "atrasado" – que compõem a economia colonial proporciona uma espécie de equilíbrio do subdesenvolvimento, que não se rompe meramente pelo crescimento do setor "moderno", estimulado pela expansão do comércio internacional. O estruturalismo mostrou ainda que as fortes tensões inflacionárias que caracterizam as economias em desenvolvimento não decorrem simplesmente de uma política irresponsável de emissões, mas de tensões estruturais resultantes do próprio desenvolvimento. Com o estruturalismo afirmou-se a especificidade do processo de desenvolvimento em nossa época, quando se defrontam, no mercado mundial, países que já passaram pela revolução industrial e países que ainda lutam para superar o estágio colonial de sua economia. Demonstrou-se, enfim, que não basta aos países novos apreender as lições decorrentes da industrialização que se deu antes de 1914 para poder repetir o processo nos dias que correm.

É preciso reconhecer, no entanto, que o estruturalismo não levou as premissas de sua análise às últimas consequências. Embora fosse capaz de apreciar criticamente o funcionamento da economia colonial, deixou de fazê-lo em relação à nova economia produzida pelo desenvolvimento enquanto economia *capitalista*. Embora não haja dúvida de que esta última é superior à economia colonial, em termos da dialética da mudança estrutural, não há dúvida também de que ela apresenta contradições que se manifestam inclusive nos estágios de sua formação. Parte das perturbações do processo de desenvolvimento provém daí e a incapacidade do estruturalismo em reconhecer esse fato desarma-o quando se trata de apontar medidas concretas de política econômica que permitam dar continuidade ao processo de transformação estrutural.

Nos ensaios que se seguem procura-se fazer a crítica da análise estrutural corrente, desde o dualismo que não distingue entre o setor "moderno" e a economia industrial, fruto do desenvolvimento, até aquele tipo de análise que conclui que, mediante o planejamento indicativo e certas reformas de base, as contradições decorrentes da anarquia de produção capitalista podem ser superadas. Para tanto, tivemos que retomar uma das contribuições mais significativas da economia marxista, isto é, que não se pode separar em níveis diferentes de análise os fenômenos de curto e longo prazo, pois são as contradições que se manifestam a cada momento que constituem o motor do processo de transformação ao longo dos períodos maiores. Marx foi um dos primeiros autores que integrou na análise da economia capitalista a teoria do ciclo em lugar de considerá-lo perturbação passageira de uma tendência secular sempre ascendente. Devido ao seu caráter apologético em relação ao capitalismo, a análise estrutural não foi capaz de integrar as mudanças de conjuntura no quadro das mudanças estruturais de que se ocupa. Daí sua ênfase nas "reformas de estrutura" que nunca afetam a estrutura central do sistema, isto é, a economia de mercado.

Em última análise, um sistema só pode ser criticado dialeticamente do ponto de vista do sistema que o nega, superando suas contradições. Criticar a economia colonial do ponto de vista do capitalismo é apontar apenas parte de suas contradições, pois a economia colonial é engendrada pelo próprio capitalismo, enquanto sistema mundial e boa parte de suas contradições provém do seu caráter de economia de mercado integrada no capitalismo internacional. Compreender criticamente o desenvolvimento, enquanto processo constitutivo de uma economia capitalista, só é possível na medida em que o observador se coloca do ponto de vista de um sistema que supera as contradições tanto da economia colonial quanto do capitalismo, isto é, do ponto de vista do socialismo.

São Paulo, 10 de novembro de 1967.

PAUL SINGER

Prefácio à 2ª edição

Este livro reúne ensaios e artigos escritos durante a primeira metade da década de 1960, refletindo as preocupações teóricas e as vicissitudes políticas de então. Sua reedição se justifica na medida em que tais preocupações e vicissitudes de modo algum foram superadas até hoje.

Os três primeiros ensaios se ocupam do desenvolvimento, entendido como processo de transformação estrutural. O esquema de três setores – setor de mercado externo, setor de mercado interno e setor de subsistência –, que neles foi formulado pela primeira vez, foi largamente utilizado por mim em investigações posteriores. A ideia original me veio, através de Inácio Rangel e Celso Furtado (aos quais devo muito, em termos intelectuais), da escola "estruturalista", em combinação com a matriz de análise de expansão do capitalismo, enquanto modo de produção, desenvolvida por Rosa Luxemburgo. Mas o pensamento "estruturalista", hoje corriqueiro nos meios acadêmicos do mundo ocidental, era (e é) essencialmente *dualista*: distinguia meramente um setor "moderno" de outro "tradicional". Ora, o setor "moderno", que por ser capitalista apresenta alta produtividade, engloba tanto as atividades tipicamente coloniais, voltadas para o mercado externo, como as atividades industriais, que negam a divisão internacional do trabalho, voltadas para o mercado interno. Dessa maneira, desaparece do foco da análise o caráter revolucionário, embora burguês, do desenvolvimento, que passa a ser encarado como mero subproduto da expansão do capitalismo dos países metropolitanos aos de economia colonial.

A distinção entre setor de mercado interno, fruto da substituição de importações, e setor de mercado externo, que resulta da não industrialização das ex-colônias, permite revelar o caráter contraditório do desenvolvimento no contexto capitalista: cada nova burguesia nacional que surge tem que se afirmar como tal em seu próprio mercado interno, contrapondo-se à lógica do capitalismo enquanto sistema internacional, antes de se integrar nele como competidor e sócio, em pé de relativa igualdade com as demais burguesias. A essência desse processo, suas contradições e limitações, é que explica o desenvolvimento, que se apresenta como um processo que jamais se completa, na medida em que ele reproduz nas ex-colônias a economia dos países industrializados em tal ritmo que o atraso absoluto é superado apenas para ser reposto, pois nos países "centrais" o desenvolvimento das forças produtivas não cessa e, mais do que isso, se alimenta precisamente da industrialização retardatária dos países da "periferia".

É claro que essas implicações todas do processo do desenvolvimento não estão postas a nu nos ensaios aqui reunidos. Encontram-se neles, por assim dizer, apenas os fundamentos conceituais da análise e sua aplicação inicial, canhestra e limitada. Mas, considerando-se que essa análise ainda está por ser feita em grande parte, parece-me que continua válida a discussão de seus fundamentos, que, como quaisquer outros instrumentos de trabalho, só podem ser aperfeiçoados mediante o seu uso.

Os três últimos ensaios que compõem o livro se referem à teoria da conjuntura e sua aplicação concreta às circunstâncias brasileiras. A crítica ao Plano Trienal constitui um esforço de didatização das análises e proposições de política econômica constantes do plano e que giram basicamente ao redor do combate à inflação e às consequências da crescente dependência do país em relação às nações

DESENVOLVIMENTO E CRISE 41

desenvolvidas. Convém recordar que o Plano Trienal é um dos mais importantes documentos políticos já produzidos pela máquina estatal brasileira, que marca um momento peculiar de nossa história: pela primeira vez, na aliança de classes governante, o peso dos assalariados se fazia sentir não só sobre itens específicos, mas sobre a orientação geral da política econômica proposta. No entanto, apesar da vontade política "progressista" que anima a análise, as proposições concretas não fogem – nem poderiam fugir, como demonstra a crítica – das imposições das leis gerais que regem o sistema e que, na conjuntura vigente, levavam a preterir os interesses das massas trabalhadoras em função da necessidade inelutável de reestabelecer o "equilíbrio" da economia em seu conjunto.

Comparando-se o último ensaio, escrito dois anos depois, numa conjuntura política completamente transformada pelo abril de 1964, com a crítica ao Plano Trienal, fica claro que, quando a economia entra em crise – e no nosso caso em crise inflacionária –, suas leis objetivas se impõem à vontade política, qualquer que ela seja, suscitando o "esperneio" dos grupos prejudicados e, eventualmente, a conscientização dos que, sob qualquer conjuntura, tendem a ser excluídos das benesses do sistema. E é fácil concluir que a história se repete, já que agora de novo a economia é atormentada por uma inflação que está (com perdão da imagem equina) passando do trote ao galope e por desequilíbrio cada vez mais fundo no balanço de pagamentos... E inevitavelmente os formuladores da política econômica fazem promessas impossíveis de serem cumpridas e acabam servindo de bodes expiatórios dos pecados da "livre iniciativa".

O ensaio sobre o ciclo de conjuntura em economias subdesenvolvidas trata de refutar a visão, então predominante nos meios críticos, de que apenas os países capitalistas desenvolvidos sofrem o ciclo de conjuntura, ao passo que os subdesenvolvidos são vítimas de crises de estrutura. Essa visão, enganadora e politicamente nociva, pois consegue alimentar ao mesmo tempo as piores ilusões reformistas e o mais extremado ultimatismo "revolucionário" (conforme a gente tenha ou não fé no zelo reformista da burguesia nacional), nasce do fato de que o ciclo de conjuntura moderno é desencadeado por ação governamental e não, como o ciclo clássico, pelo mecanismo do mercado. Tratava-se, portanto, de mostrar que economias subdesenvolvidas, como a nossa, também estão sujeitas aos altos e baixos conjunturais, produzidos, da mesma forma que nos países adiantados, pela própria política anti-cíclica. O boom seguinte, tão intenso e extenso que chegou a parecer "Milagre", demonstrou, além de qualquer dúvida, que, apesar de não terem sido feitas as reformas de base, a economia brasileira não estava condenada à danação da eterna estagnação.

Se, na ocasião em que escrevi este ensaio, eu já tivesse tido opor-tunidade de ler o hoje famoso, mas então esquecido artigo de Kalecki sobre o "ciclo político", não precisaria tê-lo reinventado. Confesso meu plágio involuntário e presto homenagem ao gênio do grande polonês, que, já durante os anos 1940, anteviu o tipo de capitalismo que a aplicação prática das receitas keynesianas produziria vinte anos depois. Resta notar que, quando o ciclo político já estava em plena vigência, foi necessária certa ousadia intelectual e política para re-conhecê-lo e, quando esse reconhecimento veio a lume, foi imedia-tamente depois objeto de veemente refutação... Dessa maneira, se comprova mais uma vez que a heresia de ontem se transforma, quase sem transição, no óbvio de hoje.

Creio que estes ensaios adquiriram agora certo caráter histórico. Diz-se que os povos que não conseguem compreender sua história estão condenados a repeti-la. Se este livro puder contribuir um pouco que seja para evitar essa desgraça ele terá correspondido às imodes-tas intenções de quem o escreveu.

S. Paulo, 26 de outubro de 1976

PAUL SINGER

I

Conceituação de desenvolvimento

Como quase todos os temas muito controvertidos, o do desenvolvimento econômico se caracteriza pela ausência de uma conceituação universalmente aceita. Para melhor ordenar a discussão que segue, dividimos as conceituações mais usuais em duas correntes: 1) as que identificam desenvolvimento com crescimento econômico e 2) as que distinguem desenvolvimento de crescimento.

Examinemos inicialmente a primeira corrente. Para numerosos autores, desenvolvimento é apenas um outro nome para o fenômeno do crescimento econômico. Esse ponto de vista é claramente esposado por Gerald M. Meier e Robert E. Baldwin[1] quando dizem: "Há uma tendência de se usar os termos desenvolvimento econômico, crescimento econômico e transformação secular indistintamente. Embora seja possível traçar sutis distinções entre esses termos, em sua essência eles são sinônimos" (p.2). Isto não quer dizer que esses autores não reconhecem a existência de países desenvolvidos e de outros subdesenvolvidos. A diferença para eles, no entanto, é principalmente que os

---

1 Meier; Baldwin, *Economic Development, Theory, History, Policy.*

primeiros cresceram mais que os segundos. A ausência de crescimento econômico (desde que tal crescimento seja possível) é o que caracteriza o subdesenvolvimento. Ou, como observa Jacob Viner:[2] "Uma definição mais útil de país subdesenvolvido é a de que é um país que possui boas perspectivas potenciais para usar mais capital ou mais mão de obra ou mais recursos naturais disponíveis, ou todos estes, para manter sua população atual num nível de vida mais elevado, ou, se sua renda *per capita* já é bem alta, manter uma população maior num nível de vida não inferior" (p.12). Portanto, país subdesenvolvido seria aquele que não utiliza integralmente os fatores de produção de que dispõe ou, num sentido dinâmico, sua economia cresce menos do que poderia crescer.

A primeira implicação desta conceituação é que o crescimento econômico é explicado pela mesma teoria, tanto para os países desenvolvidos como para os subdesenvolvidos. Com efeito, usa-se frequentemente o mesmo modelo para analisar o crescimento econômico num e noutro tipo de país. Por exemplo, o modelo de Harrod-Domar, que faz depender o crescimento da taxa de investimento e da relação produto/capital. Colocado o problema nesses termos, a atenção do pesquisador se volta para os fatores que limitam a taxa de investimento e os que deprimem a relação produto/ capital, ou seja, o efeito desse investimento sobre a renda. Resulta daí que a economia subdesenvolvida não é vista como um todo: isolam-se determinados aspectos que são responsabilizados pela baixa taxa de crescimento que a economia apresenta. Os já citados Meier e Baldwin escrevem: "Pode-se dizer que um país pobre tem em essência seis características econômicas básicas: (1) predomina a produção primária, (2) enfrenta pressão populacional, (3) possui recursos naturais subdesenvolvidos, (4) possui população economicamente atrasada, (5) apresenta deficiência de capitais e (6) é orientado para o comércio exterior" (p.273). A mera apresentação dessas "características" já mostra que os autores não possuem uma visão integrada da economia subdesenvolvida. Se essas "características" são *essenciais* é de se supor que nenhuma é

---

2 Viner, "The Economics of Development", em Agarwala; Singh, *The Economics of Underdevelopment*.

consequência de outra, pois, em caso contrário, a enunciação de uma já implicaria a da outra. Mas será que a pressão populacional não resulta do atraso econômico da população? E o predomínio da produção primária não pode ser visto como uma das causas primordiais da deficiência de capitais e da orientação para o comércio externo? Os autores concebem a interdependência dessas "características" quando reconhecem a existência de "círculos viciosos" nas economias subdesenvolvidas. Toda análise, no entanto, se encerra no exame de fatores que impediram os países subdesenvolvidos de seguir o caminho do crescimento econômico que enriqueceu os países desenvolvidos. Os mecanismos de crescimento seriam os mesmos. Do mesmo modo que a criança é homem em projeto, os países subdesenvolvidos são desenvolvidos em potencial, bastando para a realização de suas potencialidades que o caminho seja desobstruído de obstáculos que impedem que a natureza siga o seu curso.

O que há no fundo dessa abordagem do problema é a concepção de que a dinâmica econômica é invariavelmente a mesma em seus fundamentos. Adam Smith falava na propensão humana para as trocas como explicação da divisão social do trabalho. Posteriormente introduziu-se a noção de racionalidade hedonista como fundamento do comportamento econômico. A conclusão é que, dadas certas premissas, é possível deduzir o funcionamento da economia com completa abstração de espaço e tempo, já que ela é condicionada fundamentalmente por algo inerente à "natureza humana". Uma das formulações mais claras dessa concepção é devida a Alfred Marshall:

> Com o progresso da civilização, o homem tem desenvolvido sempre novos desejos e novos e mais caros modos de satisfação. [...] Toda a história do homem mostra que seus desejos se expandem com o crescimento de sua riqueza e conhecimento. [...] E com o crescimento de oportunidades para o investimento de capital há um aumento constante naquele excedente de produção sobre o consumo vital ("necessaries of life"), que dá o poder de poupar. Quando as técnicas de produção eram rudimentares, havia muito pouco excedente, exceto onde uma forte raça dirigente mantinha as massas submetidas duramente no trabalho com consumo reduzido ao mínimo vital ("on the bases necessaries of life") e onde o cli-

ma era tão ameno que esse mínimo fosse pequeno e facilmente obtido. Mas cada avanço nas técnicas de produção, e no capital acumulado para assistir e manter o trabalho na produção futura, aumentava o excedente do qual mais riqueza podia ser acumulada. Depois de certo tempo, a civilização tornou-se possível em climas temperados e mesmo frios; o aumento da riqueza material tornou-se possível sob condições que não enervavam o trabalhador e que, portanto, não destruíam os fundamentos sobre os quais repousava. Assim, passo a passo, riqueza e conhecimento cresceram e a cada passo o poder de poupar riqueza e estender o conhecimento aumentou.[3]

Como se vê, por essa concepção, o crescimento econômico é um processo contínuo de progresso científico e sua aplicação à técnica de produção mediante acumulação de capital. Não se pode negar a veracidade dessa proposição. Mas é possível indagar se o nível de abstração em que ela é verdadeira é adequado à compreensão de por que o "progresso da civilização" não se verificou uniformemente em todas as regiões habitadas do globo e se concentrou em alguns poucos países. E este é, precisamente, o problema do desenvolvimento em nossos dias.

A aplicação da concepção marshalliana ao estudo dos fenômenos de desenvolvimento leva à abstração das diferenças que existem entre os sistemas econômicos dos países que foram e dos que não foram beneficiados pelo "progresso da civilização". Ora, a existência de sistemas econômicos diferentes não é casual, nem desvinculada da problemática do desenvolvimento. Muito pelo contrário, cada sistema permite determinado grau de crescimento econômico. O crescimento não implica, necessariamente, a adoção de novas técnicas de produção, pelo menos quando existem fatores desocupados. O surgimento de novas técnicas de produção, por outro lado, representa muitas vezes um desafio ao sistema, na medida em que a sua aplicação contradiz determinados arranjos institucionais básicos do sistema. Em outros termos, a base institucional do sistema econômico e as técnicas de produção adotadas apresentam íntima relação de

---

3 Marshall, *Principies of Economics,* Cap. VII, p.185-6.

DESENVOLVIMENTO E CRISE

condicionamento. A compatibilidade entre o sistema econômico e as técnicas de produção, que exigem determinado relacionamento entre os fatores e, portanto, entre os titulares desses fatores, é necessariamente limitada. Sistemas econômicos cujos fatores estão próximos da plena ocupação ou nos quais um fator é escasso (em função da combinação possível de fatores, diante das técnicas adotadas) apresentam fracos índices de crescimento e podem mesmo se apresentar em estagnação ou em retrocesso.

Num mundo em que existem diferentes sistemas econômicos, alguns se mostrarão mais suscetíveis que outros de adotar novas técnicas de produção. Os países em que vigoram esses sistemas apresentarão crescimento econômico muito mais acelerado que outros, cujos sistemas são incompatíveis com as novas técnicas, e aparecerão, desse modo, como subdesenvolvidos. Encarar, portanto, o subdesenvolvimento como resultado da ausência de crescimento ou do desnível entre índices de crescimento de países diferentes não deixa de ser verdadeiro. Essa posição, no entanto, em lugar de revelar as causas básicas do fenômeno, limita-se à análise das manifestações mais evidentes e superficiais – o crescimento insuficiente – e procura, logicamente, determinar os "obstáculos" ao desenvolvimento como aspectos isolados de um todo que escapa à observação científica. Daí resulta, por exemplo, a ideia de que nos países subdesenvolvidos o fator escasso é o capital, o que leva à subutilização dos fatores abundantes: terra e mão de obra. Disto resulta baixa produtividade, portanto reduzida produção *per capita* e, finalmente, fraco índice de poupança, o que faz que a escassez de capital se perpetue. Se acrescentarmos a esses elementos o elevado crescimento demográfico e o alto padrão de consumo das classes dominantes, temos o mais importante "círculo vicioso" causador do subdesenvolvimento, na opinião de numerosos especialistas.[4]

Esse tipo de análise leva inevitavelmente à conclusão de que a medida mais importante para induzir o desenvolvimento em países que não se desenvolvem "naturalmente" é aumentar neles a oferta de

---

4 Veja-se, por exemplo, Meier; Baldwin, *Economic Development*, cap. 15, "Obstacles to Development", ou Furtado, "O mecanismo do desenvolvimento".

capital, o que pode ser conseguido mediante aplicações estrangeiras ou estimulando o seu comércio externo, já que este é um setor em que comprovadamente a acumulação de capital se dá com maior facilidade. Essa conclusão teórica se alicerça na experiência histórica de certos países, como Cuba (até 1959) ou Venezuela, em que maciças aplicações de capital estrangeiro ocorreram *pari passu* com extraordinário desenvolvimento do seu comércio externo. Acontece, no entanto, que, apesar disso, ou melhor, precisamente por causa disso, esses países continuaram apresentando todos os característicos que se associam ao subdesenvolvimento: baixos níveis de produtividade (exceto no setor de exportação), baixo nível de vida da grande maioria da população, elevados índices de mortalidade, de analfabetismo etc. Esses fatos se explicam fundamentalmente pela condição básica que preside a aplicação do capital estrangeiro: a compatibilidade com o sistema, que só "abre" ao investimento o seu setor de comércio externo, o qual se acha virtualmente desligado do resto da economia. O aumento de oferta de capital não afeta a totalidade da economia, tendo por efeito o reforçamento do sistema que produz o subdesenvolvimento. Na medida em que o capital estrangeiro se ajusta ao sistema imperante nos países subdesenvolvidos, ampliando seu setor de exportação, ele acarreta certo crescimento econômico, facilmente verificável pelo exame da evolução dos índices de renda *per capita*, demonstrando existir compatibilidade entre o subdesenvolvimento e o crescimento econômico, ou, em outras palavras, que o mero crescimento econômico não se identifica com o desenvolvimento.

Existem, por outro lado, numerosos estudiosos do desenvolvimento econômico, formando outra corrente, que reconhecem explicitamente a diferença entre crescimento e desenvolvimento econômico. Podemos citar, nesse sentido, Barre: *"a nosso ver, o estudo do desenvolvimento econômico não se confundirá com o estudo dos crescimentos equilibrados numa economia capitalista evoluída"*;[5] F. Perroux: "A distinção entre *crescimento e desenvolvimento* parece agora aceita na literatura científica consagrada à dinâmica econômica, pelos autores de língua

---

5 Barre, "Le Dévelopment économique, analyse et politique", *Cahiers de L'Isea*, n.66, abr. 1958, p.2 (grifo no original).

DESENVOLVIMENTO E CRISE

francesa. É intuitivo que o produto real global de uma nação ou de um outro conjunto social possa *crescer* sem que essa nação ou esse conjunto se *desenvolva*";[6] e E. Gannagé: "A diferenciação (entre 'subdesenvolvimento' e 'desenvolvimento insuficiente') indica uma diferença de natureza, ao acentuar que a economia subdesenvolvida recorre a outros mecanismos que a economia avançada".[7]

O primeiro corolário da distinção entre desenvolvimento e crescimento é que o crescimento é visto como um processo de expansão quantitativa, mais comumente observável nos sistemas relativamente estáveis dos países industrializados, ao passo que o desenvolvimento é encarado como um processo de transformações qualitativas dos sistemas econômicos prevalecentes nos países subdesenvolvidos. Segue-se o reconhecimento da diferença de natureza (e não de grau) entre os sistemas econômicos desses dois tipos de países. *O desenvolvimento é o processo de passagem de um sistema a outro.*

Metodologicamente é o estruturalismo o instrumento que nos faz pensar a economia com base em sistemas, regimes e estruturas. Aplicado ao estudo do desenvolvimento, dá a abordagem da corrente que estamos examinando. Diz Gannagé: "o método de abordagem estrutural nos servirá de guia ou se se prefere de tema de referência contínuo a todas as descrições ou explicações do subdesenvolvimento". E, mais adiante: "Por mais controvertida que seja a seleção desses traços (comuns a todas as economias subdesenvolvidas), o método de abordagem estrutural projeta uma nova luz, graças à noção de dualismo, cujo aprofundamento nos revelará a natureza do subdesenvolvimento".[8]

O ponto básico do estruturalismo é que as leis econômicas têm seu funcionamento condicionado às estruturas existentes. Esse modo de pensar nega a universalidade das leis da economia. A ciência econômica estuda não uma realidade econômica cujos fundamentos são sempre os mesmos, independentemente do tempo e do espaço, mas

---

6 Perroux, "Préface", em Gannagé, *Économie du Dévelopment*, p.VII (grifos no original).

7 Gannagé, op. cit., p.9.

8 Gannagé, op. cit., p.5.

50 DESENVOLVIMENTO E POLÍTICA

determinadas realidades econômicas, em lugar e momento bem definidos, e as leis que formula são válidas somente para essas realidades. A economia política torna-se assim ciência histórica (sem confundir--se, é óbvio, com história econômica).

O reconhecimento da limitação da validez histórica das leis econômicas torna a teorização das estruturas e dos sistemas que elas compõem o problema central da economia política. A determinação de estruturas econômicas características (típicas, ideais ou puras) e dos sistemas econômicos que resultam delas passa a ser necessariamente o ponto de partida do pensamento econômico. Constitui, no entanto, também o ponto de partida de orientações divergentes na própria corrente estruturalista.

Alguns autores, como A. Marchal,[9] formulam o método estruturalista de modo a poder determinar os sistemas econômicos *indutivamente*. Os sistemas são, segundo esse autor, "complexos coerentes de estruturas". A ênfase está na coerência. Quando, em dado momento e lugar, as estruturas não apresentam coerência, então temos um "regime" que, em si, é heterogêneo. Na realidade, não há senão regimes; sistemas são construções teóricas que, em última análise, servem para prover de bases científicas o estudo de regimes, ou seja, de sistemas concretos. "O pensamento moderno se caracteriza, entre outros aspectos, pelo esforço de quantificação tendo em vista caracterizar e medir as estruturas econômicas", as quais, portanto, são determinadas indutivamente. Consequentemente, o mesmo método de abordagem é aplicado ao estudo dos regimes: "o progresso da técnica estatística permitiu elaborar procedimentos de registro da estrutura econômica, ou seja, verdadeiros instrumentos de medida, e também elaborar técnicas de análise estrutural de regimes econômicos, de meios de representação desses regimes, do ponto de vista de suas estruturas".[10]

O método indutivo no estruturalismo apresenta a aparente vantagem de poder alicerçar suas construções teóricas sobre dados objetivos e quantificados. A objetividade do método residiria precisamente aí.

---

9 Marchal, *Systèmes et structures économiques*.
10 Ibid., p.278.

DESENVOLVIMENTO E CRISE

Acontece, no entanto, que nenhum trabalho teórico pode abordar a realidade sem pressupostos, que são outras tantas hipóteses que só o reencontro entre a *teoria total* e a *realidade global* pode comprovar ou não. A própria coleta de dados estatísticos já pressupõe critérios do que é e do que não é significativo, quer esses critérios sejam explicitados ou não. É ilusório pensar que quaisquer técnicas estatísticas (índices de correlação, p. ex.) "demonstram" conexão causal ou funcional ou simples intercondicionamento entre variáveis representando "índices estruturais". A coerência entre estruturas não pode ser verificada pela análise de aspectos parciais, nem os critérios de definição das estruturas podem ser justificados por si mesmos.

Marchal parte para a análise com uma divisão das estruturas em físicas, econômicas propriamente ditas, demográficas e de enquadramento (institucionais e sociais). A divisão é justificada em termos de que ela "é feita unicamente tendo em vista a análise e que, em absoluto, não implica que, na realidade, esses diversos tipos de estrutura sejam isolados uns dos outros".[11] No entanto, quando se trata de definir os sistemas, cada um "será caracterizado por suas estruturas, que, para maior clareza, agruparemos assim: estruturas institucionais e sociais, estruturas econômicas e técnicas, estruturas psicológicas ou mentais".[12] Seguem-se as caracterizações dos sistemas: dominial fechado, artesanal, capitalista e coletivista integralmente planificado. Cada sistema é, no fundo, descrito por uma série de estruturas que se justapõem. Para os dois últimos sistemas ("atuais ou contemporâneos") segue-se uma análise do seu funcionamento. O funcionamento "ideal" do sistema capitalista, no entanto, segundo o autor, repousa apenas sobre a propriedade privada e a livre concorrência, a primeira explicitada como uma das estruturas "institucionais e sociais" e a segunda podendo ser deduzida dessas mesmas estruturas institucionais (propriedade privada e não interferência do Estado na economia). Mostra, então, o autor, como as estruturas econômicas (economia de mercado) e as mentais (procura do lucro como fim da atividade econômica) decorrem logicamente daquelas estruturas

---

11 Ibid., p.120.
12 Ibid., p.120.

institucionais ou suas consequências. As estruturas, descritas separadamente para caracterizar o sistema, se ordenam em cadeias causais, dando lugar (implicitamente) a estruturas essenciais e outras decorrentes. Quando o autor trata do funcionamento "real" do sistema, o mesmo edifício lógico permanece; apenas suas pretensões "à máxima satisfação das necessidades, ao equilíbrio perfeito de produção e consumo e à justiça na repartição dos rendimentos" são negadas.[13] A incongruência salta aos olhos. De um lado, Marchal afirma que nenhuma "estrutura privilegiada" pode, por si, explicar ou caracterizar o sistema. Em consequência, os sistemas de Marchal carecem de *necessidade lógica*. Por que determinadas estruturas coexistindo dão lugar a um sistema? Resposta: porque indutivamente se verifica que assim é, já que o sistema abstrato é uma construção teórica que se funda na observação selecionadora dos sistemas concretos. Porém, tão logo se passa de pura caracterização do sistema ao seu funcionamento, é preciso arranjar as estruturas num todo interdependente. Nesse momento, a *necessidade lógica* das estruturas aparece, desaparecendo, porém, sua igualdade democrática na caracterização do sistema.

Em suma, não é possível partir das estruturas para o sistema. É este que dá sentido àquelas. As estruturas, desligadas dos sistemas, não passam de abstração sem significado. Examinando a estrutura institucional "o direito de propriedade", Marchal escreve: "A propriedade se encontra em todo sistema econômico, qualquer que ele seja: economia fechada, economia artesanal, capitalismo, socialismo parcialmente ou integralmente planificado". Faz, em seguida, uma *descrição* da evolução do direito de propriedade, sem referência aos sistemas, o que lhe impossibilita qualquer *análise* dessa evolução, para, no fim, retomar o exame na esfera dos sistemas "atuais", sem que as formas de propriedade neles encontradas recebam outro tratamento que não o puramente descritivo. O mesmo se dá com o contrato, o Estado e demais estruturas,[14] que só passam a adquirir significado no contexto do sistema.

É falso, portanto, definir sistema como "complexo coerente de estruturas", no sentido de que *as estruturas compõem o sistema*. É o

---

13 Ibid., p.214-33.
14 Ibid., p.146 *ss*.

sistema, ponto de partida da análise, *que se desdobra em estruturas*, que – repitamo-lo – só adquirem sentido no contexto do sistema. O que impede Marchal e outros de partir do sistema é o seu método indutivo. A realidade apresenta regimes, não sistemas. Nos regimes é possível distinguir estruturas, sem aparente abstração (embora, como mostramos, ela se ache presente). E a quantificação das estruturas parece permitir uma análise estrutural da economia de inatacável objetividade. Na realidade, a objetividade do procedimento científico não consiste, apenas, no rigor do levantamento dos dados, mas na coerência lógica da análise e, sobretudo, na correspondência, verificada pela prática, entre a teoria total assim construída e a realidade global que ela pretende explicar.

Os autores estruturalistas antes citados, que se dedicam ao estudo do desenvolvimento, revelam-se discípulos de Marchal no uso do método indutivo. Barre, no trabalho já mencionado, define um país subdesenvolvido típico (no sentido de "tipo ideal" de Max Weber) como sendo o que "se apresenta com uma estrutura primária e dualista; seu funcionamento se caracteriza pela instabilidade e pela dependência; ele dificilmente pode romper o 'círculo vicioso da pobreza'".[15] O autor procura, a seguir, demonstrar com dados estatísticos que a maioria dos países comumente considerados subdesenvolvidos é caracterizada por uma economia em que predominam as atividades primárias (extrativa e agrícola), em que existem dois setores econômicos justapostos (dualismo) e cujo funcionamento é instável na produção, nas exportações e nos termos de intercâmbio e dependente de grandes firmas estrangeiras e da importação de bens manufaturados e de capital do exterior. Ora, a justaposição dessas estruturas não dará nunca um sistema integrado. Porque *necessariamente* coexistem essas estruturas e modos de funcionamento? O autor não nos dá nenhuma resposta, nunca ultrapassando o nível descritivo, o que o faz desembocar no raciocínio circular do "círculo vicioso da pobreza", que já mencionamos. É verdade que, para Barre, o "círculo vicioso" não se esgota na falta de capital para investir; ele menciona também a falta de oportunidades de investimento (devido à fraca procura interna),

---

15 Barre, op. cit., p.4.

54 DESENVOLVIMENTO E POLÍTICA

à ausência de mão de obra qualificada e à falta de infraestrutura econômica. Finalmente, ele atribui ao círculo vicioso um aspecto dinâmico, emprestando de Myrdal o conceito de processo acumulativo de crescimento ou de regressão. Mas nada disso substitui a necessária visão da economia subdesenvolvida como sistema integrado. Processos e estruturas são vistos desligadamente. Isto impede o autor de ter uma visão orgânica do desenvolvimento, que ele identifica ora com a formação do capitalismo industrial ("crescimento espontâneo"), ora com o processo de industrialização na URSS ("crescimento planificado"). Seriam ainda modalidades históricas diferentes de desenvolvimento o crescimento aberto (ex.: Israel) e o "fechado" (ex.: Japão). Ora, nesse momento (deixando de lado a confusão terminológica de "crescimento" e "desenvolvimento"), o autor deixa de analisar o desenvolvimento a partir da economia subdesenvolvida que ele caracterizou no início do seu trabalho para descrever processos de mudanças de sistemas em condições históricas e econômicas totalmente diferentes, dos quais espera tirar lições de proveito para a solução dos problemas de desenvolvimento de nosso tempo, revelando total abandono do método estrutural, que se caracteriza precisamente por afirmar a especificidade dos processos em função das estruturas e dos sistemas em que se dão.

Mas, "the proof of the pudding is in the eating". Em lugar de uma análise do desenvolvimento, tal qual se dá ou pode se dar no mundo de hoje, Barre nos apresenta um receituário de política econômica do desenvolvimento, que contém bons conselhos embora algo acacianos (desenvolvimento da educação e da formação técnica, estabelecimento de uma administração honesta e competente, difusão, em todas as classes da sociedade, de concepções favoráveis ao crescimento e ao progresso etc.) e a discussão de alguns problemas, tais como a integração dos países subdesenvolvidos na economia mundial, nos *mesmos termos* dos autores que não veem diferença entre crescimento e desenvolvimento. Para que, então, as proclamações estruturalistas no prefácio, se as conclusões são as mesmas da análise corrente?

Elias Gannagé, no seu já mencionado livro, começa criticando as definições não estruturalistas de desenvolvimento: países velhos e jovens, forte e fraca densidade demográfica, países ricos e pobres (em

DESENVOLVIMENTO E CRISE

recursos naturais) etc. Faz, em seguida, um levantamento descritivo das "características maiores do subdesenvolvimento" e dos "indicadores que dão uma medida do desenvolvimento". Toda essa parte descritiva e no mais puro estilo indutivo: observação da realidade com vistas ao isolamento de regularidades que permitam caracterizar o subdesenvolvimento. Finalmente chega-se à análise estrutural. "Nossas investigações nos revelaram que as categorias retidas refletem a natureza do subdesenvolvimento na medida em que elas têm relações específicas cuja característica comum é o *dualismo*. Não é demais insistir sobre a estrutura dualista dos países insuficientemente desenvolvidos; ela constitui a trama ao redor da qual se reagrupam – de maneira coerente e arquitetônica – a lista enumerativa mas não limitativa das características das economias pouco evoluídas."[16]

Eis um bom enunciado estruturalista: as características (fenômenos aparentes) se reorganizam e, portanto, se explicam em função da estrutura econômica. Infelizmente, os bons propósitos de Gannagé se frustam em virtude da aplicação dos conceitos de A. Marchal, que ele cita explicitamente. Desse modo, "as relações estruturais retidas entre elementos da mesma natureza se repartem em três categorias, conforme esses elementos constitutivos sejam territoriais, funcionais ou sociais".[17] Logo, a análise da estrutura econômica subdesenvolvida se desdobra em dualismo territorial, funcional e social, sem que o autor se dê conta de que se trata de aspectos superficiais diferentes de uma única estrutura dualista. O próprio Gannagé afirma: "Embora o dualismo funcional se superponha frequentemente ao dualismo territorial, ele é distinto. A coexistência de dois sistemas econômicos (pré-capitalista e capitalista), que constitui a característica essencial desse dualismo funcional, não é necessariamente uma referência a regiões geográficas distintas".[18] Gannagé se recusa a perceber que a causa do dualismo territorial, isto é, do desenvolvimento desigual de diferentes regiões de um mesmo país, é *causado* pelo dualismo funcional, ou seja, pelo surgimento de um setor desenvolvido ("sistema

---

16 Gannagé, op. cit., p.61 (grifo no original).
17 Gannagé, op. cit., p.61.
18 Gannagé, op. cit., p.71.

capitalista") ao mesmo tempo que o resto da economia permanece subdesenvolvida ("sistema pré-capitalista"). A manifestação geográfica da estrutura dualista adquiriu foros de categoria independente porque, *como aspecto da realidade apreensível*, ela aparece separadamente. Em lugar de nos apresentar uma visão integrada da estrutura subdesenvolvida, a análise de Gannagé nos mostra uma série de estruturas superpostas e basicamente independentes. O dualismo, a "trama", ao redor da qual se reagrupam as características do subdesenvolvimento, não aparece como sendo mais que um *aspecto comum* das diferentes estruturas que compõem o sistema (ou regime).

Apesar de tudo, Gannagé, ao analisar o "dualismo funcional" (que de fato é a essência da economia subdesenvolvida), não pode deixar de apresentar uma visão orgânica do processo de desenvolvimento, que aparece como "alargamento do círculo de economia monetária, até a reabsorção completa da economia de subsistência".[19] O autor distingue mesmo as diversas etapas do processo, desenvolvendo-as apenas em poucas linhas. Porém, Gannagé não sabe o que fazer com o seu achado, abandona-o rapidamente e volta-se para o "dualismo social". Toda a segunda parte do livro é dedicada à análise de aspectos parciais, sob a forma dos famosos "círculos viciosos", que agora são vários: de população, do capital e da poupança, da repartição da renda, do comércio internacional. Toda essa análise é desligada da caracterização estrutural da economia subdesenvolvida e se encontra, portanto, no mesmo nível das discussões correntes entre a grande maioria dos autores não estruturalistas. O mesmo pode ser dito da terceira e última parte do livro, que, embora intitulada "Desenvolvimento", não passa do exame de *políticas* de desenvolvimento.

O exame dos trabalhos de Barre e Gannagé nos permitem alcançar a importante conclusão metodológica que a abordagem indutiva *pura* é incompatível com uma análise estrutural consequente. Isto provém do fato de que a indução, da maneira como a aplicam os autores sob exame, adota como ponto único de partida o exame *exterior* dos fatos, tais quais se apresentam ao olhar ingênuo, isto é, despido de "pré-noções" do analista. O método foi exposto claramente por

---

19 Gannagé, op. cit., p.81.

Durkheim: "Precisamos, portanto, considerar os fenômenos sociais em si mesmos, separados dos sujeitos conscientes que os representam; é preciso estudá-los *de fora, como coisas exteriores,* porque é nessa qualidade que eles se nos apresentam". E ainda: "Não tomar jamais como objeto de pesquisas *senão um grupo de fenômenos anteriormente definidos por certos caracteres exteriores* que lhes são comuns e compreender na mesma pesquisa todos os que correspondam a esta definição".[20] A indução durkheiminiana pretende alcançar a máxima objetividade ao se prender exclusivamente aos caracteres exteriores dos fenômenos. Incide, no entanto, numa pressuposição discutível ao *definir* os fenômenos pelos caracteres externos. Será que esses caracteres são os mais significativos e, portanto, apropriados para definir, isto é, separar do todo, os fenômenos em estudo?

Não queremos, com isto, negar que a indução tenha função importante a desempenhar na análise estrutural. Esta, no entanto, tem de partir da observação do todo, que, no caso, é constituído pela economia mundial. É preciso começar por entender o funcionamento desse todo e, para tanto, há que encará-lo como realidade historicamente constituída. Verificar-se-á, então, que a economia contemporânea se constituiu historicamente a partir de alguns poucos centros dinâmicos, da qual irradiou uma ação transformadora de todas as demais economias nacionais ou regionais. Essa ação transformadora, no entanto, não reproduziu, nas áreas em que se fez sentir, o sistema imperante em sua origem. O ponto de partida foi o capitalismo comercial europeu e depois o capitalismo industrial na mesma Europa, nos Estados Unidos e no Japão. Sua irradiação colonizadora e imperialista, do século XV até hoje, levou à constituição de sistemas, que resultaram da interação dos reflexos da expansão capitalista sobre sistemas ainda baseados na economia natural ou, na melhor das hipóteses, na produção simples de mercadorias (Índia, China etc.). O primeiro problema a enfrentar, portanto, é saber o que é e como funciona o sistema econômico dos países subdesenvolvidos, sistema que denominamos, não tanto em função de sua origem como do seu funcionamento global, de "economia colonial".

---

20 Durkheim, *Les Règles de la méthode sociologique* (grifo nosso).

A economia colonial não se define pelas suas características externas, embora não seja difícil isolar determinados caracteres econômicos e sociais que diferenciam os países subdesenvolvidos dos desenvolvidos. A questão é que esses caracteres não explicam o funcionamento do sistema, sendo antes o seu resultado. O que se pode dizer, de modo geral, é que a economia colonial desenvolve menos as forças produtivas do que o capitalismo ou a economia centralmente planificada. Mas isto não quer dizer que sempre que encontramos as forças produtivas em nível comparativamente baixo estamos diante de um país de economia colonial. Em 1953, por exemplo, a renda *per capita* – um dos indicadores considerados mais representativos do grau de desenvolvimento das forças produtivas – era de apenas 197 dólares no Japão, alcançando no entanto 325 dólares em Cuba, 366 na Argentina, 425 no Uruguai e 530 na Venezuela.[21] Ora, ninguém duvida que o Japão é um país desenvolvido, ao passo que os demais citados são de economia colonial.

O que caracteriza o sistema colonial é a coexistência, em seu seio, de uma economia de mercado orientada para o exterior e uma economia de subsistência. É o dualismo, na expressão de Barre e Gannagé. Mas o dualismo não consiste na presença simultânea, num mesmo país, de dois sistemas distintos, relativamente estanques e desarticulados entre si. O estudo da economia colonial, como produto de evolução histórica, mostra que as duas economias não passam de setores de um mesmo sistema, cujo funcionamento global condiciona a dinâmica de cada um dos setores. O desenvolvimento se inicia com o crescimento de um terceiro setor – o de mercado interno – que na economia colonial "pura" existe apenas como apêndice do setor mercado externo. Verifica-se, pois, que o desenvolvimento é um processo de transformação estrutural, que se inicia dentro da economia colonial e acaba por substituí-la por outra.

Esse método de abordagem estrutural, que adotamos, não despreza a indução, porém não a emprega, de acordo com a prescrição durkheimiana, para definir o próprio objeto de estudo, pois os fenômenos que apresentam caracteres exteriores comuns seriam

---

21 Kindleberger, *Economic Development,* p.6.

arbitrariamente arrancados do seu contexto, ficando desprovidos do sentido que só a totalidade lhes confere. Ou, como diz Perroux:

> Não serve de quase nada enumerar critérios empíricos de subdesenvolvimento; seu número é arbitrário; sua justaposição engendra a confusão e conduz a uma dispersão de estudos monográficos que são de pouca ajuda para a política concreta. Já para observar, hipóteses de trabalho são necessárias.
>
> Se nos ocupamos do subdesenvolvimento, é para superá-lo pela organização de uma ação concreta e racional. É para o *funcionamento das economias* que devemos nos voltar, nos perguntando que obstáculos se encontram no caso dos países ditos subdesenvolvidos.[22]

Nosso objeto de estudo, portanto, é o "funcionamento das economias". Como o desenvolvimento é um processo histórico, temos de examinar esse funcionamento a longo prazo, sem confundi-lo, no entanto, com o estudo de tendências seculares. Desenvolvimento é o processo de passagem de uma economia colonial para outra diferente, capitalista ou centralmente planificada, *nas condições históricas do mundo contemporâneo*. Isto significa que não consideramos desenvolvimento o processo de Revolução Industrial que se deu no século XVIII e na primeira metade do século XIX, mesmo que seu ponto de partida tenha sido a economia colonial. As condições históricas eram qualitativamente diferentes das que imperam no mundo de hoje. Por isso, a industrialização dos Estados Unidos, por exemplo, não pode servir de base para o estudo do desenvolvimento. Não negamos o caráter colonial da economia americana no século XVIII. Mas, em 1816, data da primeira tarifa protecionista nos Estados Unidos, já havia na Nova Inglaterra, principalmente, um significativo parque industrial, com ampla utilização da máquina a vapor e desenvolvimento bem marcado, para a época, da siderurgia e da construção de máquinas.[23] O que distingue a industrialização dos Estados Unidos do desenvolvimento

---

22 Perroux, "Préface", em Gannagé, op. cit., p.VIII-IX (grifos no original).
23 Nichols; Bagley; Beard, *Os Estados Unidos de ontem e de hoje*, Capítulo XI, "Desenvolvimento industrial e progresso dos transportes".

que presenciamos atualmente é que a primeira se iniciou pela constituição de uma estrutura industrial completa ao passo que o segundo se dá, pelo transplante dos países capitalistas aos de economia colonial, dos últimos estágios de transformação industrial (produção de bens de consumo), permanecendo os iniciais (produção de bens de produção) nos países capitalistas.

O processo de desenvolvimento é, portanto, específico dos países coloniais nas condições presentes da economia mundial, a qual está passando por transformações revolucionárias. Os países coloniais estão integrados na economia mundial, que é produto tanto deles quanto dos países capitalistas e dos de economia centralmente planificada.

A economia colonial significa, em última análise, a especialização da economia dos países em que impera, em função do mercado mundial, dominado pelos países industrializados. O desenvolvimento é, por esse ângulo, a reorientação dessas economias em função do seu mercado interno. Como este praticamente não existe na economia colonial, cabe ao desenvolvimento criá-lo. A divisão social do trabalho é, desse modo, inteiramente revolucionada pelo desenvolvimento, com implicações igualmente revolucionárias para a economia mundial. Só uma análise estrutural consequente – e para tanto globalizante – pode apreender esse processo em sua totalidade.

Referências bibliográficas

BARRE, Raymond. Le Dévelopment économique, analyse et politique. Cahiers de L'Isea, Paris, n.66, abr. 1958.

DURKHEIM, E. Les Règles de la methode sociologique, pg. 28 e 35, apud FERNANDES, Florestan. *Apontamentos sobre problemas da indução na sociologia*. Faculdade de Filosofia, Ciências e Letras da USP, 1954.

FURTADO, C. O mecanismo do desenvolvimento. In: *Desenvolvimento e subdesenvolvimento*. Rio de Janeiro: Fundo de Cultura, 1961.

KINDLEBERGER, C. P. *Economic Development*. Nova York, The Mac-Graw-Hill Book Company, 1958.

MARCHAL, A. *Systèmes et structures economiques*. Paris: Presses Universitaires de France, 1959.

MARSHALL, A. *Principles of Economics*. Londres: MacMillan, 1956. [Ed. bras.: *Princípios de economia*. São Paulo: Abril Cultural, 1982.]

MEIER, Gerald M.; BALDWIN, Robert E. *Economic Development, Theory, History, Policy.* Nova York: John Wiley & Sons, Inc.

NICHOLS, R. F.; BAGLEY, W. C.; BEARD, C. A. *Os Estados Unidos de ontem e de hoje.* São Paulo: Nacional, 1944.

PERROUX, François. Préface. In: GANNAGÉ, Elias. *Économie du dévelopment.* Paris, 1962.

VINER, J. The Economics of Development. In: AGARWALA, A. N.; SINGH, S. P. *The Economics of Underdevelopment.* Bombaim: Oxford University Press, 1960.

II

Conjuntura e desenvolvimento[1]

Introdução

A finalidade básica deste trabalho é tentar apreender o desenvolvimento econômico como um processo de transformação de estruturas. Olhado desse ângulo, o processo perde aquele automatismo que parece caracterizá-lo, quando ele é encarado como puro resultado da ação de certos mecanismos da economia. Estruturas econômicas e sociais compõem sistemas que apresentam especificidade, coerência e certa estabilidade.

Os mecanismos econômicos funcionam quase sempre no sentido da manutenção do sistema que os condiciona. O rompimento de certas estruturas e sua substituição, nos quadros de um mesmo sistema, é muito difícil, quando não impossível. Mais fácil é transformar o sistema, o que constitui um processo que escapa à economia como ciência pura.

---

1 Publicado originalmente em *Revista de Administração* (órgão do Instituto de Administração da Universidade de S. Paulo), n.30, maio 1963.

O trabalho procura mostrar que o que se entende por estado de subdesenvolvimento constitui, na verdade, um sistema. Que, como tal, ele possui estabilidade e apresenta resistência a mudanças, inclusive à mudança que se conhece pelo nome de "desenvolvimento econômico". Que essa resistência só é superada pela ação conjunta de fatores econômicos e não econômicos, e, entre estes últimos, se destaca a ação política do poder estatal.

1. Crescimento e desenvolvimento

Podemos definir "crescimento econômico, em seu sentido mais amplo, como o aumento contínuo, no tempo, do produto nacional bruto, em termos reais. Em seu sentido mais restrito, crescimento econômico seria o aumento do produto *per capita* no período considerado para análise.

Desenvolvimento econômico, no sentido que se dá mais comumente a essa expressão, é um processo de transformação qualitativa da estrutura econômica de um país. Esse processo consiste principalmente:

a) numa nova divisão do trabalho entre cidade e campo, ou seja, na concentração na primeira de todos (ou quase todos) os ramos manufatureiros, restando no campo apenas a atividade agrícola, na qual se especializa aquela parte da população que ali permanece;

b) na aplicação, tanto às atividades transferidas à cidade como à agricultura, da tecnologia criada pela Revolução Industrial e, a partir dela, aperfeiçoada.

No processo de desenvolvimento, assim definido, já se acham implícitos os fenômenos socioeconômicos que necessariamente o acompanham: transferência de grandes massas da população do campo para as cidades, constituição de um parque industrial mais ou menos amplo, aumento da produtividade do trabalho, melhoria do padrão de vida tanto da população urbana como da rural, elevação do seu nível cultural etc.

É óbvio que o desenvolvimento constitui um caso particular do crescimento econômico. É, em outros termos, crescimento econômico que se verifica em circunstâncias históricas bem determinadas, pois trata-se do aumento do produto nacional real (total ou *per capita*) devido à passagem da economia de uma situação de subdesenvolvimento (ou pré-industrial) para outra, que poderíamos chamar de economia industrial ou desenvolvida.

É interessante notar ainda que a definição que propomos é, deliberadamente, neutra em relação ao modo de produção em cujos quadros se processa o desenvolvimento. Há meio século, ou menos ainda, poder-se-ia identificar calmamente o desenvolvimento com a instauração do capitalismo industrial. De lá para cá, porém, verificou-se em vários países um processo de desenvolvimento nos quadros de uma economia não mais capitalista, mas centralmente planificada. É preciso distinguir, pois, dois casos de desenvolvimento (embora, em dado nível de abstração, o processo se apresente com características idênticas em ambos): desenvolvimento capitalista e desenvolvimento em economia planificada.

Embora seja o nosso propósito, no presente trabalho, estudar certos aspectos apenas do primeiro, será preciso, para melhor compreensão do processo, não perder inteiramente de vista o último.

2. Essência do processo de desenvolvimento

Para podermos compreender a essência do processo de desenvolvimento, isto é, abstraindo-se as circunstâncias concretas, históricas, em que ele se verifica e que variam no espaço e no tempo – é preciso caracterizar em primeiro lugar o seu ponto de partida, ou seja, uma economia subdesenvolvida.

Esta caracteriza-se sobretudo por um grau relativamente baixo de divisão e especialização do trabalho. Este é particularmente reduzido num país em que predomina a pequena propriedade camponesa ou em que as grandes unidades rurais são trabalhadas em pequenas unidades arrendadas ou em parceria. É um pouco mais elevado nos países em que predomina ainda o comunismo de aldeia ou

66 DESENVOLVIMENTO E POLÍTICA

nos quais foi introduzida a exploração por *plantations*,[2] mas em todas elas a atividade manufatureira se acha indissoluvelmente ligada ao trabalho agrícola ou de indústria extrativa na mesma unidade social de produção.

Examinemos, inicialmente, o processo de desenvolvimento, como ele se verifica numa economia centralmente planificada, pois aí ele se apresenta com maior clareza do que no caso do desenvolvimento capitalista.

O órgão de planificação do desenvolvimento começa por providenciar para que determinada parcela da população seja transferida do complexo econômico existente, que para maior facilidade chamaremos "campo", para a "cidade", para dar início a atividades produtivas diferenciadas de caráter industrial. O total de pessoas a serem transferidas depende do excedente de produção obtido no campo. Sem esse excedente, o desenvolvimento torna-se impossível.

Suponhamos que certo país subdesenvolvido disponha de uma população ativa de 1 milhão de habitantes, todos vivendo no "campo". O produto nacional líquido excede de 10% o necessário para sustentar a população total. Será possível, pois, transferir 100 mil pessoas do "campo" para a "cidade", embora na prática esse número tenha que ser bem menor, pois o "campo" terá que fornecer não só o sustento para os trabalhadores urbanos, mas também seus instrumentos de trabalho e talvez matérias-primas ou auxiliares.

Para um exame mais de perto do problema, suponhamos, em primeiro lugar, que o país em questão seja um "estado isolado", desprovido de qualquer intercâmbio com o exterior em grau significativo. (Essa suposição não é tão irreal como pode parecer à primeira vista, pois o desenvolvimento da Rússia soviética, entre 1917 e 1945 se verificou mais ou menos nessas circunstâncias.) Nesse caso, os trabalhadores "urbanos" estarão ocupados, durante um longo período

---

2 Constitui exceção a essa regra a *plantation* desligada de qualquer atividade de subsistência na qual o trabalho sói ser bastante especializado. Exemplo: a exploração de borracha no Amazonas. Como nesse tipo de economia quase todo o ganho devido à maior produtividade é revertido para o exterior, o desenvolvimento torna-se praticamente impossível por falta de um excedente.

na construção da pirâmide industrial de *baixo para cima*. Isto quer dizer que durante bastante tempo a "cidade" se dedicará à produção de meios de produção (estradas de ferro, usinas hidrelétricas, usinas siderúrgicas, estaleiros etc.) e terá que ser sustentada pelo excedente produzido no "campo", o qual pouco ou nada receberá em troca nesse período. Apenas quando a infraestrutura industrial já tiver atingido certo desenvolvimento, a "cidade" passará a produzir um certo excedente de meios de produção (instrumentos agrícolas) ou de meios de consumo a ser fornecido ao "campo". Esse excedente, fornecido ao "campo", aumentará ali a produtividade do trabalho (no caso de instrumentos agrícolas mais aperfeiçoados) ou libertará certo número de trabalhadores que se dedicavam à produção de meios de consumo recebidos agora da "cidade". Essa mão de obra agora liberada é transferida então à "cidade", aumentando o excedente ali produzido, o que permitirá a transferência de novos trabalhadores do "campo" e assim por diante.

No exemplo mencionado, suponhamos que o desenvolvimento começou no ano t com a transferência à "cidade" de 80 mil trabalhadores. O restante do excedente, equivalente ao sustento de 20 mil pessoas, é fornecido à "cidade" sob forma de instrumentos de trabalho, matérias auxiliares etc. Durante cinco anos, a "cidade" constrói uma modesta infraestrutura industrial a partir da qual ela está em condições de fornecer todos os arados de que o "campo" precisa e de um tipo mais aperfeiçoado, o que eleva a produtividade do trabalho de 10% (o que significa um aumento de 100% no excedente). No ano $t + 5$ será possível transferir à "cidade" mais 80 mil pessoas. No ano seguinte, a "cidade" passa a produzir todo o pano necessário para vestir tanto a população do "campo" como da "cidade". Se 100 mil pessoas se dedicavam até ali, no "campo", à fiação e tecelagem, estas poderão passar, no ano $t + 6$, à "cidade". Na realidade, não há no "campo" 100 mil pessoas que se dedicam *exclusivamente* à produção de panos; mais provavelmente é a quase totalidade da população ativa do "campo" que dedica, digamos, 1/8 do seu tempo a essa atividade. Para que esse excedente de "tempo de trabalho" se transforme num excedente de "trabalhadores", passíveis de serem transferidos à "cidade", é preciso uma revolução nos métodos agrícolas.

Daí a prioridade com que a "cidade" tem que se dedicar à produção de implementos agrícolas modernos, que permitam revolucionar o trabalho agrícola. Qualquer erro na programação desse processo cria pontos de estrangulamento na agricultura, particularmente, sob a forma de falta de mão de obra no período de mais intenso trabalho agrícola, ou seja, na colheita (como se verificou na China, por exemplo, em 1960 e 1961).

Como se vê, o desenvolvimento é um processo de diferenciação da atividade produtiva a partir de um complexo produtivo não diferenciado. A velocidade do processo depende dos ganhos de produtividade que a diferenciação acarreta. A produtividade maior não somente aumenta os excedentes dos dois setores, mas permite reduzir o excedente que a "cidade" absorve do "campo", até que este esteja constituído apenas de produtos agrícolas. No nosso exemplo, até o ano $t+6$, a "cidade" é abastecida de panos pelo "campo"; a partir desse momento, a "cidade" produz o pano para o seu próprio consumo e ainda para o consumo do campo.

Como o desenvolvimento depende dos excedentes de produção *acima* do consumo, o desenvolvimento se processará tanto mais depressa quanto menor for o consumo, desde que o excedente seja integralmente invertido no aumento da produtividade, condição esta que só pode ser satisfeita onde existe considerável controle social do consumo de toda a população. Em outras palavras, a intensidade do processo depende do sistema de repartição da renda adotado.

Examinaremos agora o caso de um país com comércio externo. Nesse caso, uma parte do excedente produzido no "campo" pode ser exportado, importando-se meios de produção industriais para a "cidade" (e também para o "campo"), o que permite um ganho de produtividade imediato e muito maior que no caso anterior. Não será preciso lançar primeiro as bases da pirâmide industrial, mas pode-se construí-la de *cima para baixo*. Poupa-se, em essência, o período inicial de carência em que a "cidade" não produz qualquer excedente para fornecer ao "campo".

No nosso exemplo, suponhamos que a parte do excedente que equivale ao sustento de 20 mil pessoas seja exportada, importando-se os instrumentos de produção, a matéria-prima e as matérias auxiliares para que os 80 mil trabalhadores transferidos iniciem imediatamente a produção de arados. Então, já no ano $t + 1$, a leva seguinte (de 80 mil trabalhadores) pode ser transferida à "cidade". Nesse ano importar-se-ão os teares e demais instrumentos de produção para se iniciar na "cidade" a fiação e tecelagem etc.

À primeira vista, pode parecer que o tempo[3] assim poupado tem que ser gasto posteriormente, quando a infraestrutura industrial do país for sendo construída. Mas é preciso não esquecer que, quando isto se der, o nível geral de produtividade do trabalho já será muito mais elevado, o que faz que se gaste muito menos trabalho na ereção dessa infraestrutura do que no primeiro caso. Em resumo, é muito mais fácil construir uma barragem num país que já produz modernos implementos de remoção de terra do que num país que só pode utilizar os primitivos instrumentos (em essência, pá e picareta) que o "campo" pode fornecer. O trabalhador chinês carregando terra em dois cestos presos numa barra sustentada nos ombros é uma boa ilustração para essa assertiva.

É preciso considerar que no comércio internacional ainda há um ganho de produtividade devido à divisão internacional do trabalho. Mas nada garante que o país subdesenvolvido se aproprie pelo menos de uma parte desse ganho. A evolução a longo prazo das relações de trocas entre países desenvolvidos e subdesenvolvidos tem mostrado que são os primeiros que se apropriam da quase totalidade desse ganho de produtividade, reduzindo dessa maneira o excedente de que os países subdesenvolvidos dispõem para promover seu desenvolvimento.

Outro aspecto digno de menção é a possibilidade de se aumentar o excedente, que constitui o fundo para o desenvolvimento, mediante empréstimos ou investimentos do exterior. Mas também essa afirmação está sujeita a condições. Os empréstimos são remunerados com juros, os investimentos com lucros. Se os juros e lucros remetidos ao exterior forem superiores aos ganhos de produtividade devidos aos investimentos e empréstimos, estes, em vez de enriquecer, empobrecem o fundo para o desenvolvimento.

---

3 Ou trabalho, isto é, horas/homens de trabalho.

3. Estrutura da economia subdesenvolvida

Examinemos agora o desenvolvimento nos moldes do capitalismo. Precisamos considerar, antes de mais nada, a economia de um país subdesenvolvido que se acha incluído no sistema econômico liderado pelas nações capitalistas industrializadas.

Como vimos, a economia subdesenvolvida se caracteriza por um complexo produtivo relativamente indiferenciado em que atividades agrícolas e manufatureiras se acham estreitamente entrelaçadas. Distinguimos, no entanto, nesse complexo dois setores:

1) setor (ou economia) de subsistência;
2) setor (ou economia) de mercado

Esses dois setores nem sempre são constituídos por grupos de empresas independentes. Pelo contrário, acham-se muitas vezes contidos na unidade produtiva típica da economia subdesenvolvida: a grande fazenda (latifúndio). Nesta, uma parte dos trabalhadores e dos instrumentos estão ocupados na produção de mercadorias, destinadas ao mercado externo, constituindo o "setor de mercado". Outra parte se dedica à produção de meios de subsistência para os seus próprios produtores e para os que trabalham para o mercado externo. Numa economia escrava, todo excedente de produção do setor de subsistência é destinada ao setor de mercado ou é apropriada (para consumo) pelo dono da fazenda e seu séquito. Numa economia de trabalho livre, o total fornecido pelo setor de subsistência ao setor de mercado e ao dono da fazenda é *menor* que o excedente produzido no setor de subsistência, pois, os que nele trabalham ao receberem salários, estão em condições de adquirir produtos importados que constituem a contrapartida da exportação dos produtos do setor de mercado. O excedente produzido pelo setor de subsistência seria constituído, pois, pelo total fornecido ao setor de mercado e ao dono da fazenda, *menos* os salários pagos aos trabalhadores do setor de subsistência (estamos supondo que os instrumentos de produção do setor de subsistência são produzidos no próprio setor).

O importante a notar é que o excedente produzido no setor de subsistência aparece sob a forma de salários mais reduzidos a serem pagos aos trabalhadores do setor de mercado e de produtos fornecidos

DESENVOLVIMENTO E CRISE

in natura ao dono da fazenda. Em outras palavras, se não houvesse o setor de subsistência, o fazendeiro teria que pagar salários mais elevados aos seus trabalhadores, para que estes pudessem adquirir no comércio os produtos fornecidos por aquele setor. Isto é verdadeiro ainda quando não há separação visível entre o setor de mercado e setor de subsistência dentro da unidade produtora, ou seja, quando os mesmos trabalhadores se dedicam tanto a um quanto ao outro setor. Este é o caso do "colonato" nas fazendas de café, por exemplo: o colono recebe, além do salário, uma moradia e uma pequena área onde ele pratica cultura (ou criação) de subsistência. Se não fosse a cessão dessa área, os salários pagos aos colonos teriam que ser maiores, para que pudessem adquirir os produtos que dessa forma eles mesmos produzem. Nesse caso, não há entrega direta, *in natura,* de meios de subsistência ao fazendeiro. Nem por isso o excedente do setor de subsistência deixa de existir. Basta lembrar que o colono dedica ao cultivo de subsistência uma parte do seu "tempo livre", que de outra forma teria que ser remunerado, ou seja, a parte do salário destinada à aquisição desses produtos teria que cobrir o tempo de trabalho gasto em sua produção e que faria parte do seu custo e portanto do seu preço.

Uma segunda forma em que se apresentam os dois setores que distinguimos na economia subdesenvolvida se encontra nas áreas em que os recursos naturais adequados à produção para o mercado externo são relativamente escassos. Nesse caso, o setor de mercado é composto de um grupo de fazendas e o setor de subsistência por outro. É o que acontece, por exemplo, no Nordeste brasileiro, em que a área litorânea (Zona da Mata) se dedica quase integralmente à produção de açúcar e a área imediatamente adjacente (o Agreste) à produção de subsistência, cujos produtos são vendidos à área açucareira. Nesse caso, o excedente do setor de subsistência aparece sob a forma de lucro do fazendeiro do Agreste e o excedente do setor de mercado sob a forma de lucro do fazendeiro da Zona da Mata.

Uma terceira forma em que se apresenta o Setor de Subsistência consiste em pequenas explorações em economia natural, isto é, nas quais os produtos não adquirem o caráter de mercadorias, sendo consumidos diretamente pelo próprio produtor. Essa forma surge nas áreas em que existe abundância de terras (terras devolutas muitas vezes), mas que não possuem vias de acesso a mercados para os seus produtos. A pressão demográfica vai expulsando excedentes de população para essas áreas, as quais trabalham com produtividade muito baixa, devido ao pequeno grau de divisão do trabalho, vegetando com padrão de vida próximo ao nível mínimo de subsistência. Algumas vezes, esse tipo de economia natural constitui herança de modos de produção anteriores à penetração do capitalismo, como é o caso do campesinato índio de extensas áreas dos Andes.

Em qualquer dos casos, a produção do setor de subsistência se divide em duas partes: uma destinada ao autoconsumo (100% na terceira forma) e outra fornecida ao setor de mercado. A produção deste se destina integralmente ao mercado externo, do qual são importados produtos que vão ter, em parte ao setor de mercado, em parte ao setor de subsistência.

Para melhor esclarecer a estrutura de uma economia subdesenvolvida, recorramos ao seguinte esquema ilustrativo, no qual fazemos abstração dos fluxos monetários:

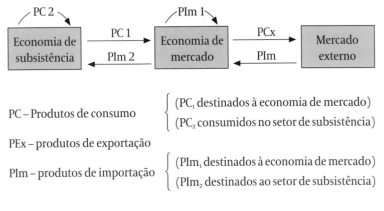

PC – Produtos de consumo $\begin{cases} (PC_1 \text{ destinados à economia de mercado}) \\ (PC_2 \text{ consumidos no setor de subsistência}) \end{cases}$

PEx – produtos de exportação

PIm – produtos de importação $\begin{cases} (PIm_1 \text{ destinados à economia de mercado}) \\ (PIm_2 \text{ destinados ao setor de subsistência}) \end{cases}$

Podemos deduzir as seguintes igualdades formais (em termos de valor dos produtos):

P (produto total da economia subdesenvolvida) = $PC_2 + PEx = PC_2 + Pim_1 + PIm_2$ logo: $PEx = PIm_1 + PIm_2$

PC_1 está obtido no valor de Pex; ele corresponde a Pim_2 do total importado, isto é:

DESENVOLVIMENTO E CRISE

$$\frac{PC_1}{PEx} = \frac{PIm_2}{PIm_1 + PIm_2}$$

Logo $PC_1 (PIm_1 + PIm_2) = PEx \cdot PIm_2$

Como $PEx = PIm_1 + PIm_2$, podemos eliminá-los de ambos os termos da equação, o que dá:

$PC_1 = PIm_2$

4. Dinâmica do setor de subsistência

Como vimos na seção anterior, a produção de subsistência se divide em duas partes: uma, destinada ao autoconsumo, outra, destinada ao setor de mercado.

A produção *destinada ao autoconsumo* (PC_2) cresce em proporção direta a dois fatores: a) aumento da população do setor de subsistência; b) disponibilidade de recursos naturais (estamos considerando a produtividade constante, que nos parece a suposição mais próxima da realidade). Ela está sujeita ainda às oscilações do setor de mercado, embora a produção para o autoconsumo não se destine a ele evidentemente. Quando o setor de mercado se expande, aumenta a sua procura de produtos de subsistência e, portanto, a remuneração dos trabalhadores do setor de subsistência (melhores salários para o empregado ou melhores preços para o produtor independente). Ao mesmo tempo, os preços dos produtos importados baixam, pois a expansão do setor de mercado significa maior exportação e, portanto, baixa de câmbio (supondo-se ser o câmbio livre). O que se verifica então é uma baixa da produção para autoconsumo, que é substituída por produtos importados.

Além disso, quando o setor de mercado se expande, ele rouba ao setor de subsistência mão de obra e recursos produtivos, o que afeta os dois primeiros fatores citados, contribuindo para reduzir a produção para o autoconsumo.

Quando o setor de mercado se contrai, todas as repercussões anteriormente citadas mudam de sentido. A remuneração do setor de subsistência baixa e os preços dos produtos importados se elevam, o que faz que se reduza a aquisição desses produtos e se os substitua por produção para o autoconsumo. Ao mesmo tempo, o setor de mercado, ao se contrair, cede ao setor de subsistência recursos naturais de mão de obra, o que também eleva a produção para o autoconsumo.

Tem-se a impressão, portanto, de que, pelo menos a prazo curto, o setor de subsistência varia na *razão inversa* do setor de mercado e assim tem sido considerado o fenômeno por numerosos autores. Mas este não é o caso, pois a outra parte da produção do setor de subsistência, a que se destina ao setor de mercado (PC_1), varia *diretamente* com a expansão ou contração deste, compensando, portanto, o movimento da produção autoconsumida.

Em outras palavras, o movimento do setor de mercado não comanda a expansão ou contração *absoluta* da produção do setor de subsistência, mas apenas a sua divisão em produção para o autoconsumo (PC_2) e produção para o setor de mercado (PC_1).

Poder-se-ia argumentar que, quando o setor de mercado se expande, há, em certa medida, substituição de produtos do setor de subsistência por produtos importados em *ambos os setores e* que, nessa medida, a produção do setor de subsistência se reduz. Mas é preciso lembrar que é comum haver no setor de subsistência capacidade não utilizada e mão de obra semiocupada. Com a expansão do setor de mercado, há melhor utilização da capacidade produtiva e mais intensiva ocupação da mão de obra, do que resulta um aumento de produção destinado a aumentar o nível de consumo dos trabalhadores de ambos os setores (e o nível de lucro dos fazendeiros), sendo que essa melhora de nível de vida se manifesta sob a forma de aquisição de produtos importados *antes não utilizados.*

De qualquer modo, a dinâmica do setor de subsistência pode ser assim resumida:

a) *a curto prazo,* a expansão do setor de mercado aumenta a parte da produção que a ele se destina (PC_1), reduzindo relativamente a parte autoconsumida pelo setor de subsistência (PC_2). A contração do setor de mercado tem efeito oposto.

b) *a longo prazo,* o setor de subsistência é menos afetado pelas oscilações do setor de mercado do que pelo crescimento de sua população e pela maior ou menor disponibilidade de recursos naturais.

Diante das oscilações mais ou menos violentas do setor de mercado, o setor de subsistência apresenta notável estabilidade, apresentando-se como uma espécie de absorvedor de choques da economia em seu conjunto. Ele desempenha em relação ao setor mais instável da economia um duplo papel:

I) de reserva de recursos produtivos (recursos naturais e mão de obra) a serem apropriados nos momentos de expansão de economia de mercado;

II) de limite inferior de remuneração do trabalho na economia de mercado.

Quanto a este último papel, o seringueiro amazonense fornece uma ilustração esclarecedora. Quando o preço que lhe pagam pela borracha que colhe é muito baixo, diante dos preços que lhe cobram no "barracão" pelos artigos que consome, ele reduz a sua produção de borracha preferindo dedicar-se à pesca e à coleta de frutas, com o que obtém melhor dieta com menos esforço, ou seja, ele transfere parte do seu trabalho do setor de mercado ao setor de subsistência.

5. *Dinâmica do setor de mercado*

A dinâmica do setor de mercado de uma economia subdesenvolvida depende da situação do mercado internacional para seus produtos de exportação. Nesse mercado, os países capitalistas desenvolvidos constituem a *procura* e os países subdesenvolvidos a *oferta*. A peculiaridade desse mercado é que a procura comanda a oferta via de regra. Isto se explica pelo seguinte. A procura dos produtos exportados pelos países subdesenvolvidos – os chamados "produtos coloniais" – oscila *ceteris paribus* com o nível de emprego nos países capitalistas. Os países subdesenvolvidos não possuem "defesas" que os capacitem a enfrentar essas oscilações da procura com uma adequada manipulação de preços, como os países capitalistas no mercado internacional paralelo de produtos industriais, em que eles constituem a oferta e os países subdesenvolvidos a procura.

Se um país subdesenvolvido reduz suas aquisições de determinado produto industrial, o país exportador pode reduzir o seu preço e financiar o *dumping* com uma elevação dos direitos aduaneiros sobre os produtos importados do referido país subdesenvolvido. O país capitalista pode fazê-lo porque, via de regra, existem substitutos artificiais dos produtos coloniais ou estes constituem "artigos de sobremesa" e, portanto, de consumo dispensável. Já na situação inversa, o país subdesenvolvido não pode fazer o mesmo, pois os únicos substitutos para os produtos importados são os produzidos no setor de subsistência, no qual a produtividade é muito menor e constitui, em relação à economia de mercado, um "setor-resíduo" que se deseja restringir ao mínimo possível. Todo o sentido de uma economia subdesenvolvida é *aumentar* o seu setor de mercado, que aparece como fonte de todo progresso. E isto constitui mais do que uma ideologia. A diferença de produtividade entre o setor de mercado e o setor de subsistência é enorme e é a especialização – a "monocultura" – a base da vantagem do primeiro sobre o segundo. Essa diferença é muito maior que a diferença de custo entre o produto colonial e o produto artificial produzido no país capitalista (gasolina natural e sintética ou borracha natural e sintética).

A diferença de situação, no mercado internacional, entre os países capitalistas e os países subdesenvolvidos é que a economia destes últimos depende em grau muito maior desse mercado que a economia dos primeiros.

Considerando-se, portanto, os dois mercados conjugados – o mercado de produtos coloniais e o mercado de produtos industriais –, o segundo depende do primeiro e dentro do primeiro a procura comanda a oferta. As determinações se dão, portanto, na seguinte ordem: a procura de produtos coloniais, dado o nível de seus preços, determina a exportação dos países subdesenvolvidos. Esta determina sua capacidade de importação e, portanto, sua procura no mercado de produtos industriais, a qual, dado o nível de seus preços, determina as transações nesse mercado.

Suponhamos agora que a economia dos países desenvolvidos – que denominaremos daqui por diante de "economia (ou setor) capitalista" – esteja sujeita ao ciclo comercial clássico, com suas fases de ascensão, crise e depressão.

Na fase de ascenso, a economia capitalista se expande e a sua procura de produtos coloniais aumenta. Os preços destes se elevam, elevando os lucros do setor de mercado nos países subdesenvolvidos. O nível de lucro maior faz que o setor de mercado se expanda extraordinariamente, em escala muito maior que a economia capitalista. A razão disto é a seguinte: A expansão da economia capitalista implica pesados investimentos de capital; a própria disponibilidade de capital constitui, portanto, um fator limitante. O setor de mercado de uma economia subdesenvolvida usa, porém, muito menos capital que recursos naturais e mão de obra. Ora, estes se acham disponíveis no setor de subsistência, considerando-se o conjunto dos países subdesenvolvidos, em escala praticamente inexaurível. Se faz falta capital, por exemplo, para exploração de petróleo, ele é fornecido, via de regra, pela própria economia capitalista, sempre pronta para efetuar inversões rendosas.

Entre a expansão da procura de produtos coloniais e o aumento de sua produção, existe geralmente um intervalo mais ou menos considerável, pois, nesse caso, trata-se, geralmente, não do aproveitamento de capacidade ociosa, mas do aumento dessa capacidade. Quando se trata de plantas permanentes – como plantação de cafeeiros, cacaueiros, seringueiras –, esse intervalo pode ser de vários anos. O mesmo se dá quando o produto depende de prospecção (petróleo, por exemplo.) Em outras palavras, a elasticidade da oferta dos produtos coloniais é pequena a curto prazo, mas bem grande a prazo médio ou longo.

Durante o tempo que a pressão da procura crescente de produtos coloniais não é satisfeita por um aumento correspondente da sua produção, os preços se elevam continuamente. Isto provoca um aumento generalizado do setor de mercado da economia subdesenvolvida, que reage naturalmente ampliando sua capacidade produtiva, em proporção a essa elevação temporária dos preços, com o resultado inevitável de criar as condições de uma futura superprodução dos produtos coloniais.

Essa ação de retardamento – considerando-se a ausência de qualquer tipo de planejamento, no plano internacional – faz com que a oferta de produtos coloniais sobrepuje a procura (no nível de preços dado) *antes* que a conjuntura nos países capitalistas tenha mudado. O resultado é que os preços começam a baixar e o mesmo acontece aos lucros do setor de mercado das economias subdesenvolvidas. Mas a oferta de produtos coloniais se recusa a acompanhar essa baixa, mostrando bastante rigidez, a qual resulta num novo *lag* (intervalo). A razão disto é que na economia subdesenvolvida não há oportunidades alternativas para investimentos fora do setor de mercado. Além disso, a procura de alimentos – que constituem a maior parte dos produtos coloniais – é consideravelmente inelástica, o que significa que a baixa dos preços acarreta um aumento nas vendas proporcionalmente muito menor. De tudo isto, resulta que, na fase final do movimento de ascenso da economia capitalista, já existam consideráveis estoques "invendáveis" de produtos coloniais.

Quando estoura a crise na economia capitalista, esses estoques fazem que a economia de mercado dos países subdesenvolvidos literalmente desabe, sob a pressão de uma baixa vertical dos preços. Verifica-se considerável desinvestimento no setor de mercado e crescimento vegetativo do setor residual.

No período de depressão da economia capitalista, o setor de mercado se mantém, contraído, e a economia subdesenvolvida, como um todo, aparece estagnada.

6. *Economia de mercado interno*

Na análise desenvolvida até aqui, a única produção mercantil existente se dirigia exclusivamente ao mercado externo, ao passo que o mercado interno seria atendido pelos produtos importados ou pela economia de subsistência, que, embora voltada primordialmente para o autoconsumo, poderia, em certas circunstâncias, comercializar os seus excedentes de produção. A suposição de que nenhuma parcela da economia de mercado se volte para o mercado interno nos parece útil para se entender o funcionamento de uma economia 100% subdesenvolvida.

Mas, na realidade, é difícil encontrarmos uma economia subdesenvolvida em toda a sua pureza. As atividades do setor de mercado

DESENVOLVIMENTO E CRISE

exigem a constituição de aglomerações urbanas mais ou menos vastas nos entrepostos de saída e entrada de mercadorias no país. As necessidades dos habitantes das cidades não podem ser atendidas integralmente pela importação ou pelo setor de subsistência. Certos serviços – transporte, diversão, iluminação etc. – têm que ser produzidos comercialmente, o que dá lugar a um setor (ou economia) de mercado interno.

Propomos, portanto, uma alteração em nosso esquema inicial da estrutura da economia subdesenvolvida. O setor de mercado – que era único e dirigido exclusivamente ao exterior – se subdivide agora em dois: economia de mercado externo e economia de mercado interno. É interessante sublinhar desde já a significação desta última. Trata-se de um setor em que toda produção adquire o caráter de mercadoria e onde os diversos produtores, via de regra, competem entre si, em preços e qualidade. Como esse setor se dirige ao mercado interno, ele se encontra potencialmente em condições de substituir os produtos importados e o setor de subsistência no abastecimento desse mercado. Essa substituição só será possível, em última análise, em função de uma maior produtividade, a qual será alcançada por uma maior diferenciação da produção (maior divisão do trabalho) e pela aplicação da técnica de produção mais aperfeiçoada, assim tornada possível. Como é fácil reconhecer, o setor de mercado interno corresponde às bases de nossa definição de "desenvolvimento econômico", e o crescimento desse setor equivale ao próprio desenvolvimento. Em outras palavras, a economia de mercado interno é a forma específica que o setor "cidade"[4] assume no processo de desenvolvimento capitalista.

Precisamos examinar, pois, as condições de crescimento da economia de mercado interno. Esta surge inicialmente como um complemento da importação. Os serviços públicos urbanos, que mencionamos acima como exemplo das atividades do setor em questão, são fornecidos por empresas estrangeiras com equipamento importado. A comercialização dos produtos importados exige, além disso, o estabelecimento de oficinas de manutenção e reparos nos países subdesenvolvidos. Nessa primeira fase, o crescimento do setor de mercado interno é uma função do crescimento da importação.

---

4 Ver p.67.

Logo a seguir, começa o processo de substituição de produtos importados por produção do setor de mercado interno. Esse processo depende, em essência, de uma comparação dos custos do produto estrangeiro e do produto nacional. O custo do produto importado compõe-se de: custo de produção + custo do transporte + direitos aduaneiros. Do custo do produto nacional não participam estas duas últimas parcelas. Isto significa que o produto nacional está em condições de substituir o importado desde que o seu custo de produção não seja maior que o do produto importado por uma diferença superior à soma dos custos de transportes e dos direitos aduaneiros pagos por este último.

Normalmente, o custo de produção do produto estrangeiro é consideravelmente inferior ao do produto nacional, tanto por economias internas, isto é, próprias da empresa, como por economias externas, isto é, condições externas à empresa, que facilitam a produção. Entre as economias internas destaca-se a economia de escala, ou seja, o fato de que o custo unitário da maioria dos artigos industriais é tanto menor, dentro de certos limites, quanto maior o volume de sua produção. Ora, a indústria dos países capitalistas dispõe de um mercado muito mais amplo que a dos países subdesenvolvidos, cuja população em sua maioria, consome produtos do setor de subsistência. Daí a maior economia de escala nos primeiros. Das economias externas, as que favorecem a indústria capitalista em detrimento do setor de mercado interno de economias subdesenvolvidas são principalmente: energia abundante e barata, amplo sistema de crédito industrial, mão de obra tecnicamente qualificada.

Os ramos de produção em que a economia de mercado interno encontra maior facilidade em substituir os produtos importados são os que reúnem, portanto, as seguintes características: amplo consumo pela população do país subdesenvolvido, pequeno valor por unidade de peso ou volume – o que faz que os custos de transporte sejam proporcionalmente elevados em relação aos custos de produção –, processo produtivo que não exija qualificação técnica muito complexa por parte da mão de obra etc.

É preciso notar, enfim, que o desenvolvimento do setor de mercado interno, à medida que se processa, vai criando condições para seu prosseguimento ulterior. Isto acontece, em primeiro lugar, porque a parte da população ocupada no próprio setor constitui mercado para os produtos deste, permitindo maior economia de escala em sua produção. Além disso, o crescimento da procura de crédito industrial e de serviços públicos – que constituem boa parte das economias externas – cria condições para que essa procura, já que é uma procura solvável, seja satisfeita.

Esse crescimento da economia de mercado interno pode ser mais bem entendido se reconstruirmos nosso esquema da estrutura da economia subdesenvolvida e os fluxos que nele se verificam, a partir do esquema dado na p.72 (fazemos abstração, como naquele, dos fluxos monetários):

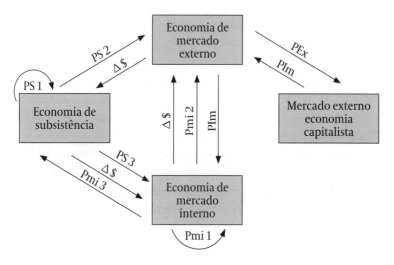

PS – Produto da economia de subsistência
    PS_1 – destinado ao autoconsumo
    PS_2 – destinado ao setor de mercado externo
    PS_3 – destinado ao setor de mercado interno

PEx – Produto do setor de mercado externo (destinado integralmente à economia capitalista)

PMi – Produto do setor de mercado interno
    Pmi_1 – consumido no próprio setor de mercado interno
    Pmi_2 – destinado ao setor de mercado externo
    Pmi_3 – destinado ao setor de subsistência

PIm – Produto da economia capitalista (importado):
PIm$_1$ – destinado ao setor de mercado externo
PIm$_2$ – destinado ao setor de subsistência
PIm$_3$ – destinado ao setor de mercado interno

Analogamente ao nosso esquema da p.72, podemos dizer que

P (produto total) = PS + PEx + Pmi,

ou, decompondo:

P= PS$_1$ + PS$_2$ + PS$_3$ + PEx + Pmi$_1$ + Pmi$_2$ + Pmi$_3$,

ou, como PEx = PIm:

P (consumido) = PS$_1$ + PS$_2$ + PS$_3$ + PIm$_1$ + PIm$_2$ + PIm$_3$ + PMi$_1$ + PMi$_2$ + PMi$_3$

Mas aqui entra uma diferença importante em relação ao nosso esquema anterior. O produto fornecido pelo setor de subsistência ao setor de mercado (externo) – PC$_1$[5] – tinha que ser igual à parcela do produto importado consumido no setor de subsistência: PIm$_2$.

Agora, o crescimento do setor de mercado interno dá caráter monetário às trocas entre os setores, o que permite que PS$_2$ possa ser diferente de PIm$_2$. Suponhamos que PS$_2$ > PIm$_2$. Isto significa que parte do dinheiro obtido pelo setor de subsistência pela venda de seus produtos ao setor de mercado externo não será gasto com produtos importados (PIm$_2$), mas com produtos do setor de mercado interno. Então: PS$_3$ < Pmi$_3$, de tal maneira que

$$PS_2 + PS_3 = PIm_2 + Pmi_3 \quad (1),$$

o que significa que o conjunto das transações externas do setor de subsistência com os outros dois setores, está em equilíbrio.

Mas isto deixa um saldo de dinheiro em mãos do setor de mercado interno, pois este forneceu mais mercadorias ao setor de subsistência (Pmi$_3$) do que recebeu dele (PS$_3$). Esse saldo será gasto num maior consumo de mercadorias importadas (PIm$_3$) pelo setor de

---

5 PC$_1$ em nosso esquema anterior equivale a PS$_2$ neste (ver p.72).

mercado interno em relação ao montante fornecido ao setor de mercado externo (Pmi_2), de modo que:

$PIm_3 > PMi_2$ e em tal medida que:

$$Pmi_3 + Pmi_2 = PS_3 + PIm_3 \quad (2)$$

o que significa que o conjunto das transações externas do setor de mercado interno também está em equilíbrio.

É fácil deduzir que as condições de equilíbrio do setor de mercado externo:

$$PIm_2 + PIm_3 = PS_2 + Pmi_2 \quad (3)$$

também estarão satisfeitas, necessariamente.

Aliás, basta somarmos membro a membro as primeiras duas equações de equilíbrio para termos:

$$PS_2 + PS_3 + Pmi_3 + Pmi_2 = PIm_2 + Pmi_3 + PS_3 + PIm_3$$

eliminando-se os termos iguais nos dois lados da equação, temos:

$$PS_2 + Pmi_2 = PIm_2 + PIm_3 \quad \text{c.q.d.}$$

O processo descrito reflete mais que um jogo matemático. Ele constitui uma descrição esquematizada do *processo de desenvolvimento*. As inequações $PS_2 > PIM_2$ e $PS_3 < Pmi_3$ significam que, no consumo do setor de subsistência, os produtos do setor de mercado interno estão substituindo os importados. A partir da primeira equação de equilíbrio: $PS_2 + PS_3 = PIm_2 + Pmi_3$, podemos deduzir (por mera transposição de termos) que:

$$PS_2 - PIm_2 = Pmi_3 - PS_3,$$

o que significa que, à medida que se dá essa substituição, isto é, que a diferença $PS_2 - PIm_2$ cresce, cresce também o saldo em dinheiro do setor de mercado interno, expresso pela diferença $PMi_3 - PS_3$.

Examinemos agora as relações entre o setor de mercado interno e o setor de mercado externo. $PIm_3 > Pmi_2$, como vimos. Mas a quanto monta a diferença $Pim_3 - Pmi_2$? A partir da segunda equação de equilíbrio,

$PMi_3 + PMi_2 = PS_3 + PIm_3$, podemos deduzir:

$PIm_3 - PMi_2 = PMi_3 - PS_3$,

o que significa que a parcela de produtos importados consumida pelo setor de mercado interno (PIm_3) cresce em relação aos produtos que ele fornece ao setor de mercado externo (PMi_2) à medida que o setor de mercado interno vende mais produtos ao setor de subsistência (PMi_3) do que compra dele (PS_3).

Além disso, o próprio setor de mercado externo absorve certa quantidade de produtos importados (Pim_1). Estes também podem ser substituídos por produtos do setor de mercado interno (Pmi_2).

Da equação $PIm_3 - PMi_2 = PMi_3 - PS_3$ podemos deduzir o *quantum* fornecido pelo setor de mercado interno ao de mercado externo. Será:

$$PMi_2 = PIm_3 + (PS_3 - PMi_3) \begin{cases} PS_3 - PMi_3 < 0 \therefore PMi_2 < PIm_3. \\ \text{O setor de mercado interno absorve mais pro-} \\ \text{dutos importados (} PIm_3 \text{) do que fornece ao se-} \\ \text{tor de mercado externo (} PMi_2 \text{)} \end{cases}$$

PIm_3 é a contrapartida direta, em produtos importados de PMi_2; ($PS_3 - PMi_3$) é o saldo obtido pelo setor de mercado interno, em suas trocas com o setor de subsistência.

A divisão de PIm (total de produtos importados) entre PIm_1, destinados ao consumo no próprio setor de mercado externo, e PIm_3, destinado ao setor de mercado interno (sem falar de PIm_2) não obedece a nenhuma proporção fixa.

À medida que se processa a substituição de produtos importados por produtos da indústria nacional, PIm_3 cresce em detrimento de PIm_1, crescendo consequentemente PMi_2.

Em outras palavras, o setor de mercado interno vai se apropriando das divisas para importação à medida que seus produtos vão substituindo os importados no *consumo dos dois outros setores*. Isto acarreta, no entanto, não apenas uma mudança do fluxo dos bens importados entre os três setores, mas também uma transformação qualitativa desses bens. À medida que uma parcela cada vez maior de produtos importados se destina ao setor de mercado interno – isto é, à medida que PIm_3 cresce em relação a PIm_2, e em relação a PIm_1 –, a economia subdesenvolvida passa a importar cada vez menos bens de consumo e cada vez mais bens de produção. Isto porque PIm_1 e PIm_2 são formados essencialmente por bens de consumo, ao passo que PIm_3 é constituído principalmente por bens de produção industriais.

O setor de subsistência não importa bens de produção porque trabalha em nível tecnológico muito baixo e, via de regra, utiliza-se de um instrumental parco e primitivo, produzido muitas vezes no próprio setor.

O setor de mercado externo de um país subdesenvolvido produz produtos agrícolas ou extrativos pouco ou nada beneficiados. Sua vantagem consiste no uso abundante de recursos naturais e mão de obra, que são baratos. Exceto no caso de algumas explorações minerais (petróleo, por exemplo), o uso de instrumental também é pequeno.

O setor de mercado interno produz bens de consumo industrialmente. Necessita de equipamento industrial e, algumas vezes, de matéria-prima importados. Ele o consegue, como acabamos de ver, à medida que os seus produtos de consumo deslocam os bens de consumo importados.

7. Etapas do desenvolvimento

Vimos, na seção anterior, que o processo de desenvolvimento se exterioriza inicialmente pela substituição, no consumo do país, de bens importados por produtos do setor de mercado interno. À substituição de importações, no interior da economia subdesenvolvida, corresponde uma mudança qualitativa na sua importação: esta deixa de ser predominantemente de bens de consumo para se tornar cada vez mais de bens de produção.

Essa transformação é de importância enorme para o desenvolvimento. Mostramos, na seção 2, que uma das pré-condições do desenvolvimento é a existência de um excedente e que a intensidade do processo está, em parte pelo menos, ligada ao montante desse excedente. Em qualquer país subdesenvolvido, um certo excedente sempre é produzido, mas a forma que ele assume nem sempre permite aplicá-lo ao desenvolvimento. Se o excedente se transforma, por exemplo, em importações de luxo para o consumo das camadas privilegiadas do país, sua utilidade para o desenvolvimento é nula. Ele só será um elemento propulsionador do desenvolvimento se puder ser transformado em base de sustentação do setor de mercado interno.

Estamos tratando do caso de economias subdesenvolvidas capitalistas, abertas ao comércio exterior. Adotamos a hipótese – que nos parece corresponder mais de perto à realidade – de que a parte mais substancial das matérias-primas e a quase totalidade dos instrumentos de trabalho empregados no setor de mercado interno têm que ser importados. Nessas condições, o surgimento de PIm_3, que é concomitante com o surgimento do próprio setor de mercado interno, significa a transformação de uma parte do excedente potencial (isto é, da parte do produto nacional passível de ser investida) em excedente real e este em investimento líquido no setor que personifica o desenvolvimento.

Se considerarmos agora $PIm = PIm_1 + PIm_2 + PIm_3$, podemos compreender melhor o significado do crescimento de PIm_3 em detrimento de PIm_1 e PIm_2. À medida que estes dois últimos tendem a zero, uma parte cada vez maior do excedente potencial torna-se real. O limite desse processo é atingido quando

$$PIm_1 = PIm_2 = o \ e \ PIm = PIm_3,$$

isto é, quando toda a importação do país for destinada ao setor de mercado interno. Quando se chega a esse ponto pode-se considerar vencida a primeira etapa do processo de desenvolvimento.

Tratamos até o momento essa primeira etapa do desenvolvimento apenas descritivamente. É chegada a hora de tocar no seu conteúdo político-social. Numa economia subdesenvolvida pura, isto é, em que o único setor de mercado existente é o que se volta para o exterior, praticamente todo excedente produzido se encontra nas mãos dos donos da terra e dos capitalistas que os financiam e comercializam seus produtos. O setor de mercado interno que surge como fornecedor de serviços complementares para o comércio externo tem sua dinâmica dependente das vicissitudes por que passa esse comércio externo.

Cresce quando ele aumenta, decresce quando ele diminui. O setor de mercado interno assim constituído não tem nenhuma capacidade própria de expansão. O desenvolvimento se inicia a partir do momento em que ele se torna autônomo do comércio externo e passa por sua vez a influenciá-lo, condicionando o caráter da importação. Trataremos mais adiante das condições em que isto se pode dar, mas é fácil compreender que isto implica uma desapropriação do excedente, que, para tornar-se real, precisa passar das mãos dos latifundiários, comerciantes e banqueiros, ligados ao comércio exterior para as dos empresários do setor de mercado interno.

Quando a primeira etapa está inteiramente realizada, o excedente produzido pela economia pode ser dedicado integralmente ao desenvolvimento. Desde que consideremos, por hipótese, que não existe produção de meios de produção para o setor de mercado interno *dentro do país,* todo e qualquer investimento nesse setor tem que se realizar *via importação.* Desde que toda capacidade de importação é destinada a esse fim, pode-se considerar que a totalidade do excedente, passível de ser utilizado para o desenvolvimento do país, está sendo de fato aplicado. É importante observar que, nessas condições, o *quantum* do excedente não depende unicamente do nível geral de produtividade e do nível de consumo, mas também do comércio exterior do país.

Quando a economia atinge esse estágio, a sua estrutura interna passa a se apresentar do seguinte modo:

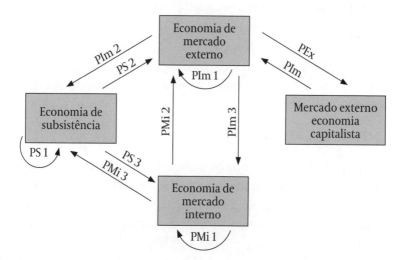

Como o setor de mercado externo não consome apenas produtos do setor de mercado interno, este, para adquirir todas as cambiais resultantes da exportação (PIm), precisa fornecer ao setor de mercado externo não só uma certa quantidade de produtos (PMi_2) mas também certa quantia de dinheiro:

$$\Delta\$ = PIm - PMi_2 \qquad (1)$$

O setor de mercado externo gasta esse dinheiro comprando produtos no setor de subsistência:

$$\Delta\$ = PS_2 \qquad (2)$$

Este, por sua vez, se utiliza desse dinheiro para adquirir mais produtos no setor de mercado interno do que lhe fornece, donde resulta que:

$$PMi_3 = PS_3 + \Delta\$ \qquad (3)$$

E, dessa maneira, $\Delta\$$ retorna ao seu ponto de partida.

Se substituirmos $\Delta\$$ na equação (1) pelo seu valor em (2), temos:

$$PIm - PMi_2 = PS_2 \qquad (4)$$

Se fizermos o mesmo na equação (3), teremos:

$$PMi_3 = PS_3 + PS_2 \qquad (5)$$

Rearranjando os termos da equação (4) da seguinte maneira: $PMi_2 = PIm - PS_2$ (4) e somando-a, termo a termo, com a equação (5) teremos

$$PMi_2 + PMi_3 = PIm - PS_2 + PS_3 + PS_2$$

o que significa que o valor do conjunto dos produtos que o setor de mercado interno fornece aos outros dois setores ($PMi_2 + PMi_3$) é igual ao que deles recebe, isto é, ao total da importação (PIm) mais uma certa quantidade de produtos do setor de subsistência (PS_3).

* * *

A segunda etapa do desenvolvimento se inicia quando o país começa a fabricar os bens de produção necessários ao setor de mercado interno. É claro que não existe um limite nítido entre a primeira e a segunda etapa e é mais provável até que um país em desenvolvimento já comece a produzir certa quantidade de máquinas e matérias-primas industriais antes mesmo que o seu excedente potencial se tenha transformado integralmente em excedente real. Mas, embora a segunda etapa possa iniciar-se antes que a primeira se tenha esgotado, é inegável que o fabrico de bens de produção industriais somente pode surgir após a criação de um mercado para tais bens, o qual é constituído pela indústria nacional. Portanto, a segunda etapa só pode ser iniciada depois que o setor de mercado interno já atingiu expansão considerável e, portanto, depois que a primeira etapa já estiver pelo menos bem adiantada.

Distinguimos entre a primeira e a segunda etapa porque certos aspectos do processo adquirem significado bem diverso numa e noutra etapa. Na primeira etapa, o comércio externo é o fator estratégico fundamental. São as importações de bens de consumo que abriram caminho para a economia de mercado no que era antes predominantemente economia de subsistência. Trata-se de ganhar esse mercado para a indústria nacional. A proteção contra a competição do produtor estrangeiro anda de mãos dadas com uma importação cada vez maior de meios de produção, matérias-primas e semielaboradas para a indústria nacional. O ritmo do desenvolvimento depende da capacidade para importar. O excedente potencial para se tornar real precisa projetar-se para fora do país, precisa adquirir a forma de produto de exportação, pois só no exterior se encontram os bens necessários para o setor de mercado interno e sua expansão.

A segunda etapa representa a fase da interiorização do excedente. A economia do país se torna cada vez mais autossuficiente, depende cada vez menos das vicissitudes do comércio externo. É verdade que os primeiros empreendimentos destinados à produção de meios de produção têm praticamente todo o seu equipamento importado. Mas esta é uma situação transitória. À medida que certas indústrias básicas se instalam, e entre estas se destaca a siderurgia, a pirâmide industrial se completa e o desenvolvimento se torna cada vez menos dependente do exterior. É sabido que nenhum país industrializado é inteiramente autossuficiente; mas o que é importante notar é que a dependência dos países industrializados do comércio externo se restringe àqueles produtos para cuja produção as suas condições naturais são pouco adequadas. E é unicamente nesses termos que se pode conceber uma divisão internacional de trabalho entre países igualmente desenvolvidos: cada país deixa de produzir apenas aqueles produtos cujos custos dependem essencialmente do fator natureza e para cuja produção ele não possui as condições apropriadas.

À medida que a segunda etapa se realiza, a importância do comércio externo vai decaindo. Uma parcela crescente do excedente não toma mais o caminho para o exterior e, portanto, a magnitude do excedente não depende mais da capacidade para exportar; ela passa a resultar do nível de produtividade e do consumo interno. Mas, se o desenvolvimento não depende mais tanto, em sua segunda etapa, do comércio externo, outros fatores, até esse momento de importância secundária, passam a desempenhar o papel de condicionante geral do processo. Trata-se da extensão do mercado e do capital disponível para investimento.

Na primeira etapa, o mercado estava dado: 1) pela área de mercado conquistada pelas importações, que agora estão sendo substituídas; e 2) pelo próprio crescimento do setor de mercado interno. Normalmente, esse mercado é suficiente para permitir as economias de escala indispensáveis para a indústria de bens de consumo. Naturalmente, a extensão desse mercado depende ainda: 1) da população do país; 2) da superfície do país e do grau de integração de suas diversas regiões num todo nacional (rede de transportes). Mas, considerando-se todos esses fatores, só em países muito pequenos ou grandes e ralamente povoados e com sistema de comunicações muito deficiente é que a insuficiência de mercado interno pode ser considerada como um obstáculo para o desenvolvimento, em sua primeira etapa. Isto porque as indústrias de bens de consumo – fiação e tecelagem, fabricação de sapatos, vestuário, móveis, construção civil – podem funcionar em unidades médias com apreciável economia de escala.

Já o mesmo não acontece com a chamada indústria de base. Os processos industriais modernos na siderurgia ou na refinação de petróleo, por exemplo, só podem ser aplicados com proveito em unidades produtivas de tamanho considerável. Mas, mais importante do que isso talvez, é o fato de que o mercado para a indústria de base não é constituído, a não ser indiretamente, pelo consumo individual; ele é constituído diretamente pela indústria de bens de consumo e pelos ramos da indústria de bens de produção mais próximos da indústria de bens de consumo. Assim, o mercado para a siderurgia, por exemplo, é constituído: a) pelas indústrias de bens de consumo que utilizam ferro e aço como matéria-prima, tais como a automobilística, de aparelhos domésticos, serralharia etc.; e b) pelas indústrias de bens de produção que igualmente usam ferro e aço para a fabricação de seus artigos, salientando-se entre estas a indústria de máquinas. Ora, via de regra, a vida útil dos bens de consumo – excetuando-se as casas – é mais curta que a dos bens de produção, o que faz que a reposição dos segundos seja feita num ritmo bem mais lento que a dos primeiros.

Esse fato atua como um verdadeiro redutor da procura induzida pelo consumo individual à medida que nos afastamos de sua origem. Esse redutor nada mais é que o chamado "acelerador", visto de outro ângulo.

Suponhamos que o consumo de determinado produto A seja de 1 milhão de toeladas anuais num dado país. Suponhamos que o maquinário para tal produção tivesse o valor de 1 milhão de cruzeiros novos (o que daria uma relação de NCr$ 1,00/ton.). Se se instalasse no referido país uma indústria para fabricar tais máquinas e se a capacidade de produção anual de tal indústria fosse de 250 mil cruzeiros novos, ela poderia equipar completamente a indústria produtora do artigo A em quatro anos. Mas, se a vida útil das referidas máquinas para produzir A fosse de 25 anos, o que faria a indústria de máquinas entre o quarto ano e o 25º, quando se iniciaria a reposição? Suponhamos, ainda, que o consumo de A cresça a uma taxa de 10% por ano. No quarto ano, o consumo de A seria de 1.464.000 toneladas, o que daria ainda para equipar novas plantas produtoras de A. À medida que o tempo fosse passando, o aumento de consumo de A é que iria permitir a sobrevivência da indústria de equipamentos como se pode verificar pela tabela a seguir:

Ano	Consumo de A (ton.)	Capacidade da ind. (ton.)	Novos equipamentos (NCr$)
1	1.000.000	250.000	250.000,00
2	1.100.000	500.000	250.000,00
3	1.210.000	750.000	250.000,00
4	1.331.000	1.000.000	250.000,00
5	1.464.100	1.250.000	250.000,00
6	1.610.510	1.500.000	250.000,00
7	1.771.561	1.750.000	250.000,00
8	1.948.717	2.000.000	–

No oitavo ano haveria excesso de capacidade na indústria produtora de A, que cessaria seus pedidos para a indústria de equipamentos. No nono ano, a procura de A seria de 2.143.588 ton., o que geraria encomendas para a indústria de máquinas de 143.588,00 cruzeiros novos. A indústria de máquinas trabalharia nesse ano a *pouco mais da metade* de sua plena capacidade, apesar de o consumo de A estar aumentando a uma taxa geométrica de 10% ao ano.

O que quisemos ilustrar com esse exemplo é que a indústria de bens de produção, para se instalar num país em processo de industrialização, necessita de um consumo individual em plena expansão. Em outras palavras, surge uma necessidade aguda de se expandir o mercado interno exatamente quando o país entra em sua segunda etapa de desenvolvimento. O mercado interno, suficiente para a primeira etapa, torna-se estreito demais. O setor de subsistência aparece então claramente como o setor antagônico ao desenvolvimento. É toda uma parte do país que se encontra "fechada" ao setor de mercado interno, que encarna o desenvolvimento, e cujas muralhas é preciso romper.

É por essa razão que vários países conseguiram penetrar na primeira etapa do desenvolvimento sem nenhuma medida efetiva de reforma agrária – o instrumento por excelência para integrar o setor de subsistência na economia nacional –, mas passam a sentir necessidade de efetuá-la tão logo começam a lançar as bases de sua pirâmide industrial. A incapacidade de integrar com a necessária rapidez a maior parte da economia do país no setor de mercado interno – e isto depende de fatores políticos e sociais – pode fazer perigar todo o processo de desenvolvimento em sua segunda etapa.

DESENVOLVIMENTO E CRISE

Um outro problema que aparece na segunda etapa é o da magnitude do excedente e principalmente o destino que lhe é dado, segundo a estrutura da repartição da renda.

Na primeira etapa, os investimentos no setor de mercado interno se distribuem por numerosos empreendimentos, que se expandem à medida que ações protecionistas tornam o capital investido na indústria cada vez mais rendoso. O crescimento das empresas se dá, em boa parte, pelo reinvestimento de lucros e é desse modo que surgem fábricas a partir de modestos estabelecimentos comerciais ou fornecedores de serviços. Na segunda etapa, os investimentos por empresa são muito mais volumosos, ou, em outras palavras, a aplicação do excedente é muito mais concentrada. E trata-se dos investimentos iniciais. Não é possível fundar uma siderurgia, por exemplo, em pequena escala e expandi-la pouco a pouco.

Nos países industrializados, recorre-se ao mercado de capitais, para onde acorrem as poupanças individuais grandes ou pequenas, para levantar os recursos necessários à formação das empresas que constituem a indústria de base. Nos países subdesenvolvidos não existe um mercado de capitais em condições de fornecer tais recursos, não tanto devido à falta de espírito de poupança, como pensam uns, nem devido à ausência do que poupar, como pensam outros, mas devido à estrutura da repartição da renda, que coloca a maior parte do excedente disponível nas mãos de pessoas que não se dispõem a aplicá-la na indústria de base. Efetivamente, uma boa parte do excedente se refugia no setor de mercado externo e no setor de subsistência, os dois setores tradicionais da economia subdesenvolvida, e a classe dominante nesses setores tem uma propensão a consumir extremamente elevada, se a considerarmos em relação ao nível dos seus rendimentos. Como essas pessoas têm sua situação econômica individual ligada ao comércio externo, elas não só gastam uma boa parte dos seus rendimentos no exterior, como invertem uma parte do que gastam no estrangeiro, subtraindo-a de qualquer aplicação no desenvolvimento do país.

Mas mesmo grande parte do excedente gerado no próprio setor de mercado interno não se encaminha ao mercado de capitais, mas é diretamente aplicado nas indústrias já existentes, formadas na primeira etapa, portanto de bens de consumo, ou, se não houver possibilidades de aplicação imediata, entesouradas como reservas. Outra parte é desviada para atividades comerciais que num país subdesenvolvido geralmente sofrem um processo de hipertrofia devido a diversas "imperfeições" da estrutura produtiva (deficiência dos meios de transporte, migrações internas, bruscas mudanças na economia que ensejam especulação etc.), que evidentemente elevam os custos sociais de comercialização.

De tudo isto, resulta o fato de que o país que entra na segunda etapa do desenvolvimento se defronta, via de regra, com uma aguda falta de capital. Para fazer face a esse problema, esses países recorrem: a) ao capital estrangeiro e b) ao capital estatal. O primeiro recurso não passa de um paliativo, na melhor das hipóteses, pois as remessas de lucros, corolário inevitável dos investimentos estrangeiros, acabam reduzindo, de modo permanente, as disponibilidades de capital para investimento. O segundo geralmente dá lugar a pressões inflacionárias, que se conjugam com outras, lançando o país num estado de inflação crônica que, à medida que se encaminha para a hiperinflação, pode desorganizar a vida econômica do país.

Em resumo, parece-nos um erro supor que o caminho do desenvolvimento em regime capitalista toma-se mais fácil de trilhar à medida que se avança. Existem certos pontos nodais – o início da primeira etapa e a passagem para a segunda – que, se não forem superados, poderão impedir que o desenvolvimento prossiga.

8. Conjuntura e desenvolvimento (I)

Resta verificar agora como uma economia subdesenvolvida pode superar os pontos nodais referidos, a saber: o início da primeira etapa, ou seja, o começo do processo de desenvolvimento e a passagem da primeira para a segunda etapa, ou seja, a transição entre a fase em que o desenvolvimento depende essencialmente do comércio exterior e a fase em que o país é capaz de condicionar seu próprio desenvolvimento, de forma mais ou menos autônoma.

A fase que precede a primeira etapa é de pleno subdesenvolvimento, que é uma situação que encontra o seu próprio equilíbrio, o qual só é disturbado por influência externa. Como uma parte da economia subdesenvolvida – o setor de mercado externo – está ligado ao exterior, é somente através dele que podem atingir o equilíbrio do subdesenvolvimento aqueles choques ou tensões que acabam por rompê-lo e que encaminham destarte o país para o caminho do desenvolvimento. Pois a própria ideia de desenvolvimento implica uma sucessão de desequilíbrios, os quais vão gerar transformações estruturais na economia.

Examinemos, pois, o que acontece com um país subdesenvolvido, quando nele se fazem sentir os efeitos do ciclo comercial da economia capitalista. Já examinamos (Seção 5) o impacto das flutuações da procura de produtos coloniais – principais efeitos das mudanças de conjuntura da economia capitalista sobre os países subdesenvolvidos – sobre o setor de mercado externo. Mas, naquele ponto de nossa exposição, ainda considerávamos o setor de mercado interno como inexistente. Teremos que refazer nossa análise agora, tomando em consideração esse setor e verificar como as alterações de conjuntura o afetam.

Como já tivemos ocasião de dizer, o setor de mercado interno, no estágio de pleno subdesenvolvimento, não passa de um complemento do setor de mercado externo, pois fornece serviços auxiliares à exportação e à importação. Quando a conjuntura da economia capitalista está em ascensão, o setor de mercado externo se expande (ver Seção 5) e, com ele, o setor de mercado interno: expandem-se os meios de transporte (rodovias, estradas de ferro, portos), as atividades comerciais e os serviços ligados à importação: reparação e conservação de bens importados. À medida que a exportação cresce, aumenta a entrada de divisas no país, o que vai acarretar a baixa do câmbio e o barateamento dos produtos importados. Isto torna os ramos do setor de mercado interno, que concorrem com os artigos importados, cada vez menos capazes de enfrentar a competição estrangeira. Ora, como são estes os ramos que podem dar início à primeira etapa do desenvolvimento, que, como já vimos, consiste na substituição de importações (de bens de consumo) por produção nacional, é forçoso concluir que os desequilíbrios trazidos à economia subdesenvolvida pela *ascensão* da economia capitalista *não* geram impulsos que levam ao desenvolvimento, mas, pelo contrário, podem sufocar, como já tem acontecido, aqueles ramos do setor de mercado interno que constituem os verdadeiros germes do desenvolvimento.

É verdade que, nessa fase da conjuntura, o setor de mercado interno como um todo cresce. Verificam-se aplicações de capital estrangeiro, mas quase exclusivamente naqueles ramos beneficiados pela expansão do setor de mercado externo.

Mas o que acontece quando muda a conjuntura? Com a queda da procura de produtos coloniais, a exportação destes cai, a quantidade de divisas que entra no país se reduz, o câmbio se eleva, a importação baixa, porque seus produtos encarecem. Não está aí a oportunidade para o setor de mercado interno substituir a importação que deixa de ser feita? À primeira vista parece que sim, mas examinemos o problema mais de perto.

Quando a depressão domina o mercado de produtos coloniais, o setor de mercado externo se contrai e o de subsistência tende a se expandir, pois seus produtos tendem a substituir os antigamente importados (ver Seção 4).

O setor de mercado interno, para poder efetuar a substituição dos bens que deixam de ser importados pelos seus próprios produtos, precisa enfrentar e superar a "competição" do setor de subsistência. É preciso lembrar que uma boa parte do setor de subsistência está inserida dentro do próprio setor de mercado externo, do qual ele recebe os fatores de produção (terra, mão de obra) tornados ociosos pela redução da produção para o mercado externo. Os produtos do setor de subsistência são, assim, muito "baratos", pois resultam do aproveitamento de recursos que, de outro modo, ficariam ociosos.

O que pode o setor de mercado interno oferecer em troca de todas essas "vantagens" do setor de subsistência? Apenas maior produtividade, muito superior sem dúvida à que é possível atingir no setor de subsistência. Mas essa maior produtividade do setor de mercado interno não é um dom dos céus, mas uma dádiva muito terrena: ela resulta da maior aplicação de capital na produção, isto é, do uso de instrumentos de trabalho mais aperfeiçoados. Ora, esses instrumentos têm que ser importados, exatamente num momento em que o câmbio se eleva e em que as cambiais são disputadas por necessidades de consumo que se expandiram e consolidaram no período de prosperidade. Se nos lembrarmos ainda de que essas cambiais se encontram nas mãos da classe dominante do setor de mercado externo, é fácil compreender que elas serão gastas na satisfação das necessidades suntuárias desse grupo, que nem sequer sonha em invertê-las em indústrias que produzem artigos que podem ser obtidos praticamente "grátis" no setor de subsistência. Daí sermos forçados a concluir que também a depressão não cria o desequilíbrio capaz de ensejar o rompimento da primeira barreira do subdesenvolvimento.

Essa conclusão é reforçada ainda por uma outra consideração. Sabemos que a procura dos produtos do setor de mercado interno é constituída: a) pela parte da população que está ocupada dentro dele mesmo; b) pelo setor de mercado externo; e c) pelo setor de subsistência. Ora, com a queda das exportações e importações, contrai-se aquela parte do setor de mercado interno que presta serviços ao comércio externo e, portanto, cai aquela parcela da procura (dos produtos do próprio setor) que ela representa. Em segundo lugar, a procura de produtos do setor de mercado interno pelo setor de subsistência só é solvável na medida em que o primeiro consome produtos do segundo. Na medida em que o setor de mercado interno, ao se contrair, deixa de consumir produtos do setor de subsistência, este não tem com que pagar os produtos daquele. O mesmo acontece com a procura de produtos do setor de mercado interno pelo setor de mercado externo. À medida que o setor de mercado interno, atingido pela crise, deixa de comprar produtos importados, o setor de mercado externo deixa de ter com que pagar os produtos que comprava na indústria nacional. Em resumo, a crise que atinge o setor de mercado externo se propaga por toda a economia de mercado do país e cria uma tendência de volta à economia natural, que se consubstancia no crescimento do setor de subsistência.

Significa tudo isto que um país plenamente subdesenvolvido nunca pode chegar a se desenvolver em regime capitalista? Não. E não significa isto meramente porque em todo nosso raciocínio anterior havia uma suposição implícita que agora convém explicitar. Nós supusemos a economia entregue a si mesma, isto é, que o Estado se conserva perfeitamente neutro e ausente dos acontecimentos econômicos. É evidentemente uma hipótese irreal, mas que nos permite demonstrar quão pouco reais são as teorias que pretendem apresentar o desenvolvimento como um processo espontâneo que nasce das oscilações da conjuntura, por assim dizer imanentemente, sem que a ação estatal lhe sirva de parteira.

De fato, a primeira etapa do desenvolvimento é sempre inaugurada por uma enérgica intervenção do Estado no processo econômico. O Estado tem que começar por proteger os produtos da indústria nacional e tem que estender essa proteção a um número crescente de áreas, à medida que a indústria nacional se mostre em condições de suprir o mercado nacional, ainda que imperfeitamente. O Estado tem que intervir no mercado cambial, expropriar as cambiais dos seus proprietários originais, os exportadores, e entregá-las baratas aos empresários do setor de mercado interno. Essas medidas são geralmente muito mais efetivas quando tomadas no período de ascenso da exportação do que no seu descenso, pois todo ritmo do desenvolvimento depende do volume de cambiais disponíveis e, além disso, porque a prosperidade do setor de mercado externo implica a prosperidade de toda a economia de mercado do país e, portanto, aumenta as possibilidades de vender os produtos do setor de mercado interno dentro desse setor e aos outros dois setores.

No período da crise, essas medidas têm que ser intensificadas – particularmente as referentes ao controle cambial – e o governo tem que aplicar uma política anticíclica, cujo papel é não somente preservar o nível do emprego no setor de mercado interno, como principalmente fortalecer esse setor na competição com o setor de subsistência, o qual é afetado favoravelmente pela crise, ao receber fatores de produção desvalorizados do setor de mercado externo. A política anticíclica – créditos oficiais baratos, subsídios à indústria nacional, investimentos em obras públicas que facilitem a distribuição dos produtos do setor de mercado interno – tem ainda a finalidade de permitir ao setor de desenvolvimento atrair fatores de produção que de outra maneira se encaminhariam ao setor de subsistência ou nele permaneceriam.

Em resumo, a passagem pelo ponto nodal do início da primeira etapa do desenvolvimento é o resultado de uma ação do Estado, cujas consequências são revolucionárias para a economia. Ela só pode se dar em condições políticas que, via de regra, também são revolucionárias. Por esse motivo, o estudo do desenvolvimento não pode ser confinado apenas ao campo das especulações econômicas.

9. Conjuntura e desenvolvimento (II)

Examinemos agora o segundo ponto nodal, isto é, a passagem do desenvolvimento de sua primeira etapa para a segunda; ela começa a se verificar quando a capacidade para importar já não é mais suficiente para assegurar a expansão do setor de mercado interno.

À medida que a indústria nacional cresce, crescem suas necessidades que, na primeira etapa, só podem ser satisfeitas pela importação. Desde que esta é limitada, em princípio, pelo valor da exportação (abstraímos os investimentos estrangeiros, cujo papel contraditório já expusemos – ver p.94), chega um momento em que o prosseguimento do processo exige a implantação no país da chamada indústria de base, isto é, da produção de meios de produção. Esse momento se caracteriza por uma pressão cada vez maior da procura de meios de produção, pela indústria nacional, cuja oferta é limitada pela capacidade de importar. Resulta daí um aumento dos preços desses meios de produção.

É ingênuo pensar que o mero aumento do preço desses bens de produção automaticamente gera investimentos em sua produção. Para que haja tais investimentos, é preciso haver mercado para uma produção em escala razoável. E possível importar, digamos, cinquenta teares por ano, mas talvez essa quantidade não justifique uma indústria nacional de teares. É claro que esta pode ser protegida eficazmente contra a concorrência estrangeira, e, como já vimos, tal proteção se faz mister, para que o país entre em sua primeira etapa de desenvolvimento. Mas, se a indústria nacional não consegue suficiente economia de escala, o tear pode sair tão caro que a sua compra pela indústria têxtil não será compensadora, ou, em outras palavras, o investimento num tear será tão elevado que a taxa de lucro na tecelagem não induz os industriais a fazer tal investimento. Coloca-se então, com toda a agudez, o problema da expansão do mercado (ver Seção 7).

Por outro lado, mesmo que a indústria nacional já ofereça mercado suficiente para a produção de determinado bem de produção, é preciso saber se é possível reunir os capitais necessários para sua produção. O problema não está somente em que exista a quantidade de capital necessário, mas saber se seus proprietários se dispõem a invertê-lo num campo onde os proventos levam mais *tempo* para serem recebidos, e inicialmente são bem *menores* que os da indústria leve. O processo técnico tem se concentrado naqueles ramos em que o produto é qualitativamente uniforme, permitindo a expansão quase ilimitada da escala de produção. Os bens de consumo são geralmente oferecidos em numerosos "tipos", destinados a atender aos gastos individuais dos consumidores. Isto não acontece com os bens de produção, cuja padronização só apresenta vantagens. Daí a concentração muito maior na indústria de base e consequentemente o tamanho mínimo muito maior do capital inicial nesse campo e também o período bem mais dilatado que decorre entre a instalação da planta e sua plena produção.

Tudo isto faz que o Estado, mais uma vez, não possa permanecer neutro diante da situação que se cria com o esgotamento das possibilidades de desenvolvimento da economia dentro da primeira etapa. Se o Estado permanece passivo, o processo de desenvolvimento não só se detém, mas pode inclusive recuar, pois os capitais incapazes de encontrar aplicação lucrativa no país dirigir-se-ão para o exterior e a economia de mercado, surgida do desenvolvimento, entrará em decadência.

A ação do Estado tem que se dirigir no sentido de ampliar o mercado para os produtos do setor de mercado interno, o que só pode ser feito pela eliminação do setor de subsistência e pela integração dos fatores de produção que nele se encontram no setor de mercado interno. Seria um erro supor que isto pode ser feito unicamente por pressão econômica.

Existem certos obstáculos institucionais – entre os quais sobressai a estrutura da propriedade da terra – que só podem ser superados

DESENVOLVIMENTO E CRISE

pela ação do Estado. No setor de subsistência, via de regra, sobrevivem relações de produção pré-capitalistas que o tornam, pelo menos em parte, impermeável à penetração do capitalismo. Essas relações de produção reduzem a mobilidade dos fatores, ou, por outra, condicionam sua mobilidade a considerações não econômicas. A terra, por exemplo, não é encarada como um investimento, que é potencialmente transferível para outro setor da economia onde ele possa produzir rendimentos maiores. As relações de trabalho também imobilizam a mão de obra no setor de subsistência, prendendo-a por laços parcialmente sociais (lealdade para com o patrão etc.), parcialmente jurídicos (sistema de dívidas). Somente a ação do Estado pode quebrar essa teia de relações de produção, de modo a abrir caminho ao setor de mercado interno e permitir que este se amplie suficientemente para possibilitar a instalação da indústria de base no país.

O segundo problema está relacionado centralmente com o papel do Estado no processo de desenvolvimento. Não é possível aqui esgotar o assunto, bastando indicar em linhas gerais de que modo a ação do Estado pode enfrentar os problemas colocados pela segunda etapa do desenvolvimento. Em parte, o capital estatal tem que substituir o capital privado onde este não se encontra suficientemente concentrado para ser investido. Em parte, o Estado precisa coordenar o investimento particular – manipulando os instrumentos de crédito e do fisco – para impedir o surgimento de pontos de estrangulamento. Finalmente, no início da segunda etapa, o Estado precisa manter um controle estrito sobre o comércio externo, já que a importação de bens de produção só deixa de ser um condicionante geral do ritmo do desenvolvimento quando a pirâmide industrial se encontra razoavelmente completa.

Em suma, o papel do Estado é essencialmente o de planificar os investimentos, tanto os públicos como os particulares, tendo em vista o desenvolvimento. As mudanças conjunturais, por si só, não permitem a passagem da primeira para a segunda etapa, pois a estreiteza do mercado e a ausência de um mercado de capitais constituem obstáculos ao prosseguimento do processo, que transformam grande parte da energia da economia que deveria ser canalizada para a industrialização em perdas caloríficas, isto é, em inflação.

III

Política econômica do desenvolvimento

Introdução

O presente trabalho pretende definir, em linhas muito gerais, a política econômica que os governos dos países chamados "subdesenvolvidos" seguem para causar, amparar ou intensificar o processo de desenvolvimento econômico. O estudo não pretende constituir um "receituário" de medidas de política econômica que levam ao desenvolvimento, mas antes uma esquematização daquelas que realmente são tomadas para se alcançar esse objetivo.

O trabalho a que nos propomos tem por premissa uma conceituação do "desenvolvimento econômico" e uma análise das circunstâncias que o ensejam e acompanham. Tivemos ocasião de desenvolver essa conceituação e análise no ensaio anterior, "Conjuntura e desenvolvimento".

A título de resumo, transcrevemos a seguir (do ensaio supramencionado) a conceituação de desenvolvimento econômico que adotamos:

Desenvolvimento econômico, no sentido que se dá mais comumente a essa expressão, é um processo de transformação qualitativa da estrutura econômica de um país. Esse processo consiste principalmente:

a) numa nova divisão do trabalho entre cidade e campo, ou seja na concentração na primeira de todos (ou quase todos) os ramos manufatureiros, restando ao campo apenas a atividade agrícola, na qual se especializa aquela parte da população que ali permanece;

b) na aplicação, tanto às atividades transferidas à cidade como à agricultura, da tecnologia criada pela Revolução Industrial e, a partir dela aperfeiçoada.

Evidentemente, uma transformação dessa amplitude, que tem o significado de transição de um sistema econômico a outro se dá em várias etapas, que definimos no ensaio anterior. A política econômica do desenvolvimento tem de se adequar à etapa em que a economia se encontra, em cada momento. Por isso dividimos o nosso plano de exposição em duas partes: uma, correspondente ao estágio em que o país se acha ainda completamente mergulhado na economia colonial; outra, que corresponde a um país que já transferiu à cidade parte das atividades produtoras de bens de consumo e enfrenta a necessidade de lançar as bases de uma indústria de bens de produção.

1. Política destinada a provocar o impulso inicial (I)

O sistema de economia colonial possui uma certa estabilidade inerente, que lhe é conferida pelo setor de subsistência. Nesse setor, a maior parte da produção é consumida pelo próprio produtor, o que exclui flutuações a curto prazo, a não ser as que possam decorrer de variações meteorológicas ou de cataclismos sociais (guerras, invasões etc.).

O setor instável da economia colonial é o de mercado externo, que constitui o elo que a liga à economia capitalista, a qual está sujeita a alterações de conjuntura. Os altos e baixos da economia capitalista são transmitidos à colonial pelas variações que eles impõem ao setor de mercado externo.

Logo, uma economia colonial será tanto mais estável quanto maior for a parcela de atividades produtivas incluídas no setor de subsistência e, inversamente, será tanto mais instável quanto maior for a parcela pertencente ao setor de mercado externo. Seria possível medir essa divisão proporcional se se pudesse atribuir tal parcela do produto nacional bruto ao setor de subsistência e tal parcela ao setor de mercado externo. Infelizmente, o conceito do PNB não é aplicável a economias que possuem amplo setor de subsistência, porque, *primeiro*, é difícil estimar o montante produzido nesse setor e, *segundo*, esse montante não pode ser avaliado aos preços de mercado, porque a maior parte dele se destina ao autoconsumo. Podemos, no entanto, estimar a participação de cada um dos setores de que se compõe a economia colonial no conjunto da atividade produtiva, à base da divisão da população ativa do país por esses setores.

Países cujo setor de mercado externo é constituído exclusiva ou predominantemente de produção extrativa mineral possuem, em geral, um setor de subsistência proporcionalmente muito maior que o de mercado externo. Estão nesse caso a Bolívia e o Chile, por exemplo. As flutuações do setor de mercado externo, embora amplas em si, afetam de forma relativamente reduzida o resto da economia, cuja estabilidade se fundamenta no fato de que grande parte da população não somente atua no setor de subsistência como vive praticamente em economia natural.

Países cujo setor de mercado externo é constituído predominantemente por produção agrícola, principalmente do tipo que exige abundante mão de obra, *poderão* ter um setor de mercado externo proporcionalmente grande. Foi o caso do Brasil, na segunda metade do século passado. A produção cafeeira se expandiu, absorvendo grande parte da mão de obra que se encontrava no setor de subsistência. Uma forte migração dirigida diretamente ao setor de mercado externo, serviu para reforçá-lo ainda mais. Consequência disto foi que as flutuações da economia cafeeira passaram a atingir com vigor crescente o conjunto da economia do país.

Podemos aceitar como hipótese de trabalho que os grupos sociais dominantes num país em economia colonial são constituídos em sua maioria pelos empresários do setor de mercado externo. É em função dos seus interesses que se formula a política econômica. Essa hipótese nos parece corresponder à realidade pelas seguintes razões:

a) a estrutura social, que corresponde à economia colonial, apresenta-se sob a forma de grupos relativamente fechados (castas), superpostos hierarquicamente; o topo da hierarquia social é ocupado pelos grandes proprietários de terra;

b) o setor de mercado externo se compõe, via de regra, pelos maiores proprietários (de terra, minas ou campos petrolíferos), que em alguns casos são companhias estrangeiras. Normalmente, esses proprietários também dominam áreas significativas do setor de subsistência ou dominam a parte comercializada da produção desse setor;

c) a própria vida política de um país em economia colonial se desenvolve principalmente em função da economia de exportação; o setor de subsistência é, em grande parte, autossuficiente e fechado em si mesmo; o setor de mercado interno é pequeno e dependente do de mercado externo.

Explica-se assim por que os melhores esforços dos governos de países de economia colonial são dedicados à ampliação do setor de mercado externo. Abrem-se estradas, instalam-se portos, constroem-se armazéns, tendo em vista a movimentação dos artigos de exportação. Fazem-se concessões de serviços públicos, de áreas para prospecção ou para exploração, tudo com o objetivo de expandir o setor de mercado externo.

Essa política recebe o apoio também dos grupos sociais que participam do setor de mercado interno. Esse setor fornece sobretudo serviços – transporte, comercialização etc. – ao setor de mercado externo. A ele corresponde a incipiente economia urbana dos países em economia colonial, a qual depende das vicissitudes da economia de exportação. Por isso tudo, o que beneficia esta merece o apoio dos grupos integrados naquela.

DESENVOLVIMENTO E CRISE

A única oposição à política de expansão do setor de mercado externo provém dos trabalhadores (assalariados, pequenos proprietários, posseiros) do setor de subsistência. A expansão do setor de mercado externo se faz, via de regra, sob a forma de monocultura regional. A produção para o mercado externo expulsa a de subsistência, piorando os padrões de nutrição e de um modo geral o nível de vida dos trabalhadores (ver *A geografia da fome*, de Josué de Castro). Acontece, porém, que essa oposição é mais virtual que efetiva. Numa economia colonial, os trabalhadores do setor de subsistência são os que têm menos possibilidades de exprimir e fazer sentir sua vontade coletiva. A resistência, quando se manifesta, é de caráter local e não encontra vias institucionais para se fazer valer. Explode, antes, em violências esporádicas e como tal é reprimida. O bandoleirismo rural (cangaço, no Brasil) é a expressão de sua impotência.

Dessa maneira, não encontra a política econômica de expansão do setor de mercado externo obstáculos de monta no interior do país. O seu êxito depende, no entanto, do mercado mundial, isto é, da existência ou não de uma procura externa crescente por produtos que o país esteja em condições de produzir a custos suficientemente baixos para poder exportá-los em quantidades cada vez maiores.

Temos, a partir desse ponto, de bifurcar nossa linha de raciocínio. Se os esforços no sentido de ampliar o setor de mercado externo forem coroados de êxito, teremos uma série de consequências; se não o forem, teremos outras.

Examinamos inicialmente a segunda hipótese. Apesar de uma política econômica que tenta elevar as exportações, estas não crescem significativamente. A situação do mercado mundial não o permite. Isto significa a estagnação econômica do país, a permanência de baixos padrões de vida e eventualmente o seu agravamento. A ausência de progresso tecnológico – e nada há nessa situação que o induza – torna válida a hipótese malthusiana: o crescimento da população se choca com disponibilidades naturais para a produção – em essência, terra cultivável – relativamente fixas. Cria-se uma situação de fome endêmica que eleva a taxa de mortalidade.

Essa situação de estagnação e miséria pode prolongar-se por períodos consideráveis. Ela pode conduzir, no entanto, a mudanças revolucionárias na própria estrutura social e econômica, que abrem caminho para o desenvolvimento. Essa possibilidade se realiza da seguinte forma:

a) No seio do setor de mercado interno se encontra uma classe média urbana relativamente intelectualizada, composta por estudantes, funcionários, professores, profissionais liberais, jornalistas etc. Esse grupo compara a situação do seu país com a de outros, que se desenvolvem, e acaba por compreender que é a própria estrutura colonial a causa fundamental da estagnação predominante. Ela procura alcançar o poder para destruir a estrutura. Para tanto, procura e encontra aliados principalmente entre o proletariado urbano, do setor de mercado interno, e agrícola, do setor de mercado externo. Em dadas circunstâncias – cuja análise escapa aos limites deste trabalho –, essa coligação alcança o poder. Deixa de valer, então, nossa hipótese inicial de que a política econômica se formula em função dos interesses dos grupos dominantes no setor de mercado externo.

b) O grupo revolucionário no poder começa por tomar medidas no sentido de colocar nas mãos do Estado o excedente de produção tanto do setor de mercado externo como do setor de subsistência. Para se apropriar do excedente do setor de mercado externo, expropriam-se os meios de produção desse setor. (Por uma questão de coerência, o mesmo é feito em relação ao setor de mercado interno.) Em relação ao setor de subsistência, utilizam-se em geral métodos mais complexos, como a criação de impostos *in natura*. Uma determinada fase da Revolução Russa correspondeu à alternativa de desenvolvimento (embora a Rússia pré-revolucionária não estivesse na situação descrita) que estamos examinando. Lênin tinha uma ideia bastante clara do problema quando disse:

> Se uma revolução operária ocorre num país em que a população camponesa predomina e as fábricas, oficinas e ferrovias passam às mãos da classe operária, quais devem ser, em essência, as relações

DESENVOLVIMENTO E CRISE

109

econômicas entre a classe operária e o campesinato? Obviamente elas devem ser as seguintes: os operários, produzindo nas fábricas e oficinas, que agora lhes pertencem, tudo o que é necessário ao país – e isto significa para o campesinato, que constitui a maioria da população – transportam essas coisas em suas ferrovias e embarcações fluviais e as entregam ao campesinato; em troca, os operários *obtêm todo o excedente* [o grifo é nosso] da produção agrícola." E mais adiante: "O que é o imposto alimentar? O imposto alimentar (imposto *in natura*) é uma medida em que vemos algo do passado e algo do futuro. Um imposto é algo que o Estado toma da população sem compensação... De um lado, deseja o Estado operário depender do imposto, fixado em aproximadamente a metade do *quantum* em que a quota alimentar fora fixada anteriormente e, do outro lado, ele deseja depender da troca de bens manufaturados por bens excedentes da agricultura camponesa. (Lênin, "Discurso sobre o imposto alimentar", em *Selected Works*, p.150-2)

Para um país com um pequeno setor de mercado externo, que é o caso que estamos examinando,[1] a grande fonte de produção de excedente é o setor de subsistência. A produção nesse setor se faz normalmente em pequenas unidades de *exploração,* ainda que a propriedade do solo esteja concentrada. Lênin reconheceu a impraticabilidade da expropriação imediata de dezenas de milhões de pequenas propriedades, a maior parte das quais constituídas durante o próprio processo da revolução. Os únicos modos de extrair o excedente de produção – vital para o desenvolvimento, como já expusemos no ensaio anterior – dessa massa camponesa eram: 1) por meio de troca por produtos manufaturados; 2) por meio da força coercitiva (tributária) do Estado. O segundo modo só se justificava enquanto o primeiro não fosse inteiramente exequível, pela razão pura e simples de que não havia artigos manufaturados em quantidade suficiente. Lênin supunha que o segundo modo deveria ser abandonado tão logo essa quantidade

---

1 A Rússia não era propriamente um país com um setor de mercado externo negligenciável. Mas, nos primeiros anos depois da Revolução de 1917, um bloqueio internacional bem amplo reduziu o seu comércio com o resto do mundo a pouco mais que nada.

aumentasse, sob pena de desestimular a produção agrícola. Pode-se dizer que o ponto de vista de Lênin – ou melhor, o dilema que ele enfrentava – vale para quase todos os países (China, Iugoslávia, Bolívia) que enveredaram por essa via de desenvolvimento econômico, pois em todos eles o peso descomunal do setor de subsistência foi causa e principal obstáculo ao progresso revolucionário.

c) Uma vez tendo alcançado o controle sobre uma parte substancial do excedente, o passo seguinte é investi-lo nas indústrias que trabalham no setor de mercado interno, que a partir desse momento se torna autônomo do setor de mercado externo. Ou, melhor ainda, este passa a ser orientado em função daquele.

Coloca-se para o formulador da política econômica, que, nesse caso, é o responsável pela planificação integral da economia, a tarefa de elaborar uma escala de prioridade para os investimentos. A tarefa é árdua, pois ela deve atender a numerosos objetivos, muitos dos quais conflitantes entre si: aceleração do desenvolvimento, máxima independência de fornecimentos estrangeiros, aproveitamento de capacidade ociosa e de mão de obra subempregada ou desempregada, aumento do poderio militar do país etc. O maior ou menor peso específico de cada um desses objetivos altera a escala de prioridades. Interessa-nos, neste trabalho, examinar apenas a melhor maneira de atender o primeiro objetivo.

Como já vimos no ensaio anterior (Capítulo II), o maior fator limitativo da velocidade do desenvolvimento é o montante de excedente econômico colocado à disposição do processo. Os investimentos prioritários, para acelerar o desenvolvimento, são, portanto, os que elevam esse excedente. Quais são esses investimentos? São os que libertam a maior quantidade possível de mão de obra no próprio setor de subsistência, para se dedicar à produção agrícola, que é a forma específica que o excedente toma nesse setor.

Suponhamos que um décimo do tempo útil de trabalho dos que se encontram no setor de subsistência seja gasto na fabricação de tecidos (para autoconsumo). O investimento na constituição de uma indústria de fiação e tecelagem, capaz de atender as necessidades de toda a população, equivale a liberar 10% da mão de obra do setor de subsistência. Suponhamos que 2% desses 10% sejam necessários para trabalhar na indústria têxtil urbana (o que implica um aumento de 400% da produtividade do trabalho); sobram 8% para aumentar a produção agrícola. Isto pode significar uma expansão do cultivo do solo na mesma proporção. Acontece, porém, que as atividades de fiação e tecelagem dentro do setor de subsistência são realizados nos intervalos do trabalho agrícola, ou seja, naqueles períodos do ano em que o trabalho do campo exige menos braços. A expansão do cultivo, com ligeira diminuição da força de trabalho (menos 2%), acarretará extrema falta de braços por ocasião da colheita, quando a faina agrícola exige maior quantidade de mão de obra.

Enquanto o conjunto da economia do país ainda depender fundamentalmente do setor de subsistência, isto é, enquanto o processo de desenvolvimento ainda não alterou significativamente a estrutura da economia, tal crise de braços tem que ser resolvida adaptando os *novos* setores aos *velhos*, isto é, recambiando ao campo os trabalhadores industriais nos períodos de intensificação do trabalho agrícola. Nesse caso, o ritmo da produção industrial se ajusta ao da produção agrícola.

Quando a dependência da economia do país em relação ao setor de subsistência já se achar consideravelmente reduzida, os investimentos se dirigirão no sentido da fabricação de implementos agrícolas – tratores, ceifadeiras, combinadas etc. – que substituem a mão de obra nos picos da demanda desta. Geralmente, a introdução desse instrumental na produção agrícola implica a sua integração no planejamento geral da economia e uma reorganização geral da estrutura produtiva. Examinaremos esse processo quando tratarmos da segunda etapa do desenvolvimento.

O que nos importa deixar claro, por enquanto, é o seguinte: o governo, ao se apropriar do controle do excedente econômico produzido no país, passa a transferir para fora do setor de subsistência as atividades manufatureiras, organizando-as em ramos industriais especializados na cidade; ele pode acelerar o processo, dando prioridade àqueles ramos que ocupam parcelas maiores de tempo de trabalho dos que se encontram no setor de subsistência, e realizando os investimentos que permitam o aproveitamento do excedente de força de trabalho assim criado na produção de um maior excedente econômico.

Estamos partindo do pressuposto de que o fator escasso numa economia que se encontra no início do desenvolvimento é a força de trabalho. Essa pressuposição parece paradoxal diante do desperdício de força de trabalho (subemprego, desemprego disfarçado) que a economia colonial normalmente apresenta. O paradoxo se explica. O desperdício é aparente; a produtividade do trabalho é que é muito baixa. Ela só pode ser aumentada através da inversão de recursos produtivos, frutos desse trabalho de baixa produtividade. Cria-se, assim, um processo acumulativo de potenciação do trabalho.

Isto dá a impressão de que o fator escasso é o capital. Esquece-se que o capital é fruto do trabalho humano. É óbvio que se se puder obter capital sem gasto de trabalho humano – por meio de investimentos do exterior, por exemplo –, todo o processo pode ser acelerado. Todo problema consiste em saber se o custo desse capital, em termos de participação dos seus proprietários no produto que ele ajuda a proporcionar, não é igual ou maior que o incremento do excedente que por meio dele se alcança.

Uma coisa, no entanto, é certa. Presentemente, e ainda em futuro previsível, a participação do capital estrangeiro no processo de desenvolvimento dos países de economia colonial é relativamente pequena, em comparação com o excedente de produção que é necessário obter internamente.

2. Política destinada a provocar
o impulso inicial (II)

Examinemos o caso alternativo: os esforços para fazer crescer o setor de mercado externo são coroados de êxito. O setor de mercado externo se amplia, absorvendo recursos (mão de obra e terra) do setor de subsistência. Verifica-se uma substituição de produtos de subsistência por produtos importados no consumo interno. O aumento das exportações barateia as importações, ao provocar a queda da taxa cambial,[2] e cria capacidade aquisitiva que possibilita o surgimento de uma procura solvável de bens manufaturados importados, que substituem no consumo os produzidos pelo artesanato, contido no setor de subsistência. Expande-se, assim, a área da economia em que predominam as transações monetárias e se reduz concomitantemente a da economia natural.

O setor de mercado interno registra um crescimento induzido, porque aumenta a solicitação de serviços por parte do setor de mercado externo. Ao lado da expansão quantitativa do setor de mercado interno, observam-se certas mudanças qualitativas: ele passa a atender não somente o setor de mercado externo diretamente, mas também o conjunto de pessoas ligadas à economia de mercado (setores de mercado externo e interno), enquanto consumidores. A importação, função ligada ao setor de mercado interno, deixa de ser simples compra de artigos no exterior para revenda no interior. Ela passa a operar certas transformações nos produtos. Quando as importações são muito vultosas e de fluxo mais ou menos constante, as firmas verificam ser conveniente manter oficinas de reparação e conservação no país importador. Verifica-se também, em muitos casos, ser vantajoso importar peças e proceder à montagem e ao acabamento naquelas oficinas. Pode-se, assim, adaptar o produto ao gosto ou às conveniências do consumidor.

Também é preciso considerar que determinadas necessidades dos consumidores, principalmente dos urbanos, dificilmente podem ser satisfeitas por importação. Considere-se, por exemplo, a construção de casas. A ideia de importar casas pré-fabricadas é bastante recente e, ao que sabemos, ainda não foi posta em prática em lugar algum em larga escala. Importam-se alguns materiais de construção – cimento, fechaduras, material elétrico, ferro –, mas outros, de baixo valor unitário (tijolos, pedras, areia, madeira), são produzidos localmente. Surgem assim no setor de mercado interno alguns ramos industriais, a cujo número se somam alguns outros que aproveitam a existência

---

2 Usamos a expressão "taxa cambial" no sentido de relação de equivalência entre a moeda nacional e a estrangeira. Exemplo: NCr$ 3,20 = US$ 1,00.

em grande quantidade de matérias-primas de origem agropecuária (couro e peles, fibras têxteis) produzidas no setor de subsistência.

É preciso considerar, no entanto, que tudo isto não altera o equilíbrio do sistema. O desenvolvimento, da maneira como o definimos antes, não começou ainda. Nem é fatal que comece. A estrutura continua qualitativamente a mesma. Alguns setores se ampliaram em detrimento de outros, mas as relações entre eles continuam, em essência, as mesmas. Cuba (antes da Revolução de 1959) e Venezuela são exemplos marcantes de países que puderam ampliar extraordinariamente os seus setores de mercado externo, sem todavia sair do marco da economia colonial.

O impulso de desenvolvimento se dá quando o crescimento do setor de mercado interno deixa de ser uma função do crescimento do setor de mercado externo, o que significa que, nos períodos de crise e depressão deste, aquele não somente não decresce também, mas inclusive encontra novos motivos para se desenvolver.

Vejamos o que acontece nesses períodos de depressão do setor de mercado externo, que, como já vimos (na Seção 5 do capítulo anterior), são induzidos do exterior. A sequência dos fatos é: 1) queda da procura dos produtos coloniais no mercado mundial; 2) queda do preço dos mesmos; 3) ruína de considerável parcela dos empresários do setor de mercado externo, cujos recursos produtivos (mão de obra e terra) são reabsorvidos pelo setor de subsistência. O setor de mercado interno sofre o impacto da depressão do setor de mercado externo: os trens rolam parcialmente vazios e as estradas de ferro se tornam deficitárias; os intermediários do comércio exportador, que são igualmente credores dos empresários que se encarregam da produção, arruínam-se com estes. Também o comércio importador – e os ramos que dele dependem – são afetados: a procura de artigos importados decresce, ao passo que os preços sobem com a elevação da taxa cambial. A depressão atinge igualmente os ramos do setor que não se ligam à importação, simplesmente porque a procura efetiva se reduz.

Nosso raciocínio se fundamenta na hipótese de que a política econômica posta em prática tem em vista expandir o setor de mercado externo. No período da depressão deste, essa política adquire certo caráter anticíclico. Procura-se defender os preços de exportação retendo-se parte da oferta; quando isto já não é mais efetivo, urna política monetária que permite a livre flutuação da taxa cambial defende o poder aquisitivo dos empresários do setor de mercado externo. Como o demonstrou Celso Furtado (em *Formação econômica do Brasil*), esse procedimento equivale a uma verdadeira "socialização dos prejuízos": a elevação da taxa de câmbio acarreta aumento dos preços dos produtos importados, em prejuízo do conjunto dos consumidores, ao passo que proporciona maior preço *em moeda nacional* dos produtos exportados aos empresários do setor de mercado externo.

Se essa política é levada a cabo sem nenhuma medida complementar de auxílio ao setor de mercado interno, o resultado é o seu decréscimo, juntamente com o setor de mercado externo, sendo seus elementos excedentes reabsorvidos pelo setor de subsistência, que, nessa conjuntura, é o único que cresce. Separam-se nesse momento os interesses ligados ao setor de mercado interno dos ligados ao setor de mercado externo. Os primeiros passam a reivindicar uma política de proteção ao setor de mercado interno que equivale a uma *política econômica de desenvolvimento.*

Como mencionamos no início do presente trabalho, esses altos e baixos da conjuntura afetam a economia num grau proporcional à importância que dentro dela desfruta o setor de mercado externo. Enquanto este for pequeno e a maior parte da população participar do setor de subsistência, a depressão fará este último reabsorver, sem muitas comoções, os recursos tornados excedentes dos dois outros setores. Se, no entanto, os setores de mercado externo e interno representarem a maior parte da economia e contiverem a maioria da população ativa, ou uma parte substancial dela, então a passagem ao setor de subsistência de boa parte dos que viviam em economia de mercado encontrará viva resistência. É preciso não esquecer que entre os setores de mercado e o de subsistência não há apenas diferenças de organização produtiva, mas também sensível diferença de nível de produtividade. A divisão de trabalho e a especialização, possibilitadas pela economia de mercado, permitem alcançar produtividade substancialmente maior que a da economia de subsistência. Nessas condições, a "volta" ao setor de subsistência é encarada, com razão, como um *retrocesso,* contra o qual se revoltam principalmente os interessados no setor de mercado interno, o único capaz de oferecer uma alternativa a essa volta.

A política econômica preconizada pelos empresários dos ramos potencialmente "autônomos" do setor de mercado interno (que vão dar a "indústria nacional") é basicamente a seguinte:

a) política aduaneira de proteção dos ramos industriais já constituídos e de redução ou mesmo isenção tarifária para as matérias-primas e equipamentos importados utilizados pelas firmas desses ramos;

b) política inflacionária, de crédito público abundante e barato, que ampare os ramos do setor de mercado interno e permita sua expansão.

O primeiro ponto se justifica porque o setor de mercado interno precisa passar de *produtor complementar* para *competidor* da indústria estrangeira. É preciso, em suma, iniciar a substituição de importações. A elevação da taxa cambial constitui uma certa proteção para a produção nacional, mas, na medida em que ela encarece também as matérias-primas e os equipamentos importados utilizados pelas empresas do setor de mercado interno, o seu efeito protetor se anula. Uma tarifa de sentido deliberadamente protecionista e que se adapta à marcha da industrialização, elevando as alíquotas dos artigos que vão tendo similares nacionais, torna-se imprescindível.

O segundo ponto decorre de uma situação em que a demanda efetiva decresce e se torna, portanto, difícil mobilizar poupanças privadas. Nesse caso, uma política inflacionária constitui um dos clássicos remédios keynesianos. É verdade, porém, que essa reivindicação já era formulada sempre que se apresentava uma situação como a que estamos considerando, muito antes de Lord Keynes ter demonstrado seus efeitos globais. As firmas encontravam-se simplesmente com suas linhas de crédito esgotadas e se voltavam para o único lado de onde era possível esperar auxílio: o Estado.

Uma política tarifária protecionista, na medida em que ela implica elevação de tarifas, encontra defensores também fora das fileiras propriamente industrialistas, pois, num país de economia colonial, a principal fonte de rendas públicas é o comércio externo (a mais

DESENVOLVIMENTO E CRISE

importante corrente de transações do país), e quando o setor de mercado externo entra em crise, os fundos públicos passam a escassear. Um aumento de tarifas aduaneiras torna-se tentador para os governantes e geralmente acaba sendo adotado. Seus efeitos protecionistas são, no entanto, bastante desiguais. Uma tarifa com objetivos meramente "fiscais" eleva as alíquotas, mas nunca a ponto de impedir ou reduzir, em alto grau, a importação, pois se o fizesse ela evidentemente não atingiria o fim colimado, que é obter elevadas rendas aduaneiras. Além disso, a elevação tarifária também atinge insumos (importados) da indústria nacional, que podem – nos estágios iniciais da industrialização – representar parcela substancial dos custos de produção. A adoção de uma tarifa protecionista encontra resistência em numerosos setores: por parte do comércio importador, que na economia colonial sói ser poderoso; por parte de grupos exportadores, que temem represálias dos países que lhes compram os produtos; e por parte do público consumidor, que se ressente da carestia provocada pela elevação tarifária.

Ao preconizar uma política de crédito abundante e "dinheiro barato", os industrialistas encontram aliados poderosos no setor de mercado externo. Os empresários desse setor estão em dificuldade e necessitam de crédito público. A pressão conjunta dos dois grupos pode induzir o governo a uma política liberal de crédito. Mas, para tanto, ele deve enfrentar forte oposição principalmente por parte dos consumidores urbanos, que são os que pagam, no final de contas, o amparo financeiro dado pelos poderes públicos, ao ter que enfrentar sucessivos aumentos de custo de vida. No fundo, essa política acaba atingindo dois objetivos: reanima a procura efetiva ao injetar moeda na circulação e permite a prática de "poupança forçada", forma específica de acumulação de capital em países de economia colonial em processo de desenvolvimento. Como a reação dos poupadores forçados, isto é, dos consumidores, obriga o governo a limitar quantitativamente sua liberalidade financeira, é provável que sejam atendidas apenas as solicitações do setor comparativamente mais forte, isto é, do de mercado externo, ficando as necessidades da indústria em segundo plano.

A conclusão a tirar de tudo isto é que, no momento crucial em que as forças que aspiram à autonomia do setor de mercado interno, isto é, ao desenvolvimento, precisam urgentemente de apoio por parte da política econômica do Estado, elas se encontram sós. Nenhum outro setor da sociedade tem interesses inteiramente solidários com os seus. É por isso que o rompimento de amarras (o *take-off*) implica geralmente a *conquista do poder* pelos que se dispõem a uma política, em linhas gerais, industrialista. E isto explica também por que a realização dessa política cabe comumente a ditaduras, isto é, a pequenas equipes políticas que dispõem do poder militar e utilizam as tensões sociais da economia colonial em crise para quebrar a hegemonia dos empresários do setor de mercado externo na formulação da política econômica. Nesse caso, também a expansão do setor de mercado externo deixa de ser o objetivo básico da política econômica. Este passa a ser o desenvolvimento.

É preciso lembrar ainda que uma política para o impulso inicial do desenvolvimento implica investimentos públicos diretos em setores que proporcionam economias externas à indústria, entre os quais se destacam: energia elétrica e transportes. A necessidade de tais investimentos pode não ser muito grande, inicialmente, se a expansão anterior dos setores de mercado externo e interno já dotou o país de uma razoável rede de transportes e de algumas usinas elétricas. Se a necessidade for grande, porém, isto significa colher recursos em todas as camadas sociais, para colocá-los à disposição de um determinado grupo que sói ocupar o setor estratégico que dispõe de potencialidades de desenvolvimento. Para realizar isto, muitas vezes, nada menos que poderes ditatoriais se tornam necessários.

Podemos resumir o que dissemos da seguinte forma: no momento da depressão do setor de mercado externo, reduz-se o excedente produzido pela economia; essa redução pode tornar-se permanente se os reajustamentos estruturais se derem no sentido da transferência de recursos dos setores de alta produtividade, isto é, dos de mercado, para o setor de baixa produtividade, isto é, para o de subsistência; a redução do excedente pode ser obstada caso se impeça que o setor de mercado não diretamente afetado pela crise (o setor de mercado interno) também se contraia; para se conseguir isto, é necessário

DESENVOLVIMENTO E CRISE

colocar à disposição de certos ramos desse setor a maior parte do excedente produzido por toda a sociedade, além de protegê-lo contra certos efeitos do funcionamento do mecanismo de mercado, que o colocariam à mercê da competição de economias estrangeiras de mais alto nível de produtividade.

A execução de uma política nessas linhas reforça os ramos do setor de mercado interno que atendiam as necessidades dos consumidores integrados em economia de mercado e dá lugar a um processo de substituição de importações. Esse processo se inicia, logicamente, pelos bens de consumo e necessita, para se consumar, da importação de bens de produção. O processo de substituição é, portanto, duplo: substituem-se artigos importados por artigos produzidos no país *no consumo* e substituem-se bens de consumo por bens de produção *na pauta de importações*. De maneira geral, o primeiro processo de substituição depende do segundo.

Nessa altura pode surgir um importante ponto de estrangulamento. A capacidade de importar do país pode não ser suficiente para permitir o atendimento da demanda de bens de produção, e isto pode acontecer devido a uma excessiva utilização das divisas para importação de bens e serviços de consumo apesar da política protecionista. Uma repartição extremamente desigual da renda, comum em países de economia colonial, pode fazer que persista uma procura elevada, apesar de todos os desincentivos fiscais de bens de luxo importados, viagens ao exterior etc., nos quais se consome parcela excessivamente grande das divisas disponíveis. Para se assegurar o impulso desenvolvimentista será necessário, então, que o Estado controle o gasto de divisas e, nesse caso, a política usual para se alcançar esse objetivo é a do monopólio estatal do câmbio.

3. Política de plena realização do desenvolvimento (I)

Vimos, nas seções anteriores, como determinadas políticas econômicas, precedidas por uma mudança dos grupos sociais no exercício do poder estatal, podem romper o equilíbrio da economia colonial e ensejar um processo de desenvolvimento. Num caso, o rompimento é

120 DESENVOLVIMENTO E POLÍTICA

mais radical, pois o mercado é substituído como órgão regulador da economia pela planificação consciente da mesma. No outro, a ação do Estado força o mecanismo de mercado a estimular o desenvolvimento em lugar de estrangulá-lo.

De um modo ou de outro, cria-se um certo impulso que acarreta certas transformações na estrutura econômica, o que, por sua vez, leva ao surgimento de novos pontos de fricção. Se os problemas surgidos nesse nível não forem solucionados, o desenvolvimento cessa, a economia estagna ou até retrocede. Examinemos esses problemas, separadamente, para cada um dos casos, como já o fizemos na análise do impulso inicial.

Vimos, na seção 2, que o impulso inicial, no caso de países que não conseguem expandir o setor de mercado externo, advém da estatização dos setores de mercado e da instituição de mecanismos que permitam a captação do excedente produzido no setor de subsistência. (É óbvio que o mesmo pode acontecer em países que disponham de amplo setor de mercado externo.)

Numa fase inicial, essa captação não apresenta maior problema devido à desproporção existente entre os que se encontram no setor de subsistência e os que se acham no que agora se chamaria com mais propriedade de setor industrial. Digamos que 90% da população se encontra no setor de subsistência e que o excedente que ela produz seja suficiente para sustentar os 10% restantes da população no setor industrial. Para transferir 5% da população do setor de subsistência para o industrial é preciso que os 85% que restam no primeiro continuem a manter o mesmo nível de produção. Isto fará crescer o excedente de 10% para 15%.[3] Para que 85 produzam o que antes produziam 90, a produtividade *per capita* precisa se elevar de apenas 6%. Isto permite ampliar, no entanto, o setor industrial de nada menos que 50%.

À medida que o processo avança e a transferência de população para o setor industrial tende a igualar os dois setores, o problema se

---

3 Digamos que os 90% no setor de subsistência produziam 100%; eles consumiam 90, deixando um excedente de 10. Se os 85% continuam produzindo 100, desde que não elevem o seu nível de consumo *per capita,* eles consumirão 85, deixando um excedente de 15.

apresenta sob outra forma. Suponhamos que, num estágio mais avançado do processo no setor de subsistência, permaneçam 70% da população; 30% se encontram no setor industrial. Os que se encontram no setor de subsistência continuam produzindo excedente suficiente para o sustento da população do setor industrial. Se se tornar necessária, agora, a transferência de 5% da população do setor de subsistência para o industrial, é preciso que os 65% remanescentes produzam o que os 70% produziam antes. Nesse caso, o aumento de produtividade *per capita* tem que ser nada menos que 8% para um crescimento do setor industrial de apenas 17%. Quanto mais cresce o setor industrial em relação ao de subsistência, tanto maior terá que ser o esforço dos que permanecem neste, no sentido de elevar a produtividade do trabalho para dar lugar a um crescimento do setor industrial, que será proporcionalmente cada vez menor.

Pode-se objetar que, à medida que o setor industrial cresce, eleva-se também o excedente produzido nele, o qual deve servir para atenuar a carga do setor de subsistência. Na realidade, isto acontece, mas de forma bem complexa. Inicialmente, o excedente produzido no setor de subsistência é utilizado integralmente para sustentar os trabalhadores do setor industrial. O que se produz neste forma o fundo de acumulação, à base do qual se processa a expansão da indústria. À medida que esta cresce, o excedente produzido no setor de subsistência precisa aumentar, o que implica, como vimos, aumento de produtividade do trabalho. Numa fase inicial, esse aumento de produtividade pode ser obtido pela simples difusão de melhores técnicas, cuja aplicação não exija acréscimo de investimentos. Mas as possibilidades, nesse sentido, se esgotam depressa. Os ganhos de produtividade no setor de subsistência, desse ponto em diante, exigem investimentos em obras hidráulicas e de irrigação, instrumentos de trabalho mais aperfeiçoados, adubos químicos, inseticidas, vacinas etc. Evidentemente, é o setor industrial a fonte desses investimentos, o que significa uma dedução do fundo de acumulação.

É nesse momento que surgem tensões estruturais que podem fazer perigar a continuidade do desenvolvimento. De um lado, torna-se necessário acelerar a expansão industrial, sobretudo porque a construção de uma indústria de base exige investimentos vultosos que é preciso realizar em curto espaço de tempo. O estabelecimento de um parque siderúrgico, por exemplo, exige simultaneamente construção de usinas, ferrovias, instalações de mineração e de plantas metalúrgicas capazes de transformar o metal produzido. Qualquer delonga em um desses investimentos significa estender o período de maturação dos demais. Por outro lado, esse investimento intensivo acarreta transferência de mão de obra para fora do setor de subsistência em quantidades crescentes fazendo aos que nele restam uma solicitação particularmente aguda para que elevem sua produtividade.

A solução para o problema é, evidentemente, esse rápido aumento de produtividade do setor de subsistência, mesmo que o setor industrial *não esteja* ainda plenamente capacitado a fornecer todos os bens de produção agrícola necessários. Acontece, porém, que o setor de subsistência não se encontra institucionalmente preparado para absorver as melhorias tecnológicas disponíveis e, desse modo, aproveitar todas as oportunidades de elevar a produtividade. Nos termos de Marx: as relações de produção prevalecentes no setor de subsistência impedem o crescimento das suas forças produtivas.

Na economia colonial, a produção no setor de subsistência se realiza, se não em pequenas propriedades, pelo menos em explorações em pequena escala. Por ocasião da mudança revolucionária que transfere o poder dos empresários do setor de mercado externo para a equipe "desenvolvimentista" (qualquer que seja o nome que ela tenha: comunista, socialista ou nacionalista), as pequenas explorações do setor de subsistência são transformadas em pequenas propriedades dos que desde antes tinham a responsabilidade do seu cultivo. Ora, a pequena propriedade não permite ganhos de escala, nem a aplicação de instrumental moderno, cuja eficiência depende do seu uso em áreas dilatadas. Torna-se imperativo, a partir desse momento, que surge tão logo se tenham esgotado as possibilidades de elevar a produtividade nos limites da pequena propriedade, instituir, em lugar desta, outra forma de apropriação da terra.

A política comumente seguida nesse caso é a criação de cooperativas que respondem a duas finalidades: 1) reunir as pequenas

DESENVOLVIMENTO E CRISE

123

propriedades em explorações maiores, que possibilitem rápidos aumentos de produtividade; 2) permitir que o camponês se sinta ainda proprietário da terra, que parece ser particularmente importante como incentivo à produção. A forma de instituição dessas cooperativas varia conforme as circunstâncias. Nominalmente, sempre se proclama a adesão espontânea do camponês à fazenda coletiva ou que outro nome a cooperativa tenha. Na prática, embora os métodos persuasivos recebam preferência, a coação sempre é praticada quando aqueles falham. Algumas vezes, vários tipos de cooperativas são estabelecidos, com o fim de proporcionar ao camponês uma transição, a mais suave possível, entre sua posição inicial de pequeno proprietário independente e a de membro de um coletivo agrário. Os chineses, por exemplo, realizaram a coletivização da agricultura passando pelos seguintes estágios: 1) pequena propriedade; 2) grupos temporários de ajuda mútua; 3) grupos permanentes de ajuda mútua; 4) cooperativas semissocialistas; 5) cooperativas plenamente socializadas (equivalente ao *kolkhoz* russo) (ver Hugues, T. J.; Luard, D.E.T., *The Economic Development of Communist China 1949-1958*, p.142-3).

Quanto maior tenha sido a coação empregada na formação da agricultura coletiva, tanto maior será a resistência do camponês, que se exprime geralmente sob a forma de baixa produtividade no trabalho coletivo. O fim principal da coletivização da agricultura parece ter-se perdido: consumada a transformação do setor de subsistência, a sua produtividade é menor do que antes. Na realidade, isto só é assim durante um período relativamente curto. Quando o camponês se convence de que a transformação é irreversível, ele procura se adaptar a ela; a maior produtividade, que pode efetivamente ser atingida nas dimensões maiores da unidade, e a melhora no seu próprio consumo daí decorrente acabam por levá-lo a prestar sua colaboração ao novo sistema. Isto, evidentemente, leva algum tempo e durante esse período as tensões referidas vão se aguçando. Essas tensões aparecem sob a forma de inflação reprimida ou "fome de bens": o prosseguimento dos planos de industrialização sem aumento correspondente da produtividade no setor de subsistência acarreta uma escassez generalizada de bens de consumo.

124 DESENVOLVIMENTO E POLÍTICA

A dificuldade na elevação da produtividade do trabalho no setor de subsistência e seu eventual atraso não decorrem somente da resistência deliberada do camponês à coletivização. Na realidade, trata-se de uma transformação profunda na vida econômica de um grande número de pessoas, efetuada em curto espaço de tempo. Na China, por exemplo, foram coletivizados 120 milhões de propriedades individuais em menos de dois anos (1955-1956). Basta imaginar as dificuldades e erros que devem ter ocorrido simplesmente por carência de quadros administrativos competentes, impossíveis de serem formados em alguns poucos anos em quantidade suficiente para gerir uma economia agrícola composta de 120 milhões de unidades camponesas recém-agregadas. É ilusório, portanto, atribuir as dificuldades e a produtividade relativamente baixa de agriculturas recém-coletivizadas apenas e sobretudo à resistência do camponês. Trata-se, mais do que uma revolução política, de súbita mudança total no modo de vida de milhões de pessoas. Seria de se esperar que, até que novos padrões de comportamento social se tenham cristalizado, as potencialidades do novo sistema se revelem apenas de modo incompleto.

As mesmas dificuldades também se manifestam na construção do parque industrial. Aqui, porém, aparece uma diferença importante. As pessoas que se incorporam à indústria sofreram uma mudança profunda no seu modo de vida, desde o momento que abandonaram o meio rural. A mera adaptação a um meio estranho – a cidade – já exige novos padrões de comportamento. A integração numa nova atividade produtiva é parte integral de um processo mais geral de readaptação. Quanto ao camponês, o caso é diferente. Ele continua cultivando o pedaço de terra que sempre cultivou morando na mesma casa, convivendo com as mesmas pessoas. A resistência de hábitos antigos, de valores não mais aplicáveis à nova situação, é mais tenaz, demora mais a ser superada.

Seja como for, essas dificuldades acabam por ser vencidas. O setor de subsistência acaba por elevar a produtividade do trabalho e de forma bastante intensa, permitindo acabar com as tensões inflacionárias e expandir a indústria de maneira cada vez mais rápida. O desenvolvimento do processo pode ser estudado no quadro a seguir, referente à China continental:

DESENVOLVIMENTO E CRISE

Ano	% de propriedades camponesas coletivizadas	Produção agrícola Cereais (1.000 ton.)	Produção industrial – Valor em yuan (preços fixos em 1952)
1952	0,1	163.913	27.014
1953	0,2	166.832	35.577
1954	2,0	169.513	41.513
1955	14,2	183.993	44.748
1956	96,0	192.716	58.620
1957	96,0	195.000*	65.020
1958	100,0	375.000*	108.000

*Estimativa.
Fontes: Hughes, T. J.; Ward, D. E. T., *The Economic Development of Communist China 1949-58*.
Hsia, "Les Caracteristiques du développement industriel de Chine continentale", em *Tiers Monde*, tomo II, n.7, jul.-set.. 1961.

Entre 1949 e 1955 procedeu-se na China à reforma agrária, isto é, entregou-se a terra aos camponeses sob a forma de pequenas propriedades. Depois de rápida expansão entre 1949 e 1952 (45%) verifica-se um aumento limitado na produção de cereais: cerca de 2% por ano entre 1952 e 1954, 8,5% em 1955. Nesse ano já se começou a coletivização, principalmente nas áreas onde a pequena propriedade mostrou-se menos eficiente e onde, portanto, a adesão às cooperativas era mais espontânea. Isto deve explicar o significativo aumento da taxa de crescimento da produção de cereais em 1955.

Em 1956, a coletivização de propriedades foi quase inteiramente completada. A rapidez da operação pode ser mais bem entendida se examinarmos as cifras referentes à produção industrial. Entre 1952 e 1953, essa produção cresceu 23%; nos anos seguintes, essa taxa decresce consideravelmente: 17% em 1954 e apenas 8% em 1955. A quase estagnação da produção agrícola estava certamente limitando o crescimento da produção industrial. A coletivização, iniciada em 1955, permitiu elevar a produção agrícola, o que ensejou expansão marcante (31%) da produção industrial em 1956.

Os anos de 1956 e 1957 foram os anos de adaptação e crise. A produção agrícola cresce 5% em 1956 e apenas 1% em 1957. O elemento de coação no processo de coletivização da terra faz sentir seu efeito; do mesmo modo, há dificuldades administrativas e de adaptação às novas

126 DESENVOLVIMENTO E POLÍTICA

normas de trabalho. Mas nesse mesmo tempo fazem-se fortes investimentos no setor de subsistência: amplia-se a área irrigada, novas superfícies são incorporadas ao cultivo.

Com a emergência das comunas populares no verão de 1958, a mecanização agrícola na China entrou num novo estágio de desenvolvimento. A causa imediata da mudança foi a escassez de mão de obra que ocorreu em áreas rurais. Pode parecer estranho que tal escassez de força de trabalho seja sentida na China, que se supõe superpovoada, mas isto realmente aconteceu quando tremendas quantidades de mão de obra, além de qualquer expectativa, foram organizadas e usadas maciçamente em irrigação agrícola, cultivo intensivo, programas de desenvolvimento de indústrias rurais etc.. Além do mais, as áreas mais dilatadas das fazendas sob administração coletiva das comunas populares tornou o uso de máquinas mais fácil, e a acumulação mais elevada de lucros nas comunas tornou agora possível suprir os fundos necessários à revolução técnica na agricultura. (Miyashita, T., "The Red Chinese and Soviet Economies in Comparison", em *Kobe University Review*, Kobe, n.7, 1961, p.45-66)

Tudo isto ajuda a explicar o excepcional incremento da produção agrícola em 1958. O dado de 375 milhões de toneladas de cereais, primitivamente enunciado e constante de nosso quadro, foi posteriormente retificado para 250 milhões. Isto significa um aumento de 28% em relação ao ano anterior. Em 1958, a colheita foi excepcionalmente boa. Em 1959, as condições meteorológicas foram menos favoráveis e mesmo assim houve uma safra de 270 milhões de toneladas de cereais. Tudo isto mostra que os chineses superaram, num período surpreendentemente curto – 2 a 3 anos –, os obstáculos decorrentes da coletivização de um setor de subsistência que englobava algo como meio bilhão de indivíduos.

Uma vez consumada a transformação institucional do setor de subsistência, nenhuma transformação estrutural mais é necessária para que o desenvolvimento se complete. A coletivização do setor de subsistência permite atingir dois objetivos: torna-o capaz de absorver investimentos e aproveitá-los eficazmente e, além disso, integra-o na planificação da economia. A própria autoridade planejadora pode decidir que dimensões deve ter o excedente do setor de subsistência e que proporção dele deve ser reinvestida no próprio setor; ela também fixa as relações de intercâmbio que devem vigorar entre o ex-setor de subsistência e o setor industrial.

Nenhum obstáculo de monta existe mais para que se consume a transferência de mão de obra do setor de subsistência para o setor industrial. Quando essa transferência se completa, o setor de subsistência desaparece; o que surge em seu lugar é uma agricultura altamente especializada e tecnicamente avançada, cujas características a tornam em tudo semelhante a um ramo, ou melhor, a um complexo de ramos industriais.

Não queremos dizer com isso que o desenvolvimento não apresenta, a partir desse ponto, mais nenhum problema à política econômica. Problemas surgem sempre: determinação da taxa de acumulação, prioridade de investimentos etc., mas eles não dizem mais respeito a modificações estruturais e por isso estão fora do âmbito deste trabalho. Do mesmo modo, não queremos sugerir que a estrutura assim surgida seja ideal; ela certamente comporta modificações, em função de numerosos critérios. O que nos basta, aqui, é que uma estrutura como a que descrevemos neste capítulo e que corresponde a um certo número de casos "reais" possibilita a consumação integral do desenvolvimento – isto é, sua transformação continuada no sentido de uma economia industrial completa – para que qualquer nova alteração estrutural, tendo a política econômica por instrumento, esteja além dos limites que nos traçamos.

4. Política de plena realização do desenvolvimento (II)

Voltemo-nos, agora, para o caso da economia cujo impulso inicial para o desenvolvimento foi dado pelo condicionamento do mecanismo de mercado, sem que a sua função de regulador da atividade econômica tenha sido abolida. O problema que se coloca é, em sua essência, o mesmo que examinamos na seção anterior: como adequar o resto da economia, isto é, o setor de subsistência e, nesse

128 DESENVOLVIMENTO E POLÍTICA

caso, também o setor de mercado externo (que continua com seus objetivos próprios e, portanto, com sua dinâmica própria, independente do processo de desenvolvimento), às necessidades de expansão do setor de desenvolvimento, isto é, do setor de mercado interno. Só que no caso de uma economia de mercado, que se torna capitalista, na qual as leis da economia capitalista passam a vigorar com intensidade crescente, esse problema se apresenta de maneira diferente, as soluções disponíveis também são diferentes e tudo se complica ainda mais porque a procura para a produção do setor de mercado interno se apresenta como uma variável independente, do ponto de vista da política econômica, cujo comportamento também precisa ser condicionado.

* * *

Na seção 7 do capítulo anterior caracterizamos, resumidamente, os pontos de estrangulamento de uma economia que entra em sua segunda etapa de desenvolvimento. Eles são basicamente dois: insuficiência da procura de bens de consumo e escassez relativa de capital para investimento na produção de bens de produção. Os dois problemas estão obviamente interligados e de forma contraditória: o fundo para investimentos é constituído pelo excedente econômico; o aumento desse excedente reduz as disponibilidades para consumo, o que parece indicar que a solução do segundo ponto de estrangulamento (o do capital) exclui a solução do primeiro (o da procura). No entanto, a contradição é apenas aparente; ela, obviamente, surge enquanto tratamos da questão em termos puramente formais, isto é, quantitativos. A procura de bens de consumo e as disponibilidades para investimento são quantidades "sociais", isto é, quantidades econômicas socialmente condicionadas. Somente o exame da forma social em que são geradas permite apreender as possibilidades de solução disponíveis.

Tratemos inicialmente do problema da procura de bens de consumo, que, como vimos no capítulo anterior, condiciona a procura de bens de produção. A nossa proposição é que aquela procura só i ser insuficiente para que esta possa condicionar o estabelecimento de uma

DESENVOLVIMENTO E CRISE

indústria de bens de produção, ramo que falta para tomar a economia plenamente desenvolvida. É preciso, portanto, expandir a procura de bens de consumo. Mas não a procura global desses bens, e sim, especificamente, a procura de bens produzidos no setor de mercado interno. Para tanto, é possível transferir parcelas crescentes da procura de bens do setor de subsistência para a de bens do setor de mercado interno. Isto não resulta apenas do funcionamento do mecanismo de mercado, pois é preciso atingir não a parcela comercializada da produção do setor de subsistência, a qual gera de qualquer modo procura de bens do setor de mercado interno, mas a parcela destinada ao autoconsumo. É preciso, enfim, destruir o núcleo central (*hard core*) do setor de subsistência, isto é, o segmento de economia natural que ele contém. Ora, esse segmento é relativamente autossuficiente e portanto inexpugnável diante das pressões de mercado. As trombetas que podem fazer ruir as muralhas de Jericó da economia natural têm que ser sopradas pelo Estado.

As medidas de economia política de que se lança mão são indiretas ou diretas. As indiretas consistem principalmente na abertura de vias de comunicação (rodovias, ferrovias, portos), da manipulação adequada de tributos e de providências que visem fazer penetrar certos elementos da cultura urbana nas áreas em que se pratica economia de subsistência.

A abertura de vias de comunicação coloca áreas do setor de subsistência em fácil contato com o mercado urbano, tornando economicamente possível a produção comercial onde se produz ainda predominantemente para o autoconsumo. A terra torna-se suscetível de gerar renda, passa, portanto, a ter preço. As forças sociais que essa situação desencadeia tornam prováveis apenas duas alternativas: ou os possuidores originais da terra passam a produzir para o mercado ou a terra é expropriada por especuladores que passam então a explorá-la comercialmente. A razão básica desse dilema é que o Estado capitalista – e supomos, nesse caso, por hipótese, que o Estado desenvolvimentista é basicamente capitalista – não se encontra preparado nem interessado em defender os direitos de quem vive à margem da economia capitalista. O produtor do segmento mais em economia natural do setor de subsistência não é geralmente proprietário, mas posseiro. Ele vive em geral desconhecendo as instituições jurídicas, das quais não precisa e sobre as quais ninguém o informa. Ou ele se integra na economia de mercado, quando isto se torna possível, e então a "lei" o protege, ou ele cai vítima dos que, do ponto de vista do conjunto do processo, são agentes inconscientes de engrandecimento do setor de mercado interno. Já se disse, alhures, que o cavaleiro ladrão *(Raubritter)* é o antecessor direto do honesto empresário capitalista. Nos países subdesenvolvidos, o *Raubritter* é o grileiro. Seja como for, a via de comunicação funciona como tentáculo que captura parcelas do setor de subsistência e as incorpora à economia de mercado. Estabelece-se uma nova divisão de trabalho: os agricultores, que passam a produzir para o consumo urbano, também passam a consumir os produtos da cidade, cuja procura, portanto, se expande.

A política tributária desempenha papel semelhante. O meio de que se lança mão mais comumente é lançar impostos relativamente elevados sobre a terra e que devem ser pagos em dinheiro. Isto força aos que vivem predominantemente em economia natural a ampliar sua produção comercial. O camponês perde a terra caso se recuse a isso ou não se mostre capaz de fazê-lo. O resultado é o mesmo: coloca-se o camponês ante a alternativa de se integrar na economia de mercado ou perecer.

Finalmente, a introdução de elementos da cultura urbana – escolas, postos de assistência médica, centros de auxílio técnico agronômico – tem consequências semelhantes, embora de caráter menos radical. A escola põe a criança ou o jovem em contato com uma nova cultura, apresentada por todos os ângulos como desejável. Inculca noções e desperta necessidades incompatíveis com o modo de vida em economia de subsistência. A assistência médico-sanitária reduz a taxa de mortalidade (mas não a de natalidade, como é sabido), elevando a longo prazo a pressão demográfica sobre um estoque de recursos naturais relativamente fixo. Como a economia de subsistência é notavelmente infensa a inovações tecnológicas, o excedente populacional deprime fortemente os padrões de consumo, corroendo os fundamentos da estrutura econômica. Também a influência do agrônomo se faz sentir; a técnica moderna, que ele transmite, quase sempre é incompatível com a produção para o autoconsumo, pois foi concebida e desenvolvida para agricultura comercial. À medida que revela os ganhos possíveis de produtividade, ela constitui incentivo para o abandono da economia natural e para a integração na economia de mercado.

É preciso lembrar que essas medidas raramente são adotadas de modo isolado. Elas constituem facetas do que se poderia chamar de política desenvolvimentista. E é importante como essas medidas indiretas, pelos seus efeitos, provocam uma situação em que as medidas diretas – as únicas realmente efetivas em prazo relativamente curto – quase que se impõem. Essas medidas diretas são as que se conhecem por reforma agrária.

De modo geral, as medidas indiretas provocam a substituição da produção para autoconsumo por produção para o mercado. Essa substituição subverte as relações de produção habituais no setor de subsistência. O camponês independente sofre um processo de expropriação e proletarização. O trabalhador da grande propriedade também é atingido. Na economia de subsistência, relações pré-capitalistas proporcionam ao trabalhador certa estabilidade, dando-lhe uma espécie de direito parcial de copropriedade da terra que cultiva. A passagem para a economia de mercado o desenraíza, transforma-o em puro vendedor da sua força de trabalho.

A proletarização do camponês não se faz sem resistência. A surda reação do trabalhador da terra assume formas organizacionais de certa eficácia no momento em que ele toma o movimento sindical dos operários industriais por modelo. O movimento operário não serve apenas de exemplo aos camponeses: ele fornece-lhes agitadores e organizadores, procura transmitir-lhes sua ideologia, proporcionando-lhes uma bandeira, numa tentativa, geralmente bem-sucedida, de encontrar no campo um aliado na luta contra as classes dominantes. Surge o movimento camponês, cuja reivindicação básica é a redistribuição da terra, isto é, a reforma agrária.

Uma reforma agrária efetiva destrói os alicerces institucionais da economia de subsistência, abre a agricultura aos investimentos, liga-a à economia urbana, integrando-a no setor de mercado interno. A reforma agrária tem objetivos sociais de suma importância, mas sua análise está fora dos limites da presente discussão. No contexto deste trabalho, o que interessa acentuar é a eliminação do setor de subsistência. Se a reforma agrária instituir uma estrutura predominantemente de pequena propriedade, essa eliminação não será completa, pois o camponês independente sempre tende a compensar sua incapacidade de realizar ganhos de escala, complementando seus proventos da agricultura comercial com considerável produção para autoconsumo. Se a reforma agrária der lugar a uma estrutura de unidades de produção relativamente grandes, a integração da agricultura na divisão nacional de trabalho será bem superior, proporcionando aumento considerável de procura de bens de consumo e de produção dirigida ao setor de mercado interno. As considerações feitas nesse sentido na seção anterior valem também, *mutatis mutandis,* nesse caso.

Voltemo-nos agora para o segundo problema, o de escassez relativa do capital. Essa escassez evidentemente não é absoluta. Durante a primeira etapa do desenvolvimento registra-se considerável aumento da produtividade, pela expansão do setor de mercado interno. Nada faz supor que o consumo cresça em tal proporção que a poupança não possa crescer na mesma medida que a produtividade ou mesmo em medida maior. O que acontece, no entanto, é que os recursos acumulados não se encontram disponíveis para serem investidos nos setores onde se fazem necessários, isto é, na indústria de base. Os investimentos nesses setores têm que ser concentrados e estão sujeitos a longo período de maturação. A poupança realizada nos setores de mercado interno e externo não se encaminha para investimentos desse tipo, porque isto não corresponderia aos interesses dos seus detentores. Não resta outra alternativa a não ser o próprio Estado se encarregar desses investimentos.

Para que o Estado possa desempenhar adequadamente o seu papel é preciso que ele se aproprie de uma parcela crescente do produto nacional. Essa parcela é ainda maior pelo fato de que o desenvolvimento, como processo de mudança estrutural, não é globalmente planificado (no caso em apreço), o que acarreta o surgimento de numerosos desajustamentos que acabam por se transformar em outras tantas fontes de despesa do governo. Assim, por exemplo, o Estado não só é obrigado a expandir a rede de transportes, para interligar os centros industriais e as regiões agrárias do país, mas também deve tomar a seu cargo os sistemas que se tornam tecnicamente obsoletos ou se mostram incapazes de resistir à competição de outros mais modernos ou indiretamente subsidiados por ele mesmo. Assim, sói acontecer que o desenvolvimento da rede rodoviária seja um primeiro encargo do erário público, ao qual se acrescenta o sustento da rede ferroviária, tornada deficitária precisamente pela expansão das rodovias. Outro exemplo é o do abastecimento urbano. O rápido crescimento das cidades expande a procura de alimentos. A estrutura agrária nem sempre responde com suficiente rapidez a essa procura, mas, mesmo que o faça, os canais de comercialização não se alargam suficientemente, prestando-se a manobras monopolísticas de várias espécies, em detrimento do produtor e do consumidor. A intervenção estatal no abastecimento urbano, com pagamento de subsídios aos produtores e com o estabelecimento de uma rede suplementar de distribuição, onera bastante os cofres públicos. Exemplos dessa ordem podem ser multiplicados.

Tudo isto se soma com a necessidade fundamental de ampliar os investimentos do setor público. O problema para a política econômica é como transferir para as mãos do Estado uma quantidade suficiente de recursos, isto é, uma maior proporção do excedente, sem reduzir drasticamente o investimento privado que é significativo para o desenvolvimento. A primeira questão que se coloca é: de que setores extrair os recursos? Exclui-se o setor de mercado interno, porque neste os investimentos privados devem manter-se elevados. Do setor de mercado externo pode extrair-se algo, manipulando-se a taxa cambial (caminho mais direto), ou estabelecendo-se impostos adequados de importação ou de exportação. Mas é preciso cuidado para não matar a galinha dos ovos de ouro. À medida que a pressão tributária (aberta ou encoberta) sobre o setor de mercado externo se intensifica, aumenta o perigo de se reduzir o valor da exportação e, portanto, a capacidade de importar. A soma a ser ganha nesse setor é, pois, bem limitada, ainda mais se se considera que a importância do setor no conjunto da economia diminui na proporção em que o desenvolvimento avança.

Do setor de subsistência também há pouco a retirar porque toda parte desse setor, em economia natural, é intributável. A destruição do setor de subsistência, por medidas de reforma agrária, aumenta no entanto a área tributável, permitindo ao Estado se apossar de parcela considerável do excedente, o qual aumenta com a melhora da produtividade no setor. Investimentos públicos no ex-setor de subsistência (e que agora é a parte agrícola do setor de mercado interno) podem ser altamente reprodutivos, se o governo retiver uma ampla influência planificadora sobre ele. Reproduz-se então o que vimos na seção anterior: o desenvolvimento de uma agricultura moderna fornecendo recursos essenciais à plena consumação do desenvolvimento. As mesmas medidas que elevam a procura de bens de consumo industriais no setor de mercado interno abrem possibilidades de se obter os recursos capazes de satisfazê-la, inclusive de se completar a pirâmide industrial.

É preciso reconhecer que nenhum dos países subdesenvolvidos que mantiveram a estrutura capitalista realizaram uma reforma agrária do tipo delineado. Tentar detalhar as medidas a tomar nesse sentido seria, portanto, entrar no terreno da pura especulação. Mas é mister lembrar que nenhum dos países desse grupo conseguiu realizar plenamente seu desenvolvimento, embora vários (Brasil, México, Argentina) já tenham alcançado, há anos, a segunda etapa do processo. Acreditamos que é a falta da última grande transformação estrutural – a reforma agrária – a causa fundamental das dificuldades que esses países encontram para consumar o desenvolvimento. Já indicamos como em certas situações surgem tensões e forças sociais que pressionam no sentido da reforma agrária. Mas nem sempre essas forças são irresistíveis (e as medidas indiretas referidas têm alcance muito limitado) e, mesmo quando alcançam êxito, o tipo de estrutura agrária que resulta sói ser, muitas vezes, aquele em que predomina a pequena propriedade ou a pequena exploração, o que frustra a continuação do desenvolvimento no referente à elevação de produtividade etc.

Resta examinar o que acontece quando não se realiza a reforma agrária no momento oportuno. Nesse caso, o governo recorre geralmente a duas outras fontes de recursos: capitais estrangeiros e emissão de moeda. A primeira fonte depende das oportunidades de investimentos que a economia oferece aos capitais estrangeiros e à disponibilidade existente na balança de pagamentos no sentido de se poder remunerá-los. Se o governo recorre a investimentos diretos de capitais privados do exterior é preciso contar com o fato de que apenas uma parcela mais ou menos reduzida dessas inversões se dirigirá aos setores que, do ponto de vista do desenvolvimento, necessitam prioritariamente de investimentos. Acontece, porém, que, para manter o influxo de capitais estrangeiros, é preciso remunerar o conjunto deles, o que, via de regra, onera a balança de pagamentos em proporção maior que os benefícios obtidos pelas inversões nos setores estratégicos. Se o governo recorre a empréstimos de agências de governos estrangeiros, ele poderá inverter os recursos onde se fazem mais necessários. Infelizmente, uma das condições exigidas pelos governos credores (de países industrializados) para concessão de financiamentos dessa espécie é o livre movimento dos capitais *privados* do seu país. Portanto, também no caso de empréstimos intergovernamentais aparecem os efeitos nocivos que já notamos no exame dos capitais estrangeiros particulares.

O recurso a emissões, de consequências inflacionárias, é menos uma medida deliberada de política econômica do que medida de emergência de governos que são obrigados a enfrentar despesas que não podem saldar com os recursos orçamentários normais. A análise das inter-relações de inflação e desenvolvimento mereceria um capítulo à parte. Basta-nos indicar aqui que, a nosso ver, a inflação é mais frequentemente um sintoma de um processo de desenvolvimento frustrado do que de um desenvolvimento ascendente.

A inflação tem dois efeitos danosos para o desenvolvimento: reduz a taxa de poupança e diminui a eficiência dos investimentos. É a existência da moeda que possibilita a poupança. Quando se perde a confiança na estabilidade do valor da moeda, a propensão a consumir se eleva. Não somente se cria uma sofreguidão (compreensível) de se gastar qualquer rendimento monetário o mais depressa possível, inclusive por antecipação, antes que perca substância, como também surgem formas pervertidas de poupança, que são outras tantas formas de consumo. É o que acontece sempre que alguém adquire um bem de consumo cujo valor de uso sofre pequeno desgaste no tempo – tais como joias, imóveis ou obras de arte – tendo por fim preservar o valor de troca de suas economias. Embora para o indivíduo isto possa parecer poupança, para a economia do país é consumo.

As empresas, por outro lado, na ânsia de defender o valor de suas inversões, aumentam os seus estoques ou expandem suas instalações além do que se justificaria do ponto de vista das perspectivas do mercado, criando capacidade ociosa. A relação produto/capital do conjunto da economia tende, em consequência, a baixar.

O primeiro impacto da inflação permite a continuidade do desenvolvimento, sem que as mudanças estruturais necessárias se realizem. É uma forma de adiá-las. A inflação, no seu início, apresenta dois aspectos "positivos": 1) transfere rendimentos de camadas de alta propensão a consumir, isto é, dos assalariados, para camadas de alta propensão a poupar, isto é, para os capitalistas, realizando o que se denomina "poupança forçada"; 2) proporciona ao setor público os recursos de que necessita.

À medida, porém, que o processo inflacionário prossegue, os efeitos "positivos" se reduzem e os "negativos" se acentuam. Os assalariados reagem e acabam encontrando meios de defender o nível de seus rendimentos reais, o que faz cessar a poupança forçada. A redução da poupança, ou pelo menos o seu não crescimento diante de um produto nacional em expansão faz que o excedente diminua em termos relativos. Por outro lado, reduz-se a eficiência dos investimentos pelos fatores que já mencionamos. Tudo isto acirra a luta pelo excedente entre o setor público e o setor privado. O primeiro é obrigado a recorrer em medida crescente a meios inflacionários, até que chega o momento em que o ritmo da inflação se eleva tanto que ameaça a economia com uma explosão de preços. Torna-se necessário então deter a inflação de qualquer modo. Isto se pode fazer de duas maneiras: ou se vai às raízes do fenômeno e se levam a cabo as transformações estruturais indispensáveis, o que permite a consumação do desenvolvimento, ou se sufoca a inflação por meio de medidas monetárias. Neste último caso, a contenção monetária atinge a procura efetiva (o que é, aliás, o seu objetivo), provoca a diminuição dos investimentos tanto públicos como privados, levando a economia à estagnação. Segue-se um período de depressão com equilíbrio monetário instável.

DESENVOLVIMENTO E CRISE

Tão logo a política econômica se volta novamente para o desenvolvimento, sem que se proceda às alterações estruturais, as contradições internas do sistema voltam a se manifestar sob a forma de inflação.

* * *

A evolução, sob forma de ciclos de conjuntura, de economias que entram na segunda etapa do desenvolvimento sem adequar sua estrutura às necessidades do processo, é quase uma prova da necessidade ineludível das transformações estruturais. Ou a política econômica se formula tendo por objetivo realizar tais transformações ou ela não passará de uma medíocre série de tentativas de atenuar contradições que o próprio desenvolvimento exacerba.

Referências bibliográficas

HSIA. Les Caracteristiques du développement industriel de Chine continentale. *Tiers Monde,* tomo II, n.7, jul.-set.. 1961.

HUGHES, T. J.; WARD, D. E. T. *The Economic Development of Communist China 1949-58.* Londres: Oxford University Press, 1959.

LÊNIN. Discurso sobre o imposto alimentar, em *Selected Works.* Nova York: International Publishers, vol. IX, 1937, p.150-2.

MIYASHITA, T. The Red Chinese and Soviet Economies in Comparison. *Kobe University Review,* Kobe, n.7, p.45-66, 1961.

IV

Análise crítica
do Plano Trienal[1]

Introdução

O *Plano Trienal de Desenvolvimento Econômico e Social 1963-65* é um documento extenso, de quase duzentas páginas. Trata de enorme variedade de assuntos: produto e consumo nacionais, relações econômicas do país com o exterior, política monetária creditícia e cambial, educação, saúde, transporte, comunicações, agricultura etc. Esses assuntos todos são tratados na linguagem técnica do economista, que constitui uma espécie de estenografia, que poupa tempo de exposição e leitura, mas é incompreensível ao não iniciado. Nosso objetivo, neste trabalho, é torná-lo compreensível ao leitor comum, ao brasileiro que constitui realmente o grande interessado no entendimento do plano, mas para o qual se trata de um documento esotérico, sobre o qual só se podem debruçar os especialistas, os peritos, os iniciados. Desse modo,

---

1 Editado originalmente num volume intitulado *Análise do Plano Trienal*, junto com outro ensaio de Mário Alves [Paul Singer; Mario Alves, *Análise do Plano Trienal*, Rio de Janeiro, Editora Universitária da UNE, 1963 – Nota dos organizadores]

priva-se o nosso cidadão de uma prerrogativa democrática fundamental, a de saber o que o seu governo faz, como o faz, por que o faz.

"Didatizar" um documento exposto em linguagem técnica significa estender-se em explicações de termos e conceitos. Além disso, não nos contentamos em "didatizar" o Plano Trienal. Tentamos trazer à luz suas implicações econômicas, políticas e sociais, ou seja, tentamos interpretá-lo criticamente. Isto nos obrigou a abordagens extensas onde o plano é muitas vezes bastante sintético. Nessas condições, se quiséssemos esmiuçar o plano todo – como ele certamente o merece e como o povo precisa que se o faça –, acabaríamos por escrever um volume duas ou três vezes maior que ele. Para tanto, faltou-nos sobretudo tempo.

Tivemos, portanto, que nos contentar com um projeto bem menos ambicioso. Submetemos à análise e exposição apenas uma parte do plano, a parte mais geral, que trata do desenvolvimento econômico e do combate à inflação. Não seguimos a ordem de apresentação do plano, refazendo-a de acordo com um esquema que nos permitisse mostrar as inter-relações de medidas que de outro modo parecem sem relação entre si, principalmente das que cuidam da taxa de desenvolvimento do país e da contenção da inflação.

Além de tudo isso, ressente-se o nosso trabalho das consequências da pressa e da improvisação. Apesar de tudo isso, esperamos que seja de alguma valia para quem se interessa pelo que se passa na economia do país.

Há ainda uma consideração a fazer a respeito do alcance do plano. Afirma-se nele que nossa economia pode ser planejada sem que ela deixe de ser capitalista, isto é, sem que o comando sobre os meios de produção esteja nas mãos da autoridade encarregada da execução do plano. Se não queremos reduzir a discussão a uma bizantina disputa semântica do que quer dizer "planejamento", é melhor ir direto aos fatos essenciais. O planejamento se coloca numa série de objetivos. Para que esses objetivos sejam operacionais, isto é, para que se possa concretamente pôr em ação os meios adequados à sua realização é preciso quantificá-los. O plano diz: queremos uma expansão de tantos por cento do produto nacional, haverá tantas vagas escolares e tantos leitos em hospitais etc. Numa economia de fato planificada,

DESENVOLVIMENTO E CRISE

esses objetivos passam a nortear a atividade econômica do país a partir do momento em que o plano é aceito. Todo mecanismo econômico é preparado para realizar os objetivos do plano. Numa economia capitalista, não. Os meios de produção pertencem a indivíduos ou pequenos grupos que os fazem funcionar para os seus interesses e objetivos individuais. O que um governo pode fazer, nessas condições, é agir no sentido de influir nos que participam da vida econômica, para que o resultado *global* de sua atividade se aproxime dos objetivos do plano. Nessas circunstâncias, o plano não é a norma de conduta dos que participam na economia, mas apenas dos que se encontram no governo.

O que queremos dizer com isso é que o Plano Trienal, não é "de desenvolvimento econômico e social" do país, como seu título faz crer, mas apenas a plataforma de ação do governo federal e como tal deve ser encarado. Não é por classificar-se uma escova entre os mamíferos, disse certa vez Engels, que ela cria mamas. Não é por chamar uma economia capitalista de planejada, dizemos nós, que a anarquia de produção deixa de se manifestar nela.

1. Os objetivos

Em começos do presente ano,[2] o governo apresentou o "Plano Trienal de Desenvolvimento Econômico e Social, 1963-1965", como sendo o repositório das soluções mais adequadas aos problemas que afligem o povo brasileiro. Promete o governo mobilizar suas forças no sentido de atingir uma série de objetivos básicos, que consubstanciam a maior parte dos anseios da população. Quais são esses objetivos?

Em primeiro lugar, pretende-se que a economia se desenvolva rapidamente, de modo "compatível com as expectativas de melhoria das condições de vida que motivam, na época presente, o povo brasileiro".

Em segundo lugar, pretende-se reduzir a inflação de maneira radical, sem todavia eliminá-la completamente.

---

2 1963.

Em terceiro lugar, os "frutos do desenvolvimento" devem ser repartidos de "maneira cada vez mais ampla pela população", o que é urna maneira bem vaga de se dizer que o desenvolvimento não deve aproveitar apenas às camadas mais ricas. Logo a seguir, especifica o documento que "os salários reais deverão crescer com taxa pelo menos idêntica à do aumento da produtividade do conjunto da economia, demais dos ajustamentos decorrentes da elevação dos custos de vida". A última sentença é redundante, já que se trata de salários reais. O importante é o "pelo menos", na frase citada. O que ela quer dizer é o seguinte: se a economia se expande, num ano, digamos 7%, o trabalhador deverá receber, em termos reais, isto é, em poder aquisitivo, um salário pelo menos 7% maior. Se os salários forem elevados de 7%, isto significa que a participação dos trabalhadores na riqueza não se altera. Só se os salários reais subirem *mais de 7%* é que a situação dos trabalhadores melhora em relação às outras classes. Agora está claro: o plano se coloca como objetivo mínimo manter a atual repartição da renda. Se for possível, talvez se possa torná-la menos desigual.

Em quarto lugar, a ação do governo deverá se intensificar no campo educacional, da pesquisa científica e tecnológica, e da saúde pública.

Em quinto lugar, o governo tomará medidas visando reduzir as disparidades regionais de níveis de vida.

Em sexto lugar, o governo pretende que determinados aspectos de nossa ordem jurídica e legal sejam alterados de modo a facilitar o desenvolvimento. É o caso das "reformas de base". O documento destaca uma, a reforma agrária, dando ênfase à sua urgência.

O sétimo e o oitavo não são "objetivos", mas meios para se conseguirem os primeiros seis objetivos já mencionados. Assim, o sétimo, que consiste em tentar conseguir novos empréstimos externos (já que não estamos em condições de pagar os que se vencem), não é um objetivo, mas um meio, pois, como declara o plano, se tais empréstimos não forem obtidos, o desenvolvimento do país teria de ser paralisado, a inflação se intensificaria etc. Do mesmo modo, o oitavo, que diz que o governo vai ter que arrumar sua própria casa para poder levar avante o plano, não pode ser encarado como objetivo deste.

DESENVOLVIMENTO E CRISE

Os objetivos do Plano Trienal podem ser considerados como muito razoáveis, apesar da redação insatisfatória do terceiro, no qual se deveria ter explicitado uma redistribuição de renda visando favorecer principalmente o trabalhador do campo, o mais explorado dos produtores do país. Seja como for, qualquer governo que consiga realizar tudo isso, em medida adequada, terá correspondido ao que dele o povo espera.

Na realidade, porém, ao redor desses objetivos há hoje uma quase unanimidade no país. Quem ousaria ser contra o nosso desenvolvimento, ou contra a redução da carestia, ou contra medidas que evitem que o enriquecimento do país acarrete o empobrecimento dos seus filhos, exceto uma minoria de nababos? As divergências surgem no "como". De que meios pretende o plano lançar mão para atingir seus objetivos?

2. Os meios

No fim do primeiro item do plano (p.8 da "Síntese") constam dois novos "objetivos", que na realidade sintetizam os meios que se pretende utilizar para alcançar os objetivos propostos. Vamos transcrevê-los:

a) assegurar que se realize o montante de investimentos requerido para que seja alcançada a taxa de crescimento prevista e

b) orientar esses investimentos para que a estrutura da produção se ajuste, com mínimo desperdício de recursos, à evolução da demanda e, em particular, às necessidades de substituição de importações determinadas pelas limitações da capacidade para importar.

Tentemos traduzir essas afirmações à linguagem do brasileiro comum. Quando o plano expõe o seu objetivo n.1 ele fala em aumentar o produto nacional bruto – PNB – de 7% cada ano. O que é esse produto nacional bruto, que se abrevia PNB? É a soma de tudo o que se produz no país durante o ano: tanto bens (ovos, casas,

144 DESENVOLVIMENTO E POLÍTICA

máquinas, ternos, hortaliças, bate-estacas etc.) como serviços (sessões cinematográficas, aulas, operações médicas, arrazoados jurídicos, obturações dentárias, consertos de automóveis, concertos de música etc.). Para que tanta coisa diferente possa ser somada, é preciso reduzi-la antes à mesma unidade. Essa unidade é o dinheiro. Verifica-se o preço de cada coisa produzida no país e depois se multiplica esse preço pela quantidade terminada durante o ano. As parcelas assim obtidas são somadas e desse modo se calcula o produto nacional bruto. Segundo o plano, o PNB brasileiro foi de 5,456 trilhões de cruzeiros em 1962. Se não houvesse aumentos gerais de preços, o PNB deveria atingir em 1963, sempre segundo o plano, 5,838 trilhões de cruzeiros, isto é, 7% mais que o PNB do ano anterior. Do mesmo modo, o PNB de 1964 deveria alcançar (sempre aos preços de 1962), 6,247 trilhões de cruzeiros, e assim por diante.

Mas, por que 7% exatamente? Os autores justificam a escolha da taxa de 7% de crescimento do PNB porque esta corresponde a um dos períodos de maior crescimento da nossa economia: o período de 1957 a 1961. No plano, compara-se essa taxa de crescimento à que se verificou recentemente nos Estados Unidos, nos países que compõem o Mercado Comum Europeu (Alemanha Ocidental, França, Itália, Holanda, Bélgica e Luxemburgo) e nos demais países da América Latina, e a conclusão é que nossa economia se expande mais rapidamente que a de todos eles. É curioso que na comparação não tenha sido incluído nenhum país de economia planificada – a China, a URSS ou a Iugoslávia, por exemplo –, o que, talvez, tornasse a taxa de 7% menos expressiva. A renda nacional iugoslava aumentou, de 854 milhões de dinares em 1952 para 1,861 milhões em 1958, segundo o Anuário Estatístico da ONU, o que dá uma taxa de crescimento anual de nada menos que 12%. Como se vê, uma economia planificada apresenta capacidade de crescimento muito diferente da que pode aspirar, mesmo como "objetivo", uma economia capitalista.

Mas retornemos à nossa taxa de 7%. Ela representa o crescimento global do produto. Como nossa população aumenta à razão de 3,1% por ano, o crescimento *per capita*, isto é, por habitante do Brasil, será apenas de 3,9%. E essa taxa que mede a "melhoria de condições de vida do povo brasileiro" é, como se vê, bastante modesta. Vejamos como o governo se propõe alcançá-la.

Para fazer a produção crescer é preciso que os que trabalham sejam equipados com melhores instrumentos de trabalho. É preciso dar arados e tratores ao trabalhador do campo, teares, tornos e prensas aos operários da indústria. É preciso, ainda, melhorar o fornecimento de energia elétrica para movimentar as máquinas e ampliar a rede de transportes para levar a produção a todos os rincões do país. Tudo isto custa dinheiro, o que quer dizer, no fundo, que é preciso retirar uma parte do resultado do trabalho de cada ano e, em lugar de destiná-lo ao consumo da população, reinvertê-la no próprio processo produtivo, para elevar sua eficiência.

É essa parte do resultado do trabalho anual da nação que é retirada do consumo que vai dar "o montante de investimentos requeridos para que seja alcançada a taxa de crescimento prevista" que citamos no início do presente capítulo.

O plano estima que esse montante alcance uns 3,5 trilhões de cruzeiros nos três próximos anos: 867 bilhões deverão ser investidos em transportes, 559 bilhões em indústrias de transformação, 411 em energia elétrica, 252 na agricultura, 230 em petróleo etc. A essa altura, uma pergunta deve estar atormentando o leitor: como fará o governo para assegurar que se realize esse "montante de investimentos" tão lindamente distribuídos no papel? Essa questão terá que esperar um pouco. Suponhamos, por enquanto, que, de alguma maneira, ele consiga que esses recursos não sejam consumidos, isto é, que não se fabriquem batatas ou sapatos em vez de máquinas, usinas e tratores.

Vejamos agora como o governo pretende orientar esses investimentos para os setores onde se fazem necessários. É o segundo "objetivo" que citamos no início deste capítulo. As cifras que mencionamos, que repartem os investimentos pelos grandes setores da economia, foram calculadas observando-se as tendências do passado recente. O mecanismo do mercado, condicionado pela política econômica do governo, fez que os investimentos fossem realizados na proporção necessária para que houvesse um crescimento anual de 7% do PNB e fez também que acabassem por se encaminhar aos setores onde mais

146 DESENVOLVIMENTO E POLÍTICA

faziam falta. Bastaria, portanto, que o governo continuasse seguindo a política dos seus antecessores para que se pudesse esperar que o objetivo do crescimento econômico fosse alcançado. Acontece, porém, que essa política, embora tenha dado a taxa de crescimento do PNB que o plano acha desejável, levou também ao aparecimento de desequilíbrios agudos, dos quais a inflação é o mais importante. O plano quer evitar, ou pelo menos atenuar, esses desequilíbrios. Como vimos, destaca-se, entre seus objetivos, o combate à inflação. A questão fundamental consiste, exatamente, em formular uma política que permita debelar o surto inflacionário e, ao mesmo tempo, manter a economia crescendo. No ponto onde chegamos, as perguntas que se colocam são duas, portanto: Como alcançar uma poupança de 3,5 trilhões sem aumentar o volume de meios de pagamento? Como orientar esses recursos sem desencadear a espiral preços-salários-custos?

3. A inflação

O Plano Trienal destaca a inflação como sendo, depois do desenvolvimento, a característica mais importante da economia brasileira. Nos últimos quinze anos, os preços se elevaram em média 16,5% por ano. No entanto, essa média é de 24% nos últimos cinco anos (1957-1961), o que mostra que a inflação se intensifica progressivamente.

Os autores do plano colocam o combate à inflação como um dos seus objetivos de mais alta prioridade por motivos mediatos e imediatos. Eliminar a inflação seria condição preliminar para poderem ser atingidos os objetivos 3 – melhor repartição dos frutos de desenvolvimento – e 5 – redução das disparidades regionais de nível de vida – do plano. A respeito do objetivo n.3, o plano contém algumas frases clarividentes que convém transcrever sem mais comentários:

> Já vimos que o desenvolvimento se vem realizando com melhoria geral das condições de vida. Ocorre, entretanto, que essa melhoria é extremamente desigual, o que tem efeitos psicológicos muito negativos. Mas não é somente isso: uma parte da população, em particular a população de nível de vida mais baixo, nenhum benefício aufere do desenvolvimen-

DESENVOLVIMENTO E CRISE

to. Contudo, essa mesma população sofre permanentemente pressão das forças inflacionárias, defendendo a duras penas o seu baixíssimo nível de vida. Somente uma progressiva redução da pressão inflacionária retirará ao desenvolvimento brasileiro esse odioso aspecto antissocial. (p.18)

Mas, além dessas considerações de ordem social, tem o governo razões imediatas muito ponderáveis para adotar medidas de emergência contra a inflação. Logo nas primeiras páginas do plano afirma-se com alarme: "pretendesse o Governo Federal realizar efetivamente esse nível de gastos e a pressão inflacionária aumentaria em cerca de 100% com respeito à observada no ano corrente, levando o país inexoravelmente à hiperinflação, com risco de paralisação de toda atividade econômica" (p.9-10). Isto significa que, se o governo federal atendesse rigorosamente a todos os seus compromissos, executando o orçamento aprovado pelo Congresso e o suplementando onde fosse necessário, os preços este ano dobrariam. E isto, na opinião dos autores do plano, acarretaria o perigo da hiperinflação, isto é, todos os que participam da vida econômica, antecipando elevações galopantes dos preços das mercadorias que adquirem, tratariam de aumentar indiscriminadamente os preços das mercadorias que vendem, até que se chegasse a uma situação – que não demoraria muito – em que ninguém mais confiaria no cruzeiro como instrumento de troca. Os trabalhadores se recusariam a receber salários em dinheiro que se desvaloriza dia a dia. Os comerciantes também não aceitariam mais dinheiro em troca de suas mercadorias. A atividade econômica se processaria então em base de trocas diretas. Os agricultores trocariam arroz, feijão, carne, leite por calçados, móveis e arados; os operários receberiam seus salários sob a forma dos produtos que fabricam e procurariam trocá-los pelos bens de que necessitam etc. Como uma economia industrial complexa como a nossa não pode funcionar nessa base, ocorreria a "paralisação de toda atividade econômica" mencionada no plano.

Age, portanto, o governo pressionado por temor de uma crise geral da economia se a inflação prosseguir no ritmo que vem apresentando. Para conjurar essa perspectiva ameaçadora, fixa o plano como objetivo reduzir a inflação, em 1963, à metade do que foi em

148 DESENVOLVIMENTO E POLÍTICA

1962. Nesse ano, os preços se elevaram de algo mais de 50%. Em 1963, o aumento não deve ultrapassar 25%. Em 1964 e 1965, a elevação dos preços deverá ser ainda menor, atingindo apenas 10% no último ano. Vejamos agora como o plano pretende realizar essas metas. Reconhece o plano que a elevação do nível de preços – o que equivale a dizer, a inflação – é o indicador mais geral "das tensões internas acarretadas pelo esforço do crescimento" (p.24). Onde se localizam essas tensões que constituem as causas imediatas da inflação? No "setor externo" e no "setor público", responde o plano. Deixemos, por enquanto, de lado o "setor externo, que merece uma seção à parte (ver Seção 6) e examinemos por que, no dizer do plano, o "setor público" constitui um dos principais fatores de desequilíbrio nos últimos dez anos.

O "setor público" é composto pelo governo da União, dos estados e dos municípios. Mas o culpado pelo desequilíbrio (sempre segundo o plano) seria o governo federal, porque gasta mais do que arrecada, cobrindo a diferença com emissões em proporção crescente. Quando o governo federal gasta mais do que sua receita normal permite, ele pode recorrer a duas fontes de recursos: ou toma o dinheiro que lhe falta emprestado de particulares ou o emite. Em 1956 e em 1957, o governo cobriu apenas cerca de 40% do seu déficit com emissões; em 1958, essa proporção subiu, no entanto, para 87,5%, caindo novamente para 65% em 1959, e 66% em 1960, para voltar a 83% em 1961. O plano insinua que foi essa tendência crescente de se recorrer a emissões que fez a inflação se agravar.

Vejamos o que acontece quando o governo emite. Obviamente, ele faz que a quantidade de moeda em circulação se expanda. Gastando esse dinheiro, o governo o transfere às mãos dos que trabalham para ele (trabalhadores, funcionários) e dos que lhe fornecem mercadorias. Essas pessoas, por sua vez, ou gastam o dinheiro ou o depositam em bancos. Estes, por sua vez, voltam a emprestar esse dinheiro. Aumenta a circulação de cruzeiros e também a de depósitos, que funcionam como dinheiro (moeda escritural).

De acordo com a Sumoc (Boletim n.9, v.VIII, set. 1962), em fins de 1960 havia 206,1 bilhões de cruzeiros em circulação. No fim de 1961, esse total tinha subido a 313,9 bilhões. As emissões do governno totalizaram, em 1961, 107,8 bilhões de cruzeiros. Os meios de pagamento,

DESENVOLVIMENTO E CRISE

por outro lado, subiram de 692 bilhões de cruzeiros de fins de 1960 a 1,049 trilhão em fins de 1961, registrando-se uma expansão de 356,8 bilhões de cruzeiros nos meios de pagamento, isto é, uma quantia 3,3 vezes maior que a quantia efetivamente emitida pelo governo. Quando o governo emite, portanto, ele dá início a um processo que faz aumentar o volume de meios de pagamento numa proporção bem maior que a emissão propriamente dita.

Acontece que é esse volume de meios de pagamento que vai dar lugar à procura efetiva global de bens e serviços da população. Quem tem dinheiro, quer seja dinheiro "vivo" na mão ou depósito em banco, quer fazer alguma coisa com ele. Ou gasta-o em consumo individual, comprando roupa ou comida, utilizando serviços médicos ou meios de recreação etc., ou então faz aplicações: compra imóveis, adquire máquinas ou matéria-prima etc. Os desejos de despender são tanto maiores quanto maior for o volume de pagamento disponível. Esse volume cresceu, no Brasil, 22% em 1958, 42% em 1959, 38% em 1960 e 51% em 1961.

Por outro lado, como já vimos, compõe o produto nacional bruto a soma de tudo que se produz no país. Ele constitui, portanto, a oferta de bens e serviços à população ou seja, o montante daquilo que a população pode comprar com os meios de pagamento de que dispõe. Ora, vimos também que o PNB brasileiro real, isto é, deflacionado, tem crescido nos últimos cinco anos à razão de 7% ao ano. O desequilíbrio que se manifesta é óbvio. Em 1961, a capacidade aquisitiva da população aumentou 51% (supondo-se invariável a velocidade de circulação da moeda), mas o que podia ser adquirido aumentou de apenas 7%. Logo, a procura global excedeu de muito a oferta e o resultado foi o aumento de preços. Olhando-se desse ângulo a inflação, parece inteiramente justificado o Plano Trienal quando assinala que o "setor público" tem sido um dos fatores do desequilíbrio de nossa economia.

Mas, voltemo-nos agora para as outras alternativas que estariam abertas ao "setor público" para cobrir seus déficits de caixa. Dissemos que o governo federal poderia cobrir seus gastos excedentes ou com emissões ou com empréstimos de particulares. O governo contrai empréstimo emitindo títulos que coloca à venda nas bolsas de valores. Esses títulos vencem juros legais, isto é, de 6% a 12% ao ano. Numa situação de inflação crônica como a que estamos passando, em que a moeda se desvaloriza 30% ou mais por ano, ninguém empresta à taxa de juros legal, pois, quando recebe a quantia de volta, ainda que acrescida dos juros, obtém, de fato, menos, em termos de capacidade aquisitiva, do que emprestou inicialmente. Para que o governo possa encontrar compradores para os seus títulos, ele precisa oferecê-los a um preço inferior ao valor nominal. Suponhamos, por exemplo, que o governo emita títulos de NCr$ 1,00 e se proponha a pagar juros de 10% por ano. Se as pessoas interessadas em adquiri-los estimam que durante o ano a moeda se desvalorizará 25%, elas só comprarão os títulos pelo preço de NCr$ 0,80. Se o governo precisa de 400 mil cruzeiros novos, ele terá que lançar não 400 mil títulos, mas 500 mil. Depois de um ano, para os resgatar, terá que dispor não de 440 mil cruzeiros novos, mas de 550 mil. Em outras palavras, em condições inflacionárias, o aumento da dívida pública mostra-se terrivelmente oneroso.

Uma maneira de tentar evitar esse inconveniente é tornar o empréstimo compulsório. É o que se fez com a Instrução 204 da Sumoc, pela qual os importadores são obrigados a emprestar ao Banco do Brasil, vale dizer ao governo, uma quantia equivalente às suas importações. O empréstimo é por 180 dias e vence juros de 6% ao ano. Como os importadores geralmente não dispõem de capital suficiente para os empréstimos compulsórios, eles negociam as letras do Banco do Brasil, isto é, passam os empréstimos adiante. Acontece, porém, que, para as pessoas que adquirem as letras dos importadores, os empréstimos não são compulsórios; elas só fazem a aquisição para ganhar dinheiro. Funciona, então, o mesmo mecanismo descrito. As letras são negociadas por uma quantia inferior ao seu valor nominal. O importador deposita, digamos, NCr$ 100,00 no Banco do Brasil, mas obtém apenas NCr$ 85,00 pela letra correspondente. Sofre, portanto, um prejuízo de NCr$ 15,00, que ele considera custo de comercialização e incorpora aos preços dos artigos que revende. O sistema de empréstimos compulsórios da Instrução 204 leva, por conseguinte, a consequências diretamente inflacionárias, isto é, à elevação dos preços dos artigos importados.

Além de tudo isso, os empréstimos governamentais têm efeitos inflacionários de um modo geral. Isto porque os títulos públicos são

DESENVOLVIMENTO E CRISE

tão seguros (o governo não pode abrir falência) que possuem liquidez quase igual ao dinheiro. O conhecido economista norte-americano Paul A. Samuelson (*Introdução à análise econômica*, v.II, p.66) denomina esses títulos de "quase moeda". Diz ele: "o fato de possuirmos um patrimônio tão facilmente liquidável significa que nossos hábitos de despesa são influenciados por essa *posse de títulos governamentais da mesma forma que seriam influenciados pela posse de um depósito bancário*" (grifo nosso). Dessa maneira, pode-se concluir que substituir emissões por empréstimos não constitui medida eficaz para eliminar pressões inflacionárias da economia.

A pergunta seguinte que logicamente se formula é: por que o governo não trata de elevar suas receitas normais, isto é, tributárias ao nível de seus gastos? Por que não são equilibrados os orçamentos do governo federal?

Vejamos, em primeiro lugar, a quanto monta o desequilíbrio orçamentário da União:

QUADRO I – (em bilhões de cruzeiros velhos)

Ano	Receita	Despesa	Déficit	% Déficit/ Receita
1961	317,5	455,0	137,5	43%
1962*	490,0	760,0	270,0	55%
1963**	737,3	1.512,2	774,9	105%

*Estimativa; **Previsão.
Fontes: *Conjuntura Econômica* (fev. 1963) e Plano Trienal

Pelos dados do Quadro I se verifica que, para atingir equilíbrio orçamentário, o governo federal deveria ter aumentado os tributos em 43% em 1961, em 55% em 1962 e deveria elevá-los em mais de 100% em 1963. Aumentos dessa ordem das receitas federais são muito difíceis de alcançar, por razões de ordem política e econômica.

A maior fonte de receita da União é o imposto de consumo, que é um imposto indireto que grava todos os bens de consumo comercializados. Embora pago pelo comerciante ou pelo fabricante, ele é de fato incorporado aos preços e quem arca com seu peso é o consumidor.

A sua elevação se traduz, portanto, por um imediato aumento de preços, que é precisamente o que se deseja evitar. Elevar, portanto, os impostos indiretos para conter a inflação significa manter os mesmos aspectos "odiosos e antissociais" que o plano reconhece à inflação, sem obter, por outro lado, certos efeitos benéficos da situação inflacionária, que se consubstanciam principalmente no pleno emprego e na plena utilização dos fatores de produção.

Restaria, enfim, o recurso ao aumento dos impostos diretos, os únicos socialmente justos, pois gravam o contribuinte de modo proporcional às suas posses e rendimentos. No Brasil, o mais importante imposto direto federal é o imposto de renda. A necessidade de se aumentar os impostos diretos como meio de deter a inflação é recomendada explicitamente no Plano Trienal, onde consta:

> Noutras palavras, a consciência de que a inflação é instrumento de injustiça social, atuando no sentido de concentrar os frutos do desenvolvimento em benefício de minorias, foi anulada pelo conhecimento de que, sem modificações no atual sistema fiscal, fundamentalmente regressivo, toda tentativa de eliminar a inflação apenas institucionalizaria o atual esquema de distribuição da renda, também de profundo sentido antissocial. (p.40)

Infelizmente, o plano não vai além de afirmações genéricas desse tipo. Em fins de 1962, o governo pediu e obteve do Congresso uma elevação do imposto de renda. Apesar disso prevê-se que, em 1963, a receita do governo federal nem sequer cobrirá metade de suas despesas. Isto já constitui uma medida das dificuldades em se conseguir uma elevação adequada de impostos diretos. Se a minoria enriquecida e poderosa, que deve arcar com o maior peso desses tributos não estivesse super-representada no Parlamento brasileiro e (por que não dizê-lo?) no próprio governo, tais dificuldades seriam perfeitamente superáveis.

Podemos concluir este primeiro exame do problema inflacionário com a observação de que a única maneira de cobrir os déficits de caixa do Tesouro, que é ao mesmo tempo socialmente justa e economicamente correta, seria repartir o ônus de tal modo que a maior

DESENVOLVIMENTO E CRISE

parte recaísse sobre as classes ricas. Cabe acrescentar, ainda, que essas classes estão em condições de contribuir em proporção bem maior do que o fazem para os gastos sociais do desenvolvimento, pois, como reconhece o Plano Trienal,

> mesmo que os grupos de altas e médias rendas não estivessem aumentando sua participação no produto, o simples fato de que a mantenham acarreta, na fase atual, crescentes diferenças de padrões de vida... Dessa forma, para o conjunto da população, o consumo supérfluo cresce com mais intensidade do que os dos bens essenciais, cabendo a uma política fiscal bem orientada evitar que se extremem essas disparidades.

Uma política fiscal anti-inflacionária de cunho popular teria que cortar a fundo essas disparidades e não apenas "evitar que se extremem".

4. Ainda a inflação

Voltemo-nos agora para as despesas do governo. Se é difícil mobilizar mais recursos para a União sem inflacionar a economia, por que não se reduzem as despesas governamentais ao nível da receita?

Para responder a essa pergunta teremos que começar examinando essas despesas. A primeira constatação a fazer é que as despesas públicas (da União, estados e municípios) vêm crescendo mais rapidamente que o conjunto do dispêndio do país. As despesas públicas representavam nesse dispêndio total 21,9% em 1955, 23,9% em 1956, 25,4% em 1957, 25,6% em 1958, 24,9% em 1959, 25,9% em 1960. Isto significa que os órgãos públicos estão participando de forma crescente da vida econômica do país.

Examinando-se a composição do dispêndio público,[3] a primeira coisa que chama a atenção é que o Consumo Público não cresceu mais que o Dispêndio Total, do qual constituía 13,6% em 1955 e não

---

3 O dispêndio público compõe-se dos seguintes itens: Consumo Público, Transferências, Subsídios e Investimento Público.

mais que 14,2% em 1960. Ora, o que é o Consumo Público? É o que poderíamos chamar de gastos normais dos governos: pagamento de funcionários, compra de material de uso corrente etc. Isto significa que os serviços governamentais propriamente ditos – no campo da segurança externa e ordem interna, da educação e saúde – se expandiram na mesma proporção em que vem crescendo a economia do país. Como as necessidades desses serviços também crescem com a economia, é difícil pensar como as despesas delas decorrentes podem ser reduzidas. O que se nota na realidade é insuficiência dos serviços governamentais: crianças sem escolas, doentes sem assistência, cidades despoliciadas, fiscalização deficiente das leis trabalhistas etc. etc.

Outro item dos gastos públicos que tem crescido apenas ligeiramente mais que o Dispêndio Total é o de Transferências, que passa de 4,7% em 1955 para 5,3% em 1960. Transferências são pagamentos feitos pelos governos a pessoas ou instituições privadas que não visam lucros nem participam de atividade econômica, pagamentos estes que não são retribuídos pelos que as recebem. Trata-se das contribuições dos governos aos institutos de previdência, a associações beneficentes, a entidades culturais etc. Também as despesas de Transferências são dificilmente reduzíveis, principalmente porque elas deveriam, de fato, ser maiores se os governos pagassem pontualmente suas contribuições aos IAPs, o que, como é público e notório, eles não fazem.

Os itens responsáveis pelo crescimento dos dispêndios públicos são os dois restantes: Subsídios e Investimentos. Os Subsídios, que não passam de 0,2% do Dispêndio Total da nação em 1955, alcançam 0,7% em 1960. Sua participação no Dispêndio Total se multiplica por 3,5 em apenas cinco anos. Eles são constituídos por subvenções feitas por autoridades públicas a empresas. Quando o governo compra café dos produtores a preços mínimos fixados de modo a cobrir os custos de produção e depois revende o café por preços mais baixos, a diferença constitui Subsídio. Quando o governo encampa ferrovias particulares deficitárias e as transforma em sociedades mistas, ele é obrigado a arcar com os déficits que elas apresentam. O dinheiro público assim desembolsado entra em Subsídios. Quando o governo vende dólares aos importadores de trigo, petróleo ou papel de

DESENVOLVIMENTO E CRISE

imprensa por um câmbio mais baixo que o vigorante no mercado, a diferença de câmbio em cruzeiros, constitui Subsídios.

É fácil entender agora por que a parcela de Subsídios do dispêndio público aumentou muito mais que o Dispêndio Total da população. O aumento do Dispêndio Total é uma função do desenvolvimento econômico do país. O desenvolvimento é um processo de mudanças estruturais, o que significa que a economia não cresce harmonicamente; algumas partes crescem muito mais do que outras. A indústria se expande mais que a agricultura; a indústria pesada se expande mais que a leve; a agricultura de mercado interno mais que a de exportação etc. Essas mudanças estruturais acarretam desequilíbrio; aparecem pontos de estrangulamento. Tomemos um exemplo simples. A industrialização faz crescer algumas cidades. A produção alimentar para o seu abastecimento não se expande na mesma medida e os especuladores de gêneros se aproveitam da situação, agravando a escassez. Em consequência, sobe o custo de vida. O governo é obrigado a intervir, congelando os preços dos gêneros de primeira necessidade. Como a inflação eleva os custos de produção desses gêneros, o governo acaba por ter de subsidiá-los. É assim que surge o subsídio ao trigo. Além disso, para melhorar o abastecimento das cidades, o governo subsidia a gasolina e constrói rodovias. O transporte rodoviário compete com o ferroviário e com o marítimo costeiro. As empresas desses setores se arruínam e o governo tem de encampá-las, o que faz surgir outros tantos sorvedouros de subsídios.

Se houvesse um planejamento real da economia, os pontos de estrangulamento poderiam ser evitados. Mas isto exigiria uma participação muito maior do Estado na economia do que é possível no capitalismo. Já que os pontos de estrangulamento não podem ser prevenidos, eles têm de ser remediados. As tensões deles resultantes são aliviadas mediante subsídios do governo. As somas dispendidas com subsídios mostram, pelo seu crescimento, a multiplicação de pontos de estrangulamento pela economia e seu aguçamento.

O outro item do dispêndio público que nos últimos anos se tem elevado em proporção maior que o Dispêndio Total é o de Investimentos, que subiu de 3,4% em 1955 para 5,7% em 1960. Incluem-se em Investimentos gastos com construções (rodovias, ferrovias, açudes,

156   DESENVOLVIMENTO E POLÍTICA

barragens, irrigação, eletrificação, escolas, hospitais, aeroportos etc.)
e com a aquisição de equipamentos.

A evolução dos investimentos públicos é provavelmente a mais
importante "variável estratégica" do processo de desenvolvimento.
Chamamos de "variável estratégica" um elemento do processo econômico de cujo movimento depende a evolução dos demais. No caso
dos investimentos públicos, o seu movimento pode não apenas ser
condicionado em termos gerais, como acontece com outras variáveis
(consumo, poupança etc.), mas ele pode ser conscientemente pré-di-
mensionado, tendo em vista determinados objetivos.

Vimos na Seção 2 deste capítulo que o crescimento do produto nacional bruto depende do montante de investimento e que, de acordo
com o plano, para que o produto crescesse anualmente 7% durante os
próximos três anos, os investimentos no triênio deveriam alcançar 3,5
trilhões de cruzeiros (aos preços de 1962). Adiamos, então, o exame
do problema de como o governo pretende assegurar que esse montante de investimentos se realize. Podemos agora abordar a questão.
O primeiro passo seria determinar que parcela desse investimento
será pública e que parcela será privada. Infelizmente, em lugar algum
do plano temos previsão da medida em que o setor público e o setor
privado participarão dos investimentos programados. Se excluirmos
a formação de estoques (o que reduz a quantia para o triênio a cerca
de 3 trilhões), a situação foi a seguinte nos últimos anos:

QUADRO II – Formação bruta de capital fixo (em bilhões de cruzeiros velho)

Anos	Total	Setor público	Setor privado
1955	99,2	23,8 (23%)	75,4 (77%)
1956	117,0	29,0 (25%)	88,0 (75%)
1957	137,9	51,0 (37%)	86,9 (63%)
1958	181,0	73,9 (41%)	107,1 (59%)
1959	288,0	93,1 (32%)	194,9 (68%)
1960	355,6	136,5 (38%)	219,1 (62%)

Fonte: *Revista Brasileira de Economia*, mar. 1962.

Apesar das flutuações, a tendência é clara: o setor público vem
se responsabilizando por uma parcela crescente dos investimentos

DESENVOLVIMENTO E CRISE   157

destinados à formação de capital fixo. A queda observada em 1959 pode ser atribuída, entre outras razões, ao fato de as despesas relacionadas com a construção de Brasília terem sido incluídas na formação de capital do setor privado, o que foi feito exclusivamente "por insuficiência de informações" (*Revista Brasileira de Economia*, mar. 1962, p.30).

O montante de investimentos numa economia planificada é determinado de antemão; é uma deliberação consciente dos responsáveis pela economia que resulta do equacionamento do desejo da sociedade de consumir no presente e de expandir a produção, portanto de consumir mais no futuro. Numa economia capitalista, o montante de investimento é determinado pelas decisões contraditórias de milhares de indivíduos independentes, que agem tendo em vista o seu interesse pessoal. Não é possível prefixar o montante de investimentos numa economia capitalista, embora seja possível isolar os principais fatores que o condicionam e estudar sua evolução. Podemos dizer que é a inflação e o volume de investimentos públicos os principais fatores que condicionam o montante geral dos investimentos no Brasil, cuja parte variável, impossível de ser predeterminada, é constituída evidentemente pelos investimentos do setor privado.

É preciso considerar em primeiro lugar que o ato de investir é precedido pelo ato de poupar. Para que alguém possa adquirir meios de produção – ferramentas, máquinas, matéria-prima –, precisa, antes de mais nada, possuir mais recursos que os necessários para o seu sustento. A quantia investida é um excedente, são recursos que o investidor não deseja ou não precisa consumir diretamente. Ora, isto restringe o número dos indivíduos responsáveis pelo montante de investimentos do setor privado aos que pertencem às classes ricas, à burguesia ou, como diz o plano, às "camadas de altas rendas". Os assalariados não possuem excedentes, têm de gastar em consumo tudo o que ganham, não podem poupar e, portanto, não podem investir. A taxa de poupança depende dos ricos: quanto maior for a parcela de riqueza nacional que vai parar em suas mãos, tanto maior será a parcela dessa riqueza que será poupada e que estará, portanto, disponível para ser investida. Ora, a inflação, como já vimos, é um poderoso fator de redistribuição da renda em sentido regressivo: torna os ricos mais ricos, os pobres mais pobres. O Plano Trienal reconhece esse fato em vários trechos que citamos neste trabalho.

Só poupar não basta. É preciso investir. Retirar certa quantia do consumo é poupar. Transformar esses recursos em meios de produção é investir. É possível poupar sem investir: basta guardar o dinheiro. Para que haja investimento são precisos certos incentivos. No Brasil, a inflação fornece alguns incentivos muito poderosos para investir. Para começar, a desvalorização da moeda que ela acarreta torna o mero guardar dinheiro, isto é, o entesouramento, extremamente desinteressante. Além disso, o contínuo aumento dos preços torna qualquer compra de bens duráveis vantajosa. É preciso considerar, no entanto, que não é qualquer aquisição de bens duráveis que aumenta a capacidade produtiva do país. A inflação estimula os comerciantes e industriais a formar estoques excessivos e os particulares a aplicarem seu dinheiro em imóveis, joias ou moeda estrangeira. Nada disso contribui para o desenvolvimento do país.

Chegamos, por fim, ao segundo "objetivo" do plano que mencionamos na seção 2 deste capítulo. Não basta que haja investimentos, é preciso que eles se orientem em determinados sentidos "para que a estrutura produtiva se ajuste, com mínimo desperdício de recursos, à evolução da demanda". O grande fator para orientar o investimento privado para o rumo certo é o investimento público. É ele que cria as chamadas "economias externas" que atraem o capital às áreas que levam ao desenvolvimento da economia. Quando o governo constrói uma usina hidrelétrica, fornecendo energia a determinada região, torna vantajoso o investimento na indústria nessa região. Quando o governo constrói rodovias interligando duas regiões, estimula o intercâmbio comercial entre ambas, atraindo investimentos tanto para uma como para outra. Quando o governo constrói usinas siderúrgicas (como Volta Redonda, por exemplo), torna abundante e barato o fornecimento de ferro e aço à indústria metalúrgica, que se sente estimulada a se expandir. O mesmo acontece quando a Petrobras cria no país uma indústria petroquímica, que fornece borracha sintética e materiais químicos à indústria e adubos à agricultura. Os exemplos podem ser multiplicados à vontade. O fato fundamental, que não se

DESENVOLVIMENTO E CRISE

encontra reconhecido no plano, é que a eficácia do montante de investimentos depende sobretudo dos investimentos do setor público. O plano reconhece que determinados campos de investimento são estratégicos "pela importância que têm dentro do processo de formação de capital". São eles destinados a:

a) ampliar a base de recursos naturais economicamente utilizáveis;
b) aperfeiçoar o fator humano;
c) antecipar modificações estruturais, seja de caráter pioneiro, visando à ampliação do espaço econômico, seja de tipo estrutural propriamente dito, como os investimentos destinados a permitir a redução no coeficiente de importações;
d) investimentos, incluídos ou não no item anterior, de tipo infraestrutural, ou que exigem um longo período de maturação;
e) investimentos de tipo social, indispensáveis ao desenvolvimento, a serem realizados a fundo perdido, tais como obras de saneamento (p.15 do Plano).

À mesma página do Plano Trienal, onde se acham arrolados os campos de investimentos estratégicos, lê-se: "Parte dos investimentos incluídos nos itens 'c' e 'd' serão de responsabilidade do setor privado". O que significa, indubitavelmente, que a totalidade dos investimentos dos itens "a", "b" e "e" e parte dos incluídos nos itens "c" e "d" são de responsabilidade do setor público. Eis uma confissão indireta da importância do investimento público no processo de desenvolvimento.

Resumamos, portanto, o que foi possível concluir do exame dos gastos do governo. Certos componentes do dispêndio público – Consumo Público e Transferências – têm evoluído em consonância com o crescimento da economia e dificilmente podem ser reduzidos sem acarretar sensíveis prejuízos à produção. Outros componentes do dispêndio público – Subsídios e Investimentos – têm-se expandido mais que o conjunto da economia nacional, mas eles são ou consequências diretas do modo como tem sido conduzido o processo de desenvolvimento (caso dos Subsídios) ou são fatores fundamentais para que o desenvolvimento prossiga (caso dos Investimentos).

160 DESENVOLVIMENTO E POLÍTICA

Estamos agora em condições de responder à nossa indagação do começo deste capítulo: podem ser reduzidas as despesas governamentais? Essa redução é possível, porém de forma limitada e a longo prazo. É inegável que se pode aumentar a eficiência dos gastos públicos, eliminando-se os focos de corrupção e de ineficiência burocrática existentes no serviço público, embora seja difícil avaliar quanto pode ser poupado dessa maneira. Além disso, um planejamento mais amplo da economia pode eliminar pontos de estrangulamento e os ônus que eles representam para os cofres públicos. Mas o mais provável é que o item dos investimentos públicos tenha de se ampliar ainda bastante no futuro, na medida em que se queira intensificar o desenvolvimento, e que ele venha a absorver quaisquer ganhos que se possa obter em outras parcelas do Dispêndio Público, de modo que nossa conclusão tem de ser que o nível de gastos públicos não pode ser comprimido se se quer que a economia se desenvolva.

5. Os remédios contra a inflação

A estratégia adotada para reduzir a pressão inflacionária sem prejuízo da taxa de crescimento apoia-se num conjunto de medidas de ação convergente, que incluem:

a) elevação da carga fiscal;

b) redução do dispêndio público programado;

c) captação de recursos do setor privado no mercado de capitais e

d) mobilização de recursos monetários. (p.56)

Eis uma boa síntese das medidas que o plano pretende sejam adotadas pelo governo para reduzir a inflação. A primeira medida, como já vimos, pode ser efetiva desde que atinja os setores mais ricos da população. O plano reconhece a necessidade de se elevarem os impostos progressivos, mas nada especifica a esse respeito. Enquanto outras medidas são cuidadosamente quantificadas, a respeito desta só há, no documento, análises justificativas e declarações genéricas de intenções.

DESENVOLVIMENTO E CRISE

Quanto às outras três medidas, há uma previsão pormenorizada, no plano, da forma com que serão aplicadas em 1963. Neste ano, o orçamento da União apresenta, para um gasto total previsível de 1,512 trilhão de cruzeiros velhos, uma receita de apenas 737,2 bilhões. O déficit potencial é, portanto, de 774,9 bilhões. É em virtude desse déficit que o governo teme que a inflação alcance 100% em 1963. Para evitar um desequilíbrio monetário dessa magnitude, propõe o plano um corte nas despesas federais de ordem de 474,9 bilhões, de modo a reduzir o déficit a 300 bilhões de cruzeiros velhos. Grande parte desse déficit deverá ser coberto por empréstimos compulsórios dos importadores, obrigados a depositar no Banco do Brasil quantia quase equivalente às importações que efetuarem, e dos bancos comerciais, que são obrigados a manter depósitos no Banco do Brasil à ordem da Sumoc. As emissões de papel-moeda não deverão ultrapassar 110 bilhões de cruzeiros velhos este ano, quantia bem inferior às emissões do ano passado, próximos de 200 bilhões. O plano prevê uma expansão de 437,3 bilhões de cruzeiros velhos nos meios de pagamento, isto é, de cerca de 25% em relação aos de fim de 1962. Deseja-se, dessa forma, limitar o aumento dos preços a 25%.

O aspecto crucial de todas essas medidas é o corte dos gastos do governo federal. Dos 475 bilhões do corte, 260 bilhões constituem um Plano de Economia e 215 bilhões são adiados para 1964. A transferência de gastos para o ano seguinte é um modo de mascarar o corte. O que o governo não gasta hoje, pode gastá-lo amanhã ou depois. O fundamental é que, para atender seus compromissos, o governo deveria despender, em 1963, 475 bilhões; ao não gastá-los deixa de atendê-los. Pouco importa que prometa atendê-los em 1964, pois, no ano que vem, poderá novamente transferir para 1965 gastos equivalentes. E assim por diante.

O plano não dá indicação alguma dos setores em que o corte está sendo feito e qual o critério seguido. Somente menciona o corte dos subsídios ao trigo, que custariam 70 bilhões ao Tesouro em 1963 e aos derivados de petróleo, o que deve proporcionar um aumento de 80 bilhões na arrecadação do imposto único sobre combustíveis e de 40 bilhões na receita bruta da Petrobras. É pena que o plano não mencione o aumento de despesa da Petrobras na importação de petróleo,

162 DESENVOLVIMENTO E POLÍTICA

dando. a impressão de que não há contrapartida alguma ao aumento de sua receita bruta.

A eliminação dos subsídios ao trigo e ao petróleo é apresentada como uma medida anti-inflacionária de alta eficácia. Na realidade, ela provocou um aumento de preços imediato do trigo, do pão, do transporte etc. Argumenta o governo que, assim, terá que emitir menos. Acontece, porém, que ele poderia recorrer a outras fontes de recursos. O próprio sr. Celso Furtado, em debate com estudantes em São Paulo, afirmou que, se o governo tivesse obtido mais 70 bilhões pelo aumento do imposto de renda, não precisaria ter cortado o subsídio ao trigo. Infelizmente, o Executivo, que conseguiu arrancar de uma maioria parlamentar relutante diversos gabinetes, numerosas delegações de poder e mesmo uma emenda constitucional, mostrou-se incapaz de obter do Congresso uma adequada legislação do imposto de renda. Se ele o tivesse conseguido, parte do preço do pão, alimento básico das massas trabalhadoras de todo o Centro-Sul do Brasil, seria pago pelos multimilionários paulistas e cariocas. Assim, porém, são os consumidores de pão os que ajudam o governo a emitir menos.

Além do corte das subvenções, o plano de economia certamente reduz os investimentos públicos programados para 1963. Tudo indica que assim seja porque os gastos de custeio dificilmente podem ser diminuídos. O governo não pode deixar de pagar o funcionalismo (embora possa deixar de aumentar seus ordenados de acordo com a elevação do custo de vida), nem pode deixar de comprar material de uso corrente. É forçoso que faça economia nos investimentos. Vimos, na seção anterior, que os investimentos públicos são o fator estratégico do desenvolvimento. O mínimo que se pode dizer é que sua diminuição põe em perigo a realização do outro objetivo do plano, que é fazer a economia crescer a uma taxa de 7%. A revista semioficial *Conjuntura Econômica*, de fevereiro de 1963, escreve a esse respeito:

> Considerada a programação federal e demais autarquias, chega-se a um valor aproximado de 540 bilhões para os investimentos de 1963, contra cerca de 280 bilhões em 1962... Por outro lado, frente ao tremendo déficit que ameaça o exercício é de esperar-se que as medidas a serem

DESENVOLVIMENTO E CRISE

adotadas para debelá-lo cheguem a afetar o volume da programação dos investimentos previstos de pelo menos 35% a 45%. (p.87-8)

Outro aspecto de contenção das despesas do governo federal é o crédito ao setor privado. Um dos efeitos da inflação é diminuir a oferta de dinheiro. Tanto as empresas como os indivíduos preferem empatar o dinheiro em bens que não se desvalorizam, em vez de deixá-los nos bancos, onde proporcionam juros sempre inferiores à queda do poder de compra da moeda. Muitas empresas praticamente trabalham sem capital de giro, preferindo recorrer ao crédito bancário. Os bancos sofrem pressão de uma procura considerável de crédito, sem que seus depósitos se elevem na mesma proporção. O que eles fazem é passar a pressão adiante, voltando-se para os bancos oficiais. Estes são os que sofrem o impacto final da demanda insatisfeita de dinheiro. No ano passado, a Carteira de Crédito Geral do Banco do Brasil expandiu seus empréstimos de 85,3 bilhões, que representam mais 58,4% em relação a 1961, e a Carteira de Crédito Agrícola e Industrial do mesmo banco expandiu seus empréstimos em 104,7 bilhões que representam mais de 109% em relação ao ano anterior.

O Plano Trienal prevê que o crédito tenha sua expansão limitada ao aumento previsível dos preços (25%). Assim, a expansão do crédito dessas duas carteiras do Banco do Brasil é cuidadosamente escalonada por trimestres e não deve ultrapassar até o fim do ano 62 bilhões (26,8%) na Carteira de Crédito Geral e 54,4 bilhões (27,1%) na Carteira de Crédito Agrícola e Industrial. A finalidade da medida é impedir que haja crescimento imoderado dos meios de pagamento via expansão do crédito. Acontece, porém, que as necessidades de crédito das empresas continuam crescendo de acordo com a desvalorização da moeda. O nível geral de preços cresceu só em janeiro deste ano de 9,5% (índices de Conjuntura Econômica, dez. 1962: 1029; jan. 1963: 1121). Os bancos comerciais, por outro lado, diante das medidas de restrição do crédito oficial e de prioridade oferecida a algumas linhas de crédito em relação a outras, reduziram drasticamente o crédito à indústria e ao comércio, o que está levando a uma situação de pânico. Pequenas e médias empresas abrem falência ou pedem concordata e já se começa a notar certo surto de desemprego.

Tanto as medidas de redução das despesas do governo como as de restrição de crédito deverão afetar a procura efetiva global. É isto que, no fundo, se pretende. Reduzir a procura efetiva ao nível da oferta. Acontece, porém, que ambas estão ligadas entre si. As empresas serão obrigadas a reconstituir seus capitais de giro, o que significa em última análise poupança negativa. Elas terão que reduzir seus estoques e desistir de planos de ampliação da capacidade produtiva, de modo a ter mais dinheiro em mãos. Já vimos que a formação de capital fixo do setor público será provavelmente menor que a exigida pelo desenvolvimento da economia. O mesmo possivelmente ocorrerá com a do setor privado.

Em 1962, o ritmo do desenvolvimento restringiu-se a 3,5%, em contraposição a 7,7% em 1961 (*Conjuntura Econômica*, fev. 1963, p.11). Para que o desenvolvimento em 1963 voltasse a atingir 7% seriam necessárias medidas inteiramente opostas às que o Plano Trienal propõe – e o governo impõe. Os remédios contra a inflação (que não atingem as causas profundas do fenômeno, como se vê em outras partes deste livro) dificilmente poderão eliminá-la da economia do país. Poderão, em compensação, reduzir o ritmo de desenvolvimento econômico.

6. O setor externo, um capítulo à parte

O setor externo é, segundo o Plano Trienal, o outro grande "fator primário de desequilíbrio", que se traduz em crescente elevação do nível de preços. A razão fundamental de o setor externo ser fator de desequilíbrio é que nossa capacidade para importar tem permanecido praticamente a mesma nos últimos anos, ao passo que a procura de produtos importados, por força do desenvolvimento, vem se avolumando cada vez mais.

Já dissemos que o processo de desenvolvimento é constituído por uma série de transformações estruturais da economia. Uma dessas transformações de maior importância é a substituição de produtos importados por bens produzidos internamente. Esse processo pode ser avaliado pelo fato de que, nos últimos dez anos, o conjunto de

DESENVOLVIMENTO E CRISE

mercadorias importadas aumentou apenas 39%, ao passo que o total de mercadorias produzidas no Brasil cresceu 77%. O sentido da substituição de importações também é claro. No período em consideração, a importação de manufaturas de consumo caiu 58%, ao mesmo tempo que a importação de equipamentos cresceu 41% e a de matérias-primas, 85%. Este é um dos aspectos aparentemente paradoxais do desenvolvimento: quanto mais se substituem importações, tanto mais aumenta a procura de produtos importados. A razão desse aparente paradoxo é a seguinte: enquanto determinada manufatura de consumo – automóvel, televisão ou geladeira – é importada, o seu preço elevado limita a procura interna. Depois que é produzida no país, com elementos importados, a quantidade procurada aumenta mais que o seu índice de "nacionalização".

Entre 1955 e 1957, por exemplo, enquanto não havia quase produção nacional de automóveis, as importações foram as seguintes:

QUADRO III – *Importação de veículos (unidades)*

	1955	1956	1957
Jipes	1.744	2.934	9.292
Automóveis para passageiros	2.310	2.029	1.915
Caminhões	2.833	4.533	8.053
Chassis com motores para ônibus, caminhões e semelhantes	6.438	10.599	23.706
TOTAL	13.325	18.095	42.966

Fonte: *Anuário Estatístico do Brasil*, 1958.

Quando o bem manufaturado passa a ser produzido dentro do país, o seu preço relativamente menor e as maiores facilidades para sua aquisição expandem enormemente o seu consumo. A produção nacional de autoveículos, por exemplo, foi no ano passado de quase 200 mil unidades, quase cinco vezes maior que a oferta externa de 1957, mais de dez vezes maior que a de 1956. Embora as matérias-primas importadas para a fabricação do automóvel – borracha, cobre e outras – sejam apenas uma fração do valor do veículo, o fato é que o volume total a ser importado é muito maior. Desse modo, à medida que o país se industrializa, cresce a necessidade de importações que sustentem o processo de desenvolvimento (enquanto esse processo não se tenha completado).

O montante de bens importados colocado à disposição da economia depende da capacidade do país para importar, a qual por sua vez é função da quantidade de divisas estrangeiras proporcionada pela exportação e do grau em que essas divisas podem ser utilizadas para importar.

Nos últimos anos, nossas exportações caíram de um máximo de 1,482 bilhão de dólares em 1956 a apenas 1,269 bilhão em 1960; recuperaram-se algo em 1961, quando atingiram 1,403 bilhão, para cair, em 1962, ao ponto mais baixo dos últimos doze anos com apenas 1,22 bilhão de dólares. A causa fundamental dessa queda das nossas exportações está na diminuição dos preços dos produtos que exportamos. Os autores do Plano Trienal calculam que, se os preços de nossos produtos de exportação se tivessem mantido no nível em que se encontravam em 1950, "quando os preços relativos no mercado internacional não eram particularmente favoráveis ao Brasil", nossa capacidade de importar teria sido, no último quinquênio, *mais de um bilhão de dólares* maior do que realmente foi.

É preciso notar, por outro lado, que o Brasil não tem utilizado integralmente nem mesmo essa reduzida capacidade para importar, proporcionada pelas nossas exportações. Em quase todos os anos, nossa balança comercial tem apresentado saldo positivo, isto é, temos importado *menos* do que exportamos. É o que se pode verificar pelo quadro seguinte:

QUADRO IV – *Saldos da balança comercial (milhões de dólares)*

Ano	Saldo	Ano	Saldo	Ano	Saldo
1950	425	1954	150	1959	72
1951	67	1955	320	1960	24
1952	286	1956	436	1961	111
1953	423	1957	107	1962	50
		1958	64		

Fontes: *Boletim da Sumoc* (set. 1962) e *Conjuntura Econômica* (1963).

Nos últimos dez anos (1953-1962), como se pode verificar pelo Quadro IV, o Brasil deixou de usar mais de 1,5 bilhão de dólares da já reduzida capacidade de importar proporcionada pelas suas exportações. Como se explica que um país que sofre de aguda escassez de produtos importados deixe de utilizar todas as divisas obtidas pela exportação de mercadorias? A razão se encontra no fato de que a economia nacional não mantém com o resto do mundo apenas relações comerciais de compra e venda de mercadorias. As mercadorias exportadas e importadas têm que ser levadas e trazidas, o que acarreta gastos de transportes e seguro. Estrangeiros vêm ao país trazendo divisas, brasileiros viajam ao exterior despendendo moedas estrangeiras. Além disso, capitais estrangeiros, oficiais e particulares, produzem e remetem rendas do Brasil para o exterior. Do mesmo modo, capitais brasileiros no exterior remetem rendas para cá. Todos esses itens compõem a *Balança de Serviços*. Além disso, estrangeiros residentes no Brasil enviam recursos para fora (ajuda à família etc.) e alguns recebem ajuda do exterior. Esse movimento é denominado *Donativos*.

Finalmente, entram continuamente capitais estrangeiros, oficiais e particulares, no Brasil, como investimentos, reinvestimentos, empréstimos e financiamentos; por outro lado, há saídas de capital por amortização de dívidas, repatriamento de capital etc. Esse conjunto de transações recebe o nome de *Balança de Capitais*.

Balanço de Pagamentos é a reunião da Balança Comercial, de Serviços, de Capitais e Donativos, além de outros itens de menor importância. É da situação geral do Balanço de Pagamentos que depende a capacidade para importar dos países.

Examinemos, por exemplo, o Balanço de Pagamentos de 1961 (ver Quadro V). Nesse ano, nossas exportações nos proporcionaram 1,403 bilhão de dólares (1.1); transportes e seguros nos proporcionaram mais 52 milhões (2.2.1 + 2.3.1). O Brasil forneceu ao resto do mundo, durante 1961, bens e serviços reais num total de 1,455 bilhão de dólares. Importamos nesse ano 1,292 bilhão (1.2) e recebemos serviços de transporte e seguros num total de 136 milhões (2.2.2 + 2.3.2). Obtivemos, portanto, do resto do mundo um total de 1,428 bilhão de

168　　DESENVOLVIMENTO E POLÍTICA

dólares em bens e serviços reais. O resto do mundo ficou nos "devendo" 27 milhões de dólares. Se considerarmos que, em viagens, brasileiros gastaram, no exterior, mais de 19 milhões de dólares (2 .1. 3) do que os turistas estrangeiros despenderam aqui dentro, então a "dívida" a nosso favor fica reduzida a 8 milhões (3).

Infelizmente, em lugar de credores, ficamos devedores.

É que, de rendimentos de capitais, entraram 44 milhões (6.1.1 + 6.2.1) porém saíram 302 milhões de dólares (6.1.2 + 6.2.2). A saída líquida de 258 milhões (6.3) é considerada pagamento pelos "serviços" prestados ao Brasil pelo capital estrangeiro. Essa saída foi algo atenuada pelo saldo de 36 milhões de dólares em Outros Itens do Balanço de Pagamentos (Movimento de Ouro Não Monetário, Donativos e Erros e Omissões), de modo que a evasão de divisas foi de "apenas" 222 milhões (6.3+ 5.4). É desse modo que uma conta de 8 milhões a nosso favor se transforma *numa dívida de 214 milhões contra nós* (3 + 5.4 + 6.3).

QUADRO V – *Balanço de Pagamentos do Brasil 1961 (milhões de dólares)*

1. Balança Comercial	
1.1 Exportação	1.403
1.2 Importação	− 1.292
1.3 Saldo	111
2. Balança de Serviços Reais	
2.1 Viagens	
2.1.1 Crédito	23
2.1.2 Débito	− 42
2.1.3 Saldo	− 19
2.2 Transportes	
2.2.1 Crédito	47
2.2.2 Débito	− 125
2.2.3 Saldo	− 78
2.3 Seguros	
2.3.1 Crédito	5
2.3.2 Débito	− 11
2.3.3 Saldo	− 6
2.4 Saldo da Balança de Serviços Reais	− 103
(2.1.3 + 2.2.3 + 2.3.3)	
3. Saldo da Balança Comercial e de Serviços Reais (1.3 + 2.4)	8

4. Balança de Capitais	
4.1 Capitais Particulares	
4.1.1 Crédito	378
4.1.2 Débito	− 209
4.1.3 Saldo	169
4.2 Capitais Oficiais	
4.2.1 Crédito	275
4.2.2 Débito	− 174
4.2.3 Saldo	101
4.3.3 Saldo da Balança de Capitais (4.1.3 + 4.2.3)	270
5. Outros Itens	
5.1 Movimento de Ouro Não Monetário	2
5.2 Erros e Omissões	27
5.3 Donativos (líquido)	7
5.4 Saldo	36
6. Balança de Serviços de Capitais	
6.1 Renda de Investimentos	
6.1.1 Crédito	3
6.1.2 Débito	− 141
6.1.3 Saldo	− 138
6.2 Outros (governamentais, diversos etc.)	
6.2.1 Crédito	41
6.2.2 Débito	− 161
6.2.3 Saldo	− 120
6.3 Saldo da Balança de Serviços de Capitais (6.1.3 + 6.2.3)	− 258
7. Saldo da Balança de Capitais, da Balança de Serviços de Capitais e de Outros Itens (4.3 + 5.4 + 6.3)	48
8. Saldo da Balança de Pagamentos (3–7)	56
9. Atrasados Comerciais	− 68
10. Financiamento Oficial Compensatório (8 – 9)	− 12

Fonte: *Boletim da Superintendência da Moeda e do Crédito*, set. 1962.

De que maneira pagou o Brasil sua "dívida" com o resto do mundo em 1961? Com o saldo da Balança de Capitais. Vejamos primeiro os capitais particulares. Entraram no país nesse ano, sob a forma de investimentos ou de empréstimos e financiamentos, 378 milhões de dólares (4.1.1) e saíram, sob a forma de amortizações, 209 milhões (4.1.2). Resultado: *saldo positivo de 169 milhões* (4.1. 3). Quanto aos

170 DESENVOLVIMENTO E POLÍTICA

capitais oficiais (empréstimos de governo a governo) entraram 275 milhões de dólares (4.2.1) e saíram 174 milhões (4.2.2). Resultado: *saldo positivo de 101 milhões* (4.2.3). Em seu conjunto, portanto, a Balança de Capitais dá um *saldo de 270 milhões de dólares* (4.3), algo maior que a nossa dívida de 222 milhões. Sobram-nos, ainda, 48 milhões de dólares (7), aos quais se acrescem 8 milhões da Balança Comercial e de Serviços Reais. Com essa sobra de 56 milhões (8), pagamos 68 milhões de dólares de atrasados comerciais (9), o que nos obrigou a pedir emprestados mais 12 milhões ao resto do mundo (10).

Tecnicamente, o nosso Balanço de Pagamentos se encerrou com um superávit de 56 milhões de dólares. De fato, porém, o nosso endividamento com o resto do mundo aumenta em 222 milhões de dólares *apesar de o Brasil ter fornecido aos outros países maior quantidade de bens e serviços reais do que obteve deles*. Isto acontece porque os 270 milhões de dólares que compõem o saldo da Balança de Capitais não pertencem ao Brasil. É dinheiro estrangeiro colocado aqui para gerar renda. Ele deverá ser amortizado no futuro, pesando sobre nossas Balanças de Pagamento dos anos vindouros de duas maneiras: 1) porque deverá ser, eventualmente, repatriado; 2) porque gera rendas que são remetidas ao exterior. A maneira oficial de apresentar o balanço dificulta sobremaneira a percepção desse processo, que já foi qualificado de "espoliativo" em documento de nosso governo. É por isso que apresentamos no Quadro V o nosso Balanço de Pagamentos decomposto em parcelas significativas que permitam avaliar mais facilmente o que acontece.

A contradição profunda que encerra o setor externo de nossa economia é, portanto, a seguinte: as necessidades de produtos importados aumentam em decorrência do próprio processo de desenvolvimento econômico; a capacidade para importar é, por sua vez, limitada por dois fatores: pela queda dos preços dos produtos que exportamos – e o plano mostra em sua parte analítica que não há perspectivas para breve de que esses preços voltem a subir – e pelas remessas de rendimentos dos detentores de capitais estrangeiros colocados no país. O resultado é um crescente endividamento exterior do Brasil. As escassas divisas proporcionadas pela exportação são disputadas por importadores e empresas estrangeiras aqui sediadas.

DESENVOLVIMENTO E CRISE 171

Para aliviar a escassez de produtos importados, os nossos governos (e nisso se destacou o de Juscelino Kubitschek) têm apelado para entradas em grau cada vez maior de capitais estrangeiros no país. A vinda desses capitais constitui um alívio imediato, desafogando o Balanço de Pagamentos. Mas isso só a curto prazo. Porque esses capitais têm de ser amortizados, além do fato de que dão lugar a remessa de lucros, juros, *royalties* etc., o que vai agravar a situação no momento seguinte. Quanto mais o país apela para o capital estrangeiro, tanto mais ele se torna incapaz de utilizar a capacidade para importar proporcionada pela sua exportação e tanto mais se torna dependente de novas doses, cada vez maiores, de investimentos estrangeiros.

A contradição no setor externo, que pode ser encarada também como ponto de estrangulamento, acaba tendo dois efeitos principais: a dependência econômica acaba afetando a própria soberania política da nação, cuja independência torna-se cada vez mais aparente e formal, com profundas repercussões sobre a formulação da política do governo. *A* exemplo de outras repúblicas da América Latina, em certas circunstâncias, missões estrangeiras ou o Fundo Monetário Internacional acabam se tornando as autoridades econômicas máximas do país. Em segundo lugar, a contradição referida faz que os preços dos produtos importados, cuja oferta é quase constante diante de uma procura em contínua elevação, aumentem fortemente, constituindo-se em fator dos mais importantes da inflação.

Para tentar remediar a situação, procuram os governos expandir a exportação. Como os preços internacionais dos produtos que estamos em condições de exportar estão em baixa é preciso estimular os empresários brasileiros a vender no mercado externo. Torna-se necessário subsidiá-los, isto é, pagar elevadas quantias em cruzeiros por dólar, de modo que o baixo preço de nossos produtos em moeda estrangeira ainda seja remunerador em cruzeiros. O Plano Trienal em sua p.35 reconhece que:

> Como decorrência dessa disparidade na evolução dos preços, houve uma transferência de renda a favor do setor exportador da ordem de 30% do valor das próprias exportações, e, graças a esse esforço do conjunto da economia, foi possível elevar o *quantum* das vendas no exterior, par-

ticularmente dos chamados produtos menores, em cujo mercado o Brasil pesa relativamente pouco. Contudo, os ganhos foram obtidos, quase sempre, mediante baixa nos preços em dólares, bastando ter presente que as exportações brasileiras, em 1960, apresentavam valor em dólares inferior em 28% ao de 1953 e *quantum,* superior em 18%.

A transferência de renda a favor do setor exportador deu, portanto, poucos resultados em termos de elevação da capacidade para importar. Em compensação, aquela transferência "foi feita, em boa parte com sacrifício do setor fiscal, pois as diferenças de câmbio chegaram a ser importante fonte de recursos para o Tesouro e foram eliminadas sem qualquer medida compensatória" (Plano Trienal, p.38), o que certamente contribuiu para agravar o déficit do governo federal. Desse modo, verifica-se que o ponto de estrangulamento no setor externo da economia é causador da inflação de duas maneiras: elevando o preço dos artigos importados, que entram como custo no preço da maior parte das mercadorias produzidas no país e drenando recursos do Tesouro para o setor exportador, o que faz crescer o déficit da União. Isto está claramente expresso no plano: "A insuficiência crônica da capacidade para importar [...] constituiu-se um foco primário de pressão inflacionária, a qual resultou ainda maior em razão do esforço para transferir renda em favor do setor exportador".

Apesar de reconhecer com lucidez o problema constituído pela contradição existente no setor externo, o plano não propõe nenhuma medida de profundidade para resolvê-lo. Pelo contrário, as medidas que ele promete que serão adotadas pelo governo somente contribuirão para aumentar ainda mais o endividamento externo real do país, ao prever um afluxo bastante vultoso de capital estrangeiro nestes próximos três anos e reservar parcelas expressivas de nossos rendimentos em moeda estrangeira para serem remetidas ao exterior como remuneração dos seus "serviços".

A política econômica preconizada pelo Plano Trienal em relação ao setor externo está sintetizada na projeção de nosso Balanço de Pagamentos para os próximos três anos. Examinemos essa projeção.

O plano prevê uma ligeira elevação de nossas exportações, que deverão atingir 1,4 bilhão de dólares em 1963, e 1,5 bilhão em 1965.

DESENVOLVIMENTO E CRISE

As importações também deverão crescer, mas muito menos: 1,2 bilhão em 1963, e 1,25 bilhão em 1965. Isto significa que não se adotarão medidas que possam expandir nossa capacidade de importar; deverá permanecer, portanto, o ponto de estrangulamento no setor externo, com todas suas danosas consequências.

A projeção não separa a Balança de Serviços Reais da de Serviços de Capitais, na parte da receita. Podemos supor, à base dos anos anteriores, que a metade de nossa receita de Serviços seja devida a Serviços Reais proporcionados ao resto do mundo (transporte, seguro etc.) e a outra metade devida a rendimentos de capitais. Nesse caso, teríamos o seguinte: nos próximos três anos, o Brasil fornecerá ao resto do mundo mercadorias e serviços reais num total de 4,53 bilhões de dólares e dele receberá mercadorias e serviços reais num total de apenas 3,955 bilhões de dólares. Isto significa que utilizaremos somente 87% de nossa já por si insuficiente capacidade para importar.

Como seria de se esperar, a capacidade para importar não utilizada será destinada a remunerar os "serviços" do capital estrangeiro. Na realidade, as somas que serão destinadas a esse fim ainda são muito maiores. O nosso saldo na Balança Comercial e de Serviços Reais é de 575 milhões de dólares, mas a projeção de nosso Balanço de Pagamentos prevê pagamentos pelos Serviços de Capitais da ordem de 1,285 bilhão de dólares (lucros e dividendos, juros, *royalties* etc.). Como 165 milhões (isto é, 50% da receita de Serviços) serão recebidos por nós como rendimentos de capitais, a soma líquida a ser paga é de 1,12 bilhão de dólares. Dessa quantia, 575 milhões serão pagos com capacidade para importar não utilizada e 545 milhões com divisas resultantes da entrada de novos capitais estrangeiros no país.

Efetivamente, a Balança de Capitais projetada pelo Plano Trienal para os três próximos anos prevê uma entrada de 1,83 bilhão de dólares (310 milhões de investimentos particulares e 1,52 bilhão de empréstimos e financiamentos, oficiais em sua maioria). Como no mesmo período deveremos amortizar 1,285 bilhão de dólares de empréstimos já contraídos, que vencem nestes três anos, sobra um saldo de 545 milhões de dólares, que será utilizado para remessas de juros, dividendos etc.

Está claro, portanto, que a contradição do setor externo deverá se aprofundar nos próximos três anos. Nada será feito para proteger o país desse processo espoliativo. E os autores do plano mostram-se conscientes desse fato quando dizem: "Aspecto positivo a destacar, entretanto, é que as exportações brasileiras, a despeito da presente situação desfavorável do nosso comércio exterior, *seriam suficientes* para atender às necessidades de importação de mercadorias e serviços reais requeridos para a manutenção de elevada taxa de crescimento" (Plano Trienal, p.66-7; grifo do autor).

Seriam suficientes, sim, se o plano não previsse "elevação dos montantes correspondentes a lucros, dividendos, *royalties*, patentes etc., em função do aumento previsto nos investimentos estrangeiros no país" (Plano Trienal, p.75).

Resta abordar um aspecto ao qual o plano dá muita ênfase. É que o 1,25 bilhão de dólares de empréstimos e financiamentos previstos na projeção tem ainda que ser concedido pelo "resto do mundo". Esse dinheiro tem que ser obtido para pagar as dívidas a curto prazo contraídas no fim do governo Juscelino. O que aconteceu foi, em resumo, o seguinte: em 1959, devido a grandes investimentos públicos, destinados principalmente a ultimar a construção de Brasília, e devido também a safras reduzidas, o nível geral de preços subiu 38%, o que constituía então taxa de inflação excepcionalmente elevada. O ano de 1960 seria eleitoral. O governo resolveu tentar reduzir o ritmo inflacionário nesse ano, estabilizando o preço dos produtos importados. Para tanto, resolveu manter uma taxa cambial baixa e, para elevar a capacidade de importar, contraiu vultosos empréstimos a curto prazo no exterior. O novo governo, a ser inaugurado em 1961, teria que encontrar meios de saldar esses compromissos.

Jânio Quadros, nos primeiros meses do seu mandato, encetou negociações para refinanciar esses empréstimos a prazos mais longos e obteve certo êxito. Pagou as concessões com a política econômica inaugurada com a Instrução 204 da Sumoc. Com sua renúncia, no entanto, em agosto de 1961, os créditos que ele obteve foram, em grande parte, congelados.

O governo presidencialista do sr. João Goulart encontra-se, pois, na mesma situação do de Jânio em 1961. É-lhe indispensável

DESENVOLVIMENTO E CRISE

conseguir um prolongamento dos prazos dos empréstimos que vencem em 1963 (465 milhões de dólares), em 1964 (465 milhões de dólares) e em 1965 (355 milhões de dólares). Para tanto, ele se dispõe a prosseguir na política iniciada pela Instrução 204, mantendo suas características principais: liberdade cambial, corte aos subsídios etc. Pelo fracasso da Missão Dantas nos Estados Unidos, que obteve créditos que apenas "cobrem mais ou menos a metade dos capitais compensatórios de que necessitamos em 1963 e 1964 e permitem atender a ¾ dos atrasados comerciais" (*O Estado de S. Paulo*, 27 mar. 1963), pode-se estimar que tais concessões não são mais julgadas suficientes pelos nossos credores.

O nosso ministro da Fazenda não somente obteve créditos insuficientes para aliviar a pressão sobre o Balanço de Pagamentos como esses créditos são, em sua maior parte, condicionais. Cerca de metade desses créditos (200 milhões em 398,5 milhões) dependem de projetos específicos, que podem ser aprovados ou não. Como diz *O Estado de S. Paulo*, no mesmo comentário citado: "Contudo, não se deve esquecer que esses empréstimos somente serão liberados na medida em que o governo brasileiro aplicar realmente uma política anti-inflacionista e apresentar projetos no quadro de um plano de conjunto".

Os nossos credores americanos já se acham portanto em posição de ditar a política econômica do país. Se o nosso governo não a formular e executar de acordo com os seus desejos, eles voltarão a cortar os créditos, o que significaria que "o país teria que reduzir o nível de suas importações e sair para uma política de exportações ainda mais agressiva. Contudo dificilmente poder-se-ia conciliar esse esforço adicional com a elevada taxa de crescimento programada" (Plano Trienal, p.11).

Na realidade, é falho supor que nossas perspectivas de desenvolvimento dependem inteiramente da benevolência de nossos "amigos" americanos. De fato, essa benevolência só pode levar a um endividamento externo ainda maior do país e ao estrangulamento do processo de desenvolvimento. Se queremos desenvolver o país, o caminho é outro: é preciso parar de pagar dívidas com capitais estrangeiros; é preciso limitar a remuneração desses capitais às nossas reais disponibilidades cambiais, numa escala de prioridades em que têm preferência as importações indispensáveis ao desenvolvimento; é preciso, enfim, condicionar a entrada de capitais estrangeiros aos interesses do conjunto da economia, em lugar de procurar atraí-lo tendo em vista aliviar a situação presente do Balanço de Pagamentos, com o seu fatal agravamento no futuro. É preciso reconquistar a independência econômica do país, de modo que a política econômica do seu governo reflita unicamente a vontade soberana do povo brasileiro. Lamentavelmente nada há em comum entre essas medidas e as que preconiza o Plano Trienal.

Referência bibliográfica

SAMUELSON, Paul A. *Introdução à análise econômica*. Rio de Janeiro: 1952, Agir, v.II, 1952.

V

Ciclos de conjuntura em economias subdesenvolvidas[1]

1. O ciclo de conjuntura clássico

É fato notório que as economias capitalistas estavam sujeitas, até a Segunda Guerra Mundial, pelo menos, a ciclos de conjuntura. A atividade econômica se expandia com vigor crescente durante alguns anos para então sofrer uma queda brusca, após a qual a economia permanecia como que em prostração para, passados alguns anos, retornar à ascensão. Eram as três conhecidas fases do ciclo: ascensão, crise e depressão, que se repetiam regularmente em intervalos de oito a dez anos.

O estudo das causas do movimento cíclico da economia capitalista é preocupação mais que secular dos economistas, desde os dias de Malthus e Sismondi. Embora haja numerosas teorias divergentes, num ponto muitas, se não a maioria, parecem convergir: a crise resulta fundamentalmente da contradição entre um impulso incontrolado para acumular capital e determinados limites a que a atividade

---

1 Publicado originalmente em *Revista Civilização Brasileira*, n.2, maio 1965.

econômica está sujeita, devido à disponibilidade limitada de fatores que lhe são imprescindíveis. Supõe-se que esses fatores sejam: mão de obra, terra e capital. A situação em que esses fatores estariam com suas reservas esgotadas denomina-se *pleno emprego*. Acontece, porém, que os fatores de produção não podem ser combinados em proporções arbitrárias. A técnica de produção empregada impõe certa proporcionalidade entre as quantidades de mão de obra, capital e terra utilizadas. Daí decorre que a crise pode ser desencadeada tão logo um dos fatores se esgote, mesmo que haja ainda reservas utilizáveis dos demais, isto é, antes que se tenha alcançado o pleno emprego.

O fundamental, no entanto, é que a expansão econômica, no capitalismo, desencadeia um impulso para acumular que se autoalimenta. A expansão dos investimentos eleva o nível de emprego, o que tem por consequência o aumento da demanda global de bens e serviços. Daí resulta certa elevação de preços e consequente ampliação da margem de lucro em alguns ramos da produção, o que atrai novos investimentos para esses ramos. Dos lucros crescentes, quantidades cada vez maiores de recursos podem ser retiradas para a acumulação, cujos efeitos se ampliam sucessivamente por todos os ramos da economia, cuja interdependência faz que o aumento da procura se transmita de um ramo para outro. Trata-se claramente de um processo cumulativo, que se acelera à medida que engloba áreas cada vez mais amplas da economia.

O limite teórico dessa aceleração estaria na capacidade que o sistema tenha de poupar recursos para a acumulação. O crescimento, em si, poderia prosseguir indefinidamente desde que não tentasse ultrapassar esse limite. Como, no entanto, o capitalismo se caracteriza pela anarquia da produção, que faz que a acumulação de capital seja realizada por um sem-número de atos individuais, unicamente guiados por um barômetro, às vezes bastante enganador, a *situação do mercado,* nada garante que o fluxo da acumulação se detenha no marco da poupança real realizada, entendendo-se como *poupança real* a criação de novos fatores de produção. Então, tão logo um dos fatores comece a escassear, a sua remuneração se eleva. O custo maior desse fator se irradia por todo o sistema, ocasionando uma elevação geral dos preços. Isto eleva consequentemente a demanda por moeda e a taxa de juros.

DESENVOLVIMENTO E CRISE

Se o fator inicialmente escasso tiver sido, por exemplo, a mão de obra, subirão os salários com consequente elevação de preços com resultado semelhante sobre a necessidade de moeda como meio de circulação.

Como a acumulação implica uma multiplicação do volume transacionado, ao mesmo tempo que o seu valor (dado pelos preços) se eleva, é óbvio que a demanda por moeda sofre uma dupla pressão para cima.

O volume de moeda, mesmo num sistema de moeda lastreada, pode ser expandido, principalmente pela extensão do crédito. Mas é inevitável que o recurso cada vez maior ao crédito acabe por forçar a elevação da taxa de juros. Isto se dá fundamentalmente porque, com moeda lastreada, o volume de moeda legal é mais ou menos rigidamente limitado. O volume de moeda escritural, por sua vez, não pode se expandir ilimitadamente, já que é função do estoque de moeda legal. O limite é o *crédito,* isto é, o grau de confiança que os devedores inspiram. À medida que o crédito se esgota, a expansão do volume de moeda escritural só pode se fazer à custa de taxas de juros cada vez mais elevadas.

Durante boa parte da fase de ascensão verifica-se verdadeira corrida entre a taxa de juros e a taxa de lucro. Inicialmente, a segunda mantém uma dianteira folgada: os investimentos utilizam as reservas de fatores disponíveis, os preços se mantêm quase estáveis, a procura por moeda cresce pouco e as linhas de crédito são apenas parcialmente utilizadas. À medida que a ascensão prossegue, o quadro muda: um ou outro fator torna-se relativamente escasso; o nível geral de preços se eleva e as linhas de crédito vão se esgotando. Consequentemente, a taxa de juros se eleva, aproximando-se cada vez mais do nível da taxa média de lucro.

Quando a margem entre a taxa de lucro e a de juros se estreita é sinal de que a acumulação de capital está ultrapassando a poupança real, o que se manifesta sob a forma de pontos de estrangulamento. Uma série de investimentos, cujas perspectivas de lucro limitadas pelos pontos de estrangulamento são *inferiores* à taxa de juro vigente, deixam de se realizar. A demanda dos bens de produção, que seriam utilizados nesses investimentos, cai. Os preços desses bens se reduzem, rebaixando a margem de lucro em sua fabricação. Mais investimentos deixam de se realizar. As firmas nesses ramos que recorreram ao crédito, ao caírem as vendas não dispõem de liquidez para saldar seus débitos. Tentam adiá-los por extensão do crédito a juros mais altos. A taxa de juros se eleva ainda mais, ao passo que a taxa de lucros cai, o que faz o investimento virtualmente cessar e a crise se desencadeia.

A crise ocasiona uma brusca queda no nível da atividade econômica, a qual permanece reduzida durante a depressão. Nesse período, a escassez relativa do fator crítico é remediada. Se o fator escasso é a mão de obra, introduzem-se inovações técnicas que poupam mão de obra mediante maior uso de capital. Se o fator escasso é terra (ou recursos minerais), são também inovações técnicas que alteram favoravelmente as proporcionalidades dos fatores utilizados.

O que é essencial na compreensão do ciclo de conjuntura da economia capitalista é o papel que ele desempenha na evolução do sistema, o que é mais importante do que a determinação do mecanismo que o condiciona. O capitalismo só dispõe como regulador da alocação dos investimentos pelos diversos setores da economia de um mecanismo relativamente imperfeito, qual seja, o mercado de capitais. O nexo entre as necessidades reais de bens de determinado ramo e a quantidade de investimentos necessários à produção daquela soma de bens é algo bastante sujeito a apreciações subjetivas: as perspectivas de lucros. É fácil compreender que o fluxo de investimentos possa se distribuir de forma *errada* do ponto de vista da estrutura da demanda global. Isto faz que surjam pontos de estrangulamento. A escassez relativa de um fator surge exatamente porque o período de previsão, na economia capitalista, é extremamente curto. Se não fosse assim, as transformações que se realizam no período de depressão poder-se-iam fazer concomitantemente com um elevado fluxo de investimentos. Acontece porém que, durante o período de ascensão, os desequilíbrios são velados pela alta geral de preços, que muito rapidamente se torna *inflação de custos* (elevação de preços causada por elevação de custos). Só na depressão, com maior estabilidade de preços, é que os pontos de estrangulamento se tomam reconhecíveis mediante o mecanismo de preços e, em consequência, o fluxo de investimentos se reorienta (inclusive para pesquisas tecnológicas) no sentido de eliminá-los. O ciclo de conjuntura, enfim, é um mecanismo que permite ao capitalismo corrigir *a posteriori* os erros de investimentos que a anarquia da produção não lhe permite prevenir *a priori*.

2. O ciclo de conjuntura com oferta de moeda centralmente controlada

A recorrência de ciclos de conjuntura com consequências sociais e políticas extremamente perigosas para a estabilidade do sistema induziu os países capitalistas a adotar determinados controles *anticíclicos*. Entre estes se destaca o controle da oferta da moeda e a manipulação da taxa de juros mediante a centralização das emissões e a limitação do crédito bancário em determinadas instituições, geralmente denominadas *bancos centrais*.

O que as autoridades financeiras fazem é limitar a oferta de moeda e aumentar a taxa de juros tão logo, no período de ascensão, se manifeste a tendência à elevação de preços. Desse modo, corta-se a acumulação de capital antes que os pontos de estrangulamento se tenham aprofundado muito. A própria política das autoridades monetárias provoca a crise prematuramente, antes que os mecanismos de mercado a desencadeiem. Consequentemente, a queda do nível de atividade econômica é muito menor. A crise se manifesta sob a forma de recessão.

Quando a recessão se aprofunda, num movimento cumulativo para baixo, as autoridades financeiras invertem a política monetária: aumentam a oferta de moeda e reduzem a taxa de juros. Essas medidas acabam por estimular o investimento, a recessão é superada e segue-se um novo período de ascensão. (Estamos dando ênfase especial às medidas monetárias apenas para simplificar a discussão. Na realidade o "arsenal de medidas anticíclicas" é mais amplo, incluindo toda política orçamentária, tributária etc.).

Nessa situação, o ciclo de conjuntura sofre certas mudanças. A sua duração torna-se mais curta. De oito a dez anos passa a três ou quatro anos. Registraram-se recessões nos Estados Unidos, por exemplo, depois da Segunda Guerra, em 1949-1950, 1953-1954, 1957-1958 e 1960-1961. As variações no nível de atividade econômica também são muito menores, em comparação com as que se verificaram na situação em que a oferta de moeda e as flutuações da taxa de juros eram determinadas unicamente pelo mecanismo de mercado. As recessões são incomparavelmente menos profundas que as crises anteriores, porém os períodos de ascensão são igualmente menores que os que antes se verificavam.

Qual o efeito dessas modificações no ciclo de conjuntura sobre a evolução a longo prazo da economia capitalista? O crescimento secular dessas economias se faz a uma taxa muito menor. Isto é fácil de entender se lembrarmos que os períodos de ascensão são cortados muito rapidamente. Qualquer elevação de preços mais significativa pode rapidamente transformar-se numa inflação de custos devido ao grande poder de barganha do movimento sindical dos países industrializados, que resiste vigorosamente a qualquer redução dos salários reais, exigindo aumentos de salário tão logo se eleve o custo de vida. Eis a razão por que os governos desses países se mostram alarmados quando os índices do custo de vida revelam elevações de 4% ou 5%. Importação de mão de obra de países subdesenvolvidos – do México e Porto Rico para os Estados Unidos, da Itália, Espanha e Portugal para a França, Alemanha etc. – não resolvem o problema. Logo, rigorosas medidas antinflacionárias são adotadas, com suas consequências deletérias para o crescimento da economia.

Esta é a explicação da quase estagnação que se observa nos países industrializados, que só não é mais evidente devido ao período relativamente curto de normalidade econômica com controle central da oferta de moeda, no qual os efeitos da política monetária anticíclica puderam ser observados. Esse período não passa de três lustros, isto é, de 1950, quando se superaram os efeitos mais imediatos da Segunda Grande Guerra, até hoje (1964).

3. O ciclo de conjuntura em países subdesenvolvidos

O sistema monetário nos países subdesenvolvidos tem uma peculiaridade: a moeda é inconversível. Nos países industrializados, a conversibilidade foi abandonada durante momentos de crise: Primeira e Segunda Grandes Guerras, crise de 1929 etc. Mas, quando a economia volta à normalidade, esses países retornam à chamada conversibilidade limitada. Para todos os efeitos práticos funciona o papel-moeda; a conversibilidade é apenas teórica; no entanto, os governos procuram manter certa paridade entre o poder de compra da moeda e o valor do ouro, o que implica, naturalmente, um certo limite à emissão.

DESENVOLVIMENTO E CRISE

Nos países subdesenvolvidos, a moeda já perdeu qualquer pretensão de lastro, podendo ser emitida sem óbice algum. É claro que isto não explica as agudas crises inflacionárias pelas quais numerosas economias subdesenvolvidas têm passado. Pelo contrário, são as crises inflacionárias que explicam por que os governos desses países tiveram que desistir de qualquer aspiração à conversibilidade de suas moedas.

É notório que na economia subdesenvolvida, que não adquiriu inteiramente características capitalistas, o ciclo de conjuntura é induzido de fora para dentro. Quando os países industrializados, que compõem a procura no mercado de produtos coloniais, estão na fase de ascensão, os países subdesenvolvidos são atingidos pela expansão da demanda de matérias-primas que exportam. O setor de mercado externo dessas economias se amplia em resposta aos estímulos do mercado internacional, e arrasta consigo o setor de mercado interno, cujo nível de atividade é função do setor de mercado externo. Para melhor ilustrar essa cadeia de repercussões, vejamos o caso do Brasil entre as duas grandes guerras. Terminando o conflito de 1914-1918, os países industriais reconverteram suas economias para o atendimento das necessidades *civis* e passaram, durante a década de 1920, por uma fase de ascensão. A demanda de café se expandiu. Nas palavras de Taunay:

> Em 1918, achava-se o mundo com verdadeira "fome de café". A superveniência das enormes geadas de julho desse ano provocou maior desequilíbrio ainda. O quilograma passou, de um ano para outro, de réis 485 a 1$273, para, em 1920, atingir 1$636!
>
> Interveio a presidência Epitácio Pessoa novamente nos mercados e as cotações continuaram a subir: 1$710 em 1921, 2$785 em 1923. O ano de 1925 veria o café cotar-se a 4$020 por quilograma, oito e meia vezes mais do que valera oito anos antes! [...]
>
> Crescera pois, rapidamente, o cafezal brasileiro. Contava, em 1920 com 1.708.841.000 árvores e um quinquênio mais tarde 2.021.342.000, passando em 1927, a 2.253.180.950, dos quais 544.761.000 cafeeiros novos.[2]

---

2 Taunay, *Pequena História do Café no Brasil*, p.408.

184 DESENVOLVIMENTO E POLÍTICA

A expansão do setor de mercado externo, representado principalmente pela cafeicultura, levou a um crescimento do nível de atividade no setor de mercado interno, principalmente dos ramos dependentes da exportação: estradas de ferro, portos, armazéns, mercado financeiro. Mas o desenvolvimento industrial não foi favorecido do mesmo modo porque a baixa do câmbio (valorização do mil-réis) barateou as importações, dificultando sua substituição por produtos nacionais.

Os dados relevantes são os seguintes:

NÚMEROS ÍNDICES
(1914 = 100)

Ano	Câmbio (valor do dólar)	Custo de vida	Valor da produção industrial (deflacionada pelo custo de vida)
1920	139	163	188
1921	227	167	188
1922	226	184	218
1923	287	202	303
1924	268	236	194
1925	243	252	178
1926	204	260	193
1927	247	267	217
1928	241	263	284
1929	248	261	269

Fonte: Simonsen, *A evolução industrial do Brasil.*

Note-se a baixa do câmbio, de 1924 em diante. O custo de vida, até 1927, mantém rumo ascendente, o que significa que o mil-réis se desvalorizou no mercado interno, sem que seu valor em relação ao dólar fosse afetado. Resulta disto tudo uma queda real no preço dos produtos importados, de 1924 em diante, e o seu efeito sobre a indústria pode ser facilmente aquilatado pelos índices da última coluna: o valor real do produto industrial, depois de atingir um auge, em 1923, sofre forte queda em 1924 e 1925, recomeçando a crescer em 1926, sem atingir, até o fim da década, o nível de 1923.

Apesar da estagnação relativa da indústria, o terceiro decênio do século XX não foi, absolutamente, de depressão para a economia brasileira. A expansão do setor primário (café) induziu a do terciário (transporte, comércio), com intensificação geral da atividade econômica. Como se vê, a fase de ascensão do ciclo de conjuntura é induzida de fora para dentro na economia subdesenvolvida e se manifesta pela expansão do setor de mercado externo e dos ramos a ele ligados do setor de mercado interno. O desenvolvimento mediante substituição de importação perde intensidade.

A partir de 1930, a conjuntura muda nos países industrializados: à crise de 1929 segue-se longa depressão. No Brasil, a inversão da conjuntura se manifesta pela queda das exportações de café, redução da capacidade para importar e alta de câmbio. A queda do setor de mercado externo arrastou consigo a parte solidária com ele do setor de mercado, com consequente queda do nível de atividade econômica. Porém, nessa altura, o governo adotou uma política que mostrou ser anticíclica: subsidiou o setor de mercado externo (pela compra de café que posteriormente foi destruído), mantendo elevada a procura interna. O significado anticíclico dessas medidas foi demonstrado, em várias obras, por Celso Furtado (ver *Economia brasileira, Formação econômica do Brasil* etc.). Com isto, o processo de substituição de importações foi acelerado, pois a demanda não podia ser satisfeita via importação devido à escassez de divisas provocada pela queda das cotações do café. A indústria recuperou o ritmo de crescimento que demonstrara durante a guerra e logo depois.

Os dados relevantes são os seguintes:

NÚMEROS ÍNDICES
(1914 = 100)

Ano	Câmbio (valor do dólar)	Custo de vida	Valor da produção industrial (deflacionada pelo custo de vida)
1929	248	261	269
1930	270	237	260
1931	417	228	265
1932	413	229	253
1933	371	227	273
1934	429	245	289
1935	509	256	343
1936	504	291	345
1937	469	312	375
1938	515	318	394

Fonte: Simonsen, *A evolução industrial do Brasil*.

Note-se a alta do câmbio a partir de 1931, ao mesmo tempo que o custo de vida se mantém baixo (até 1935). Resultou daí o encarecimento relativo das importações e, consequentemente, sua substituição crescente por artigos da indústria nacional, a qual, de 1933 em diante, cresce firmemente.

O importante a salientar é que a economia subdesenvolvida pode reagir à depressão induzida do exterior mediante a intensificação do processo de transformação estrutural. À medida que esse processo avança, a economia vai se tornando menos vulnerável às repercussões do ciclo em outras economias. O Brasil se recuperou da depressão dos anos 1930 muito antes que as economias dos países industrializados. Ele pôde fazê-lo graças a uma política anticíclica, que possivelmente nem foi concebida com vista a todo o alcance que poderia ter. Porém é preciso não esquecer que, se o país não tivesse podido dispor das bases industriais lançadas durante a Primeira Grande Guerra, a manutenção da demanda interna ter-se-ia esfumado em mera elevação inflacionária de preços.

O desenvolvimento, entendido como transformação estrutural, tem por efeito tornar a economia menos dependente do setor de mercado externo, cujo papel condutor passa a ser exercido pelo setor de mercado interno. A economia deixa de ter sua dinâmica presa à dos países industrializados. Em compensação, o setor de mercado interno, que é capitalista, passa a ser um foco autônomo de variações conjunturais. O mecanismo descrito na primeira seção deste trabalho passa a condicionar a economia em desenvolvimento. Isto porém não significa que as medidas anticíclicas mencionadas na segunda seção possam ser aplicadas sem maiores dificuldades.

Analisemos o nosso problema tendo em vista o que se passou no Brasil nos últimos anos. O processo de substituição de importações, retomado nos anos 1930, atingiu grande intensidade durante a Segunda Grande Guerra, devido ao virtual desaparecimento da concorrência estrangeira. Entre 1945 e 1954 repetiu-se a conjuntura dos anos 1920: expandiram-se as exportações de café, o câmbio teria caído e importações mais baratas teriam ameaçado a industrialização do país se a política governamental se tivesse mantido passiva, como depois da Primeira Grande Guerra, diante das transformações

DESENVOLVIMENTO E CRISE

conjunturais. A situação em 1946 era, no entanto, muito diferente da de 1920. O peso específico da indústria no conjunto da economia já era muito maior. Os interesses industriais já eram mais poderosos que os ligados à cafeicultura. Como medida de proteção à indústria, o governo estabeleceu o monopólio estatal do câmbio, que foi fixado em Cr$ 18,50/dólar, impedindo-se a baixa esperada. Desse modo evitou-se o barateamento das importações, protegendo-se a indústria e sua expansão continuada.

A industrialização de um país subdesenvolvido suscita muito mais pontos de estrangulamento que a mera expansão industrial de uma economia capitalista desenvolvida, É que a pirâmide industrial está sendo formada, mediante a substituição de importações, de cima para baixo. A industrialização consiste no estabelecimento de plantas que realizam as últimas fases da produção de bens de consumo (montagem, acabamento), a serem absorvidos por mercados locais, no máximo regionais. A indústria começa por ser um prolongamento do fluxo de importações. Em lugar de importar o produto acabado, importam-se as peças e muitas vezes o capital, o *know-how* e a mão de obra especializada. Só em etapas mais adiantadas do processo é que as outras fases do processo produtivo são transferidas.

Ora, nem todos os elementos da economia industrial podem ser importados. A energia elétrica, por exemplo, tem que ser produzida localmente e as instalações existentes no Brasil sempre acompanharam o crescimento da demanda com atraso. Também a rede de transporte não foi projetada no sentido de articular a economia num mercado nacional, mas de ligar as diferentes regiões do país ao mercado externo. Quanto à mão de obra, o setor de subsistência constituía um reservatório aparentemente inesgotável. Acontece, porém, que a indústria, à medida que aprofunda e completa sua estrutura, vai exigindo mão de obra cada vez mais qualificada e o aparelho escolar não estava preparado, nem qualitativa nem quantitativamente, para formá-la. Estes são alguns dos pontos de estrangulamento que se fizeram notar no Brasil em toda a longa fase de ascensão, que vai de 1933 a 1962. Cada um deles constituía uma pressão que se somava às demais, no sentido da elevação de preços. A falta de energia elétrica e a precariedade dos transportes limitava a oferta de produtos, cujos preços subiam. A escassez de trabalhadores qualificados, principalmente de técnicos, forçou a alta de seus salários que, sob a forma de custos, impeliam para cima os preços.

A solução para esses pontos de estrangulamento implicava grandes investimentos com longo prazo de maturação, em construção de usinas hidrelétricas e redes de transmissão de rodovias, pontes, aeroportos etc. e na ampliação da rede escolar, cujos métodos educacionais, corpo docente etc. tinham que ser adaptados à nova sociedade industrial em formação.

Se o governo tivesse mantido rígida a oferta da moeda tão logo se fez sentir a pressão dos pontos de estrangulamento sobre o nível de preços, a taxa de juros teria subido e tornado impossível os investimentos, principalmente nas áreas estratégicas antes mencionadas. Se o governo tivesse tentado levar a cabo um programa de construção rodoviária e de ampliação da rede escolar exclusivamente com recursos tributários, ele teria que elevar a receita tributária de tal modo que agravaria a escassez de moeda, eliminando as possibilidades de investimento industrial. A ascensão, nesse caso, teria sido rapidamente estrangulada.

Examinemos a questão em termos concretos. O país dispunha de uma poupança real limitada, constituída por bens de produção a serem acrescidos ao estoque de capital existente. É preciso entender essa poupança como um fluxo, um processo de acumulação de capital. Determinada parcela do produto nacional, pela sua forma física – máquinas, equipamentos, instalações –, só poderia ser destinada à acumulação. As necessidades objetivas do desenvolvimento exigiam o aumento desse fluxo de poupança real e o governo aparecia como instrumento adequado para concentrar essa poupança e investi-la nas áreas estratégicas da economia, em que se manifestava estrangulamento da demanda: energia, transporte, mão de obra qualificada, combustíveis, aço e ferro etc. Se o governo tivesse escolhido, como caminho para se apropriar da parte da poupança real que lhe cabia investir, a utilização exclusiva da receita tributária, ele se teria apropriado de uma parcela da capacidade aquisitiva da sociedade, cuja demanda global não cresceria, mas apenas se distribuiria de modo diferente entre o setor público e o setor privado. Este poderia tentar

DESENVOLVIMENTO E CRISE

passar adiante o peso da carga tributária mediante aumentos de preços, porém, como a capacidade aquisitiva dos consumidores não teria crescido, os preços maiores acarretariam queda das vendas. Criar-se-iam as condições para a crise. As margens de lucro se estreitariam, os investimentos não seriam mais estimulados, surgiria desemprego e capacidade ociosa na indústria e os pontos de estrangulamento desapareceriam, não pela ampliação da oferta dos recursos escassos, porém pela queda de sua procura. Com isto desapareceria a justificação do programa de investimentos públicos, que logo seria reduzido ou abandonado.

O fato é que numa economia como a brasileira, em que o setor de mercado interno já tinha atingido as dimensões que possuía em 1945, tal política provocava imediatamente tensões sociais insuportáveis para qualquer governo representativo. Mesmo no quinquênio do general Dutra, em que a política econômica supostamente primava pela ortodoxia financeira, enveredou-se pelo caminho das emissões e da expansão dos meios de pagamento.

NÚMEROS ÍNDICES
(1953 = 100)

Anos	Moeda em circulação	Meios de pagamento
1945	38	33
1946	45	37
1947	49	42
1948	49	43
1949	53	48
1950	63	57

Fonte: *Conjuntura Econômica.*

As emissões aumentaram 65% a moeda em circulação, ao passo que os meios de pagamento se expandiram 73%. É interessante notar que, nesse período, o produto intemo cresce a uma taxa anual de 5% a 6% (só há levantamentos a partir de 1948). Se supusermos uma taxa geométrica anual de 6% de incremento do produto interno nesse período, verificaremos que seu crescimento teria sido, entre 1945 e 1950, de 34%, isto é, bem menor que a expansão da oferta de moeda.

Bem, o que aconteceu quando o governo resolveu se apoderar de parte da poupança real mediante emissões? Ele multiplicou o poder aquisitivo, expandindo a demanda global. A demanda do poder público se soma à demanda do setor privado, que disputa ao setor público os recursos produtivos. É claro que isto leva ao aumento de preços que, no entanto, podem ser passados adiante, pois o poder aquisitivo dos consumidores também foi aumentado. É como se o fluxo de poupança real tivesse se expandido, embora o que ocorreu tenha sido apenas o aumento do seu valor nominal. O importante nesse processo é que, desse modo, as margens de lucro se mantêm amplas, os investimentos são estimulados e, no final, a própria poupança real, ou seja, a parcela de recursos dedicada à produção de bens de produção aumenta.

Como se explica isso? Apenas pelo processo de poupança forçada? Não, embora ele não deixe de desempenhar papel importante na façanha. É que a pressão inflacionária ocasiona dois fenômenos:

1) maiores recursos são drenados do setor de mercado externo e do setor de subsistência para o setor de mercado interno, o que equivale a um aumento da poupança real;
2) há melhor utilização da capacidade existente, o que equivale a um investimento líquido, ou seja, é como se o estoque de capital se tivesse expandido, pois a relação produto/capital se eleva.

Aparentemente, economias subdesenvolvidas, como a brasileira, em processo de expansão capitalista conseguem evitar o ciclo de conjuntura e manter, ao mesmo tempo, altas taxas de crescimento econômico. Pareceria que elas conseguem comer o bolo e guardá-lo ao mesmo tempo. Na realidade, todo o processo se fundamenta na política de manter elástica a oferta de moeda, enquanto a demanda pela mesma é limitada à custa de dois diques, que constituem outros tantos modos de provocar "poupança forçada": a) o confisco cambial, que transfere à burguesia industrial parte do excedente criado no setor de mercado externo; b) o confisco salarial (reajustamento a prazos longos dos salários, enquanto sobem os preços dos artigos de consumo da classe operária), que eleva o excedente criado no setor

DESENVOLVIMENTO E CRISE

de mercado interno e que é diretamente apropriado pela burguesia industrial.

O confisco cambial funciona como dique à expansão da demanda de moeda, porque os preços dos produtos importados não acompanham a elevação do nível geral de preços. O confisco salarial contribui para o mesmo resultado, ao impedir que os salários nominais acompanhem a elevação do índice do custo de vida. O que resta, portanto, é a inflação de demanda: os preços sobem quando pontos de estrangulamento limitam a oferta. À medida que esses pontos de estrangulamento são eliminados, deixa de se processar a elevação de preços.

Se fosse possível prosseguir no confisco cambial e no confisco salarial indefinidamente, o problema estaria resolvido. Porém as classes forçadas a poupar reagem contra os confiscos à medida que eles se intensificam e acabam por eliminá-los. Rompem-se os diques que represavam a demanda por moeda, a inflação se torna de *custos* crescendo a uma taxa geométrica cada vez maior, até se tornar galopante, o que obriga finalmente o governo – desejoso de preservar as bases capitalistas da economia – a recorrer a medidas anti-inflacionárias que trazem em seu bojo os germes da crise. Comido o bolo, só restam as migalhas.

No Brasil, o confisco salarial foi o primeiro a ser rompido, graças à luta do proletariado citadino, que levou à volta de Getúlio Vargas ao poder em 1950. Em 1952, reajustou-se o salário mínimo para Cr$ 1.200 nos principais centros do país (ele havia permanecido congelado em Cr$ 400 desde 1945). Restaurou-se certa liberdade sindical e as organizações operárias conquistaram, na prática, o direito de greve, usado pela primeira vez, de forma extensa, em 1953, em São Paulo, na grande parede de metalúrgicos, tecelões, marceneiros, gráficos e vidreiros. Desde então, e particularmente após a elevação de 100% no salário mínimo, em 1954, o confisco salarial tornou-se cada vez mais reduzido. Até 1962 ele ainda se manteve, graças ao período relativamente longo de reajustamento dos salários – um ano –, quando a taxa *mensal* de incremento dos preços crescia sem cessar. Quando, nos últimos anos, o prazo de reajustamento foi, de fato, reduzido para seis meses, pode-se dizer que o confisco salarial também perdeu muito de sua eficácia.

192 DESENVOLVIMENTO E POLÍTICA

Quanto ao confisco cambial, foi mantido íntegro até 1953, quando, graças à reforma de Oswaldo Aranha, ele foi consideravelmente atenuado. De 1955 em diante, a queda persistente dos preços do café reduziu o excedente no setor de mercado externo que pudesse ser apropriado mediante o confisco cambial. Eis os dados relevantes:

NÚMEROS ÍNDICES
(1953 = 100)

Anos	1. Preço do café	2. Nível geral de preços	3. Preço real do café (1/2)	4. Preço do café (US$)
1954	150	130	115	124
1955	144	147	98	88
1956	154	175	88	88
1957	157	197	80	84
1958	157	221	71	76
1959	166	305	54	60
1960	208	399	52	61
1961	249	552	45	60
1962	375	843	45	57

Fonte: *Conjuntura Econômica.*

Os preços nominais do café (coluna 1) foram mantidos quase estáveis no período 1954-1959, ao passo que o nível geral de preços (coluna 2) subiu 135%. Daí a queda do preço real do café, nesse período, de 53%, o que reflete, porém, a queda do preço externo do café (coluna 4), que foi de 52% nesses anos. Pode-se dizer que, de 1954 a 1959, a margem de confisco cambial, atingida em 1953, foi apenas mantida. De 1960 em diante, o preço nominal do café foi sendo reajustado, embora a níveis menores que a elevação de índice geral de preços. O preço real do café ainda sofre redução em 1960 e 1961, porém se mantém em 1962, ao mesmo tempo que o preço externo do produto também sofre certa diminuição. Nesses anos, no entanto, uma grande parte do café produzido não é exportado, porém retido no país, à custa dos cofres públicos. Entre 1953 e 1962, o volume de café produzido cresce 50%, ao passo que a quantidade exportada não aumenta mais de 10% neste período. Claros índices de superprodução são visíveis, a partir de 1958, quando tem início intensa acumulação de estoques pelo

DESENVOLVIMENTO E CRISE

governo. A partir desse ano, o confisco cambial se transforma no seu oposto: subsídio ao setor cafeeiro. O problema mereceu do sr. Daniel Faraco, ministro da Indústria e Comércio, o seguinte tratamento, em exposição feita na Câmara dos Deputados no dia 3/9/1964:

> No período de 1959 a 1963, o índice geral de preços agrícolas no Brasil, exceto o café, aumentou de 4,2 vezes, enquanto que, no mesmo espaço, os preços internos se elevaram de apenas 3,2 vezes. Entretanto, somada a produção brasileira das safras de café do mesmo período, verificaremos que foram produzidas 168,4 milhões de sacas, das quais apenas 101,2 milhões tiveram o destino da exportação. Houve assim uma sobra de 37,2 milhões de sacas, retiradas pelas compras do governo, que destinou parte delas (30 milhões) ao consumo interno, a preços fortemente subvencionados. Assumiu o governo, em última análise, o encargo de suportar a estocagem de mais 37,2 milhões de sacas que não encontraram colocação no mercado. (O *Estado de S. Paulo*, 4 set. 1964)

Eliminados os dois *diques*, a elevação de preços dispara, particularmente de 1959 em diante. Os preços, que subiram 30% em 1954, 12% em 1955, 19% em 1956, 12% em 1957 e 12% em 1958, sofrem uma elevação de 38% em 1959, que cai a 30% em 1960 para subir novamente a 38% em 1961, a 52% em 1962 e a 74% em 1963. É bem clara a inflexão, em 1959, no aumento do nível de preços, época a partir da qual preços de importação[3] e salários se elevam continuamente, tomando a inflação, no Brasil, *de custos*.

* * *

Quais foram os motivos fundamentais que levaram a economia brasileira à beira de uma hiperinflação? No fundo, foi o processo de substituição de importações, que necessariamente tinha de apresentar preços mais elevados pelos produtos fabricados aqui. Mas essa elevação teria sido temporária, pois, à medida que a produção se

---

3 Os preços de importação subiram 330%, entre 1958 e 1962, ao passo que o nível geral de preços subiu, nesse período, apenas 280%.

estendesse e se aperfeiçoasse, os custos tenderiam a se reduzir. O que aconteceu, no entanto, é que surgiram pontos de estrangulamento que não só impulsionaram a inflação, mas que foram por ela mascarados. O desenvolvimento, no Brasil, consistiu na formação de uma economia capitalista, sem que o mercado de capitais tivesse criado condições de realmente desempenhar suas funções, a fundamental das quais seria orientar os investimentos no sentido de quebrar os gargalos que ameaçavam afogar o crescimento. Quem acabou executando essa função foi o governo, o que foi feito mediante emissões, intensificando ainda mais a inflação.

Pode-se dizer, portanto, que: 1) a política inflacionária do governo *adiou* o desencadear da crise, que teria havido no fim da última guerra, crise essa induzida do exterior; 2) as contradições que teriam levado à crise acabaram manifestando-se pela aceleração da inflação, o que, no final, provocou a crise e provavelmente de maneira mais profunda e duradoura do que teria acontecido se ela tivesse estourado em 1945-1946. Isto não deve ser entendido como argumento favorável a uma política mais *ortodoxa*, do tipo posto em prática nos países industrializados, pois, se o desenvolvimento inflacionário tivesse sido cortado prematuramente, nunca teríamos chegado ao ponto de ter uma economia capaz de gerar seu próprio ciclo de conjuntura, como agora estamos tendo.

Seja como for, a partir de 1963, o combate à inflação tornou-se a tônica dominante da política econômica, com claras implicações depressivas. A tentativa nesse sentido de San Tiago Dantas, baseada no Plano Trienal, em 1963, abortou porque as tensões sociais provocadas tornaram tal política inviável, diante da situação político-social então existente. A deposição do presidente, em abril do ano passado, mudou a situação exatamente no sentido de tornar uma política anti-inflacionária, capaz de provocar uma crise, politicamente viável, o que foi reconhecido claramente pelo presidente Ranieri Mazzili, em discurso pronunciado poucos dias antes de passar o governo ao marechal Castelo Branco.

Essa política está sendo, desde então, posta em prática. Ela consiste numa ação dirigida no sentido de reduzir o crescimento da procura efetiva. Nesse sentido, a procura por investimentos está sendo

DESENVOLVIMENTO E CRISE

atingida pela redução dos investimentos públicos (corte nas despesas de todos os ministérios) e por certa restrição de crédito, que não precisa ser muito violenta, pois a perspectiva de crise já induziu a liquidação de estoques e a queda resultante dos investimentos privados. A procura por bens de consumo está sendo deprimida por uma política tributária e financeira que força a elevação de preços – corte dos subsídios à importação de trigo, petróleo e papel, elevação do imposto de consumo e do imposto sobre combustíveis, elevação da taxa cambial etc. –, a chamada "inflação corretiva", ao mesmo tempo que os salários são congelados, o que significa redução dos salários reais. Nisso tudo, a política salarial é uma peça de fundamental importância. Pela primeira vez, desde a volta de Getúlio ao poder, o governo declara abertamente que "o processo costumeiro de revisão salarial, em proporção superior ou *igual* [grifo nosso] ao aumento do custo de vida é incompatível com o objetivo de desinflação com desenvolvimento" (Roberto Campos de Oliveira, falando no Senado, em 1 abr. 1964).

Essa expressão, "desinflação com desenvolvimento", pode ser considerada quase irônica. A queda dos salários reais, provocada pelo não reajustamento dos salários nominais enquanto o próprio governo força a elevação dos preços, prenuncia forte queda da procura da maioria dos consumidores, constituída por assalariados, à qual se soma a redução dos investimentos. É óbvio que a atividade econômica terá que sofrer o impacto. A depressão está sendo provocada na economia brasileira com tanta consistência e persistência que é como se o governo a instaurasse por decreto. A fase de descenso do ciclo já começou.

A depressão, em cujo início nós entramos, terá forma diversa da do ciclo clássico. É que o processo não está sendo desencadeado por um mecanismo coletivo, como o mercado, mas é comandado conscientemente pelos que puxam as alavancas da política econômica. Por isso, o seu início não é uma crise fulminante, com falências ruidosas e desemprego em massa, e sim uma recessão que lentamente se agrava. É o que poderíamos chamar de "depressão rastejante" ou "crise controlada". O comércio e a indústria sofrem sobressaltos cada vez que o governo adota uma medida depressiva, mas logo depois há alguma recuperação que faz retornar as esperanças. A lenta deterioração da procura é ocultada pelo nervosismo do mercado, o que só tornará o processo claro após vários meses. É preciso considerar, por exemplo, que ainda em fevereiro do ano passado foi reajustado o salário mínimo, numa proporção de 100%. Passaram-se meses antes que a economia tenha absorvido todas suas repercussões. É preciso reconhecer, ainda, que o governo está sendo cauteloso: todas as medidas estão sendo submetidas ao Congresso, o que retarda um pouco e atenua seu impacto, distribuindo-as por um período maior. O resultado é que também a "inflação corretiva" se prolonga e o Ministério do Planejamento confessa que esperava, no ano de 1964, uma elevação de preços da ordem de 65%, o que se pode considerar estimativa muito otimista. Quando, graças ao estrangulamento da procura, a ascensão dos preços se tornar menos intensa, os efeitos depressivos também se tornarão mais claros.

A depressão rastejante vai devagar, mas vai. Supondo que a presente política continue, é de se prever que o Brasil entrará em estagnação durante vários anos. Em lugar do desenvolvimento haverá decréscimo na atividade produtiva. Em lugar da integração das massas rurais na economia industrial, haverá desemprego. Em lugar da multiplicação de empreendimentos, muitas firmas pequenas e médias fecharão, cedendo a sua posição no mercado às grandes, a maioria das quais estrangeiras.

É claro que essa depressão não durará para sempre. No fim, as pressões inflacionárias serão mitigadas. O nível de preços não deixará de crescer – a não ser que a atual política seja levada ao paroxismo, transformando-nos num segundo Portugal –, mas crescerá a uma taxa menor. Eventualmente se reconhecerá que a depressão é perigo maior que a inflação e uma mudança na política econômica permitirá ao país retomar o caminho do crescimento.

4. Crise conjuntural e crise de estrutura

A presente crise da economia nacional é uma crise de conjuntura. Muito se falou em crise estrutural em nossa economia, que seria remediada pelas reformas de base. Porém esse problema ofuscou a

DESENVOLVIMENTO E CRISE

iminência da crise de conjuntura, sem que a ligação entre os dois processos ficasse muito clara.

O que podemos chamar de crise de estrutura, no Brasil, é o resultado da existência de determinados resíduos da economia colonial que resistem à mudança operada pelo desenvolvimento, constituindo-se em pontos de estrangulamento. Entre esses resíduos se destaca o setor de subsistência em nossa agricultura, constituído por latifúndios e minifúndios em que a imobilidade tecnológica provoca a manutenção da produtividade do trabalho e da terra em níveis ínfimos. O papel do capital estrangeiro nos serviços públicos – energia elétrica, telefones, gás, portos etc. –, impedindo que se expandam, é outro resíduo colonial importante.

A crise estrutural resulta do embate entre o impulso desenvolvimentista e essas estruturas arcaicas que, ao resistirem, provocam fricções que também se somam aos fatores que provocam a inflação. Nesse processo, o fator dinâmico é o desenvolvimento: à medida que ele se intensifica, a crise se aguça, manifestando-se sob a forma de tensões sociais cada vez mais graves.

A crise de conjuntura é o resultado natural da anarquia de produção, própria do capitalismo. Quando ela detém o desenvolvimento, a crise de estrutura cessa de se aprofundar. A reversão do processo mostra que os resíduos coloniais se adaptam perfeitamente a uma economia estagnada. A crise de conjuntura só pode ser evitada eliminando-se a anarquia de produção, ou seja, operando-se modificações profundas na economia, num sentido anticapitalista. Só o planejamento econômico pode evitar a crise de conjuntura, ao encaminhar racionalmente os investimentos aos pontos que estrangulam o aumento da produção.

A confusão existente, que toma a crise de conjuntura por crise de estrutura, concentrou todas as atenções na questão das reformas de base, que poderiam libertar o processo de desenvolvimento de uma série de entraves, porém jamais poderiam assegurar sua continuidade ao deixar intocada a anarquia da produção e suas consequências cíclicas. Pode parecer contraditório afirmar que o desenvolvimento, mesmo libertado de entraves estruturais, pode afogar-se em seu próprio movimento, mas essa contradição, longe de ser da teoria, é da essência do próprio regime. É bom nunca esquecer que o desenvolvimento brasileiro significou criar uma economia capitalista, que jamais se mostrou capaz de crescimento intenso e contínuo. Para os que colocam acima dos *valores* da liberdade de iniciativa a eliminação da miséria em que ainda vegetam milhões de brasileiros, a presente crise conjuntural de nossa economia, a primeira que não é inteiramente induzida de fora para dentro, encerra proveitosos ensinamentos.

Referências bibliográficas

SIMONSEN, Roberto. *A evolução industrial do Brasil.* São Paulo: Federação das Indústrias do Estado de São Paulo; Revista dos Tribunais, 1939.
TAUNAY, Afonso d'E. *Pequena história do café no Brasil.* Rio de Janeiro: Departamento Nacional do Café, 1945.

VI

Implicações políticas
da crise econômica

– Por que não temos pão hoje, mamãe?
– Porque seu pai foi despedido.
– Por que papai foi despedido?
– Porque fechou a padaria onde ele trabalhava.
– Por que fechou a padaria?
– Porque há pão demais, meu filho.

1. O papel histórico das crises capitalistas

Desde o seu início está o capitalismo sujeito a crises e, a partir do momento em que ele passou a dominar a economia de várias nações, essas crises adquiriram caráter cíclico e passaram a desempenhar um papel decisivo no que se refere à compreensão crítica do funcionamento do sistema.

A economia capitalista se caracteriza pela descentralização e pelo particularismo. Cada momento do processo de produção, distribuição e consumo aparece desarticulado dos demais. A conexão entre eles não surge no plano da aparência. A "mão invisível" do mercado articula as diferentes fases da atividade econômica no que parece ser uma harmonia preestabelecida. O que é importante é que essa mão é *invisível*. Cada participante do processo vende e compra, produz e consome e, de uma forma aparentemente milagrosa, o mercado lhe oferece o que ele precisa para produzir ou consumir e absorve o que ele tem para vender. À medida que o funcionamento da totalidade lhe escapa, ele passa de sujeito a objeto do processo. E enquanto a coordenação dos múltiplos atos econômicos se faz com êxito, a alienação do agente da vida econômica diante do seu próprio produto se torna mais completa.

Porém, subitamente, a mão invisível falha. O mercado, de repente, passa a rejeitar o que antes absorvia normalmente. À produção deixa de corresponder consumo. A harmonia milagrosa entre os muitos atos individuais e isolados da vida econômica desaparece. O trabalhador deixa de encontrar quem lhe queira comprar a força de trabalho. De necessário que era, torna-se redundante. O acumulador de capitais deixa de encontrar quem lhe queira tomar o dinheiro emprestado a juros compensadores. O dono da terra não acha mais quem lhe queira arrendar o solo. Subverte-se o funcionamento do sistema. A conexão íntima entre todos os momentos do processo é posta a nu exatamente quando ela falha. Se o investimento deixa de se realizar no nível em que a produção dos meios de produção o exige, o escoamento das mercadorias emperra. Os estoques crescem desmesuradamente e a produção cai. A mão de obra deixa de encontrar emprego e o consumo se reduz. Os canais de distribuição se estrangulam. Os bens de consumo também deixam de vender-se. A expansão da capacidade ociosa compete com o crescimento do desemprego: homens desocupados se defrontam com máquinas paradas, num desafio mudo que oculta uma contradição gritante. É a hora da verdade do capitalismo. Surge à superfície a anarquia da produção e o imenso desperdício que ela acarreta.

As crises sempre representaram momentos de tomada de consciência do sistema. Na fase de ascensão do ciclo, a luta de classes se dirige sobretudo contra a injustiça distributiva do sistema. Os trabalhadores exigem que sua fatia cresça juntamente com o bolo. Com a crise, o bolo se contrai e à classe operária mal sobram migalhas. O esforço da classe tem que se dirigir no sentido de fazer que o bolo volte às suas dimensões normais, o que significa exercer a crítica do sistema e procurar para ele alternativas válidas.

Sem crises, o capitalismo poderia ainda ser atacado em bases éticas, pois nele se verifica a injustiça fundamental de que o conforto e o luxo são os prêmios do ócio decorrente da propriedade, ao passo que o trabalho produtivo é punido com a miséria e insegurança. Mas a indignação ética só nos dá o *porquê*, nada nos dizendo a respeito do *como* e do *quando*. A partir da crítica ética podemos construir no espírito um mundo de justiça, porém é impossível deduzir as formas e os meios de passar a ele a partir das condições presentes. As crises, por outro lado, revelam o caráter histórico do sistema capitalista, ou seja, mostram que suas possibilidades de desenvolver as forças produtivas são historicamente limitadas. As crises, em última análise, não são somente perturbações passageiras da vida econômica. Elas indicam – pelo seu agravamento, pelas alterações que seu controle impõe à própria economia – que o capitalismo, a partir de certo momento, pode e deve ser substituído por um modo de produção que possa assegurar continuidade ao avanço do homem na senda do progresso.

2. O caráter específico da crise brasileira

É notório que, até a Segunda Guerra Mundial, as crises econômicas se apresentavam como se fossem cataclismos naturais. A responsabilidade pelo seu desenvolvimento podia, desse modo, ser diretamente atribuída ao mercado e ao sistema que fazia repousar toda marcha da economia sobre as vicissitudes do mercado.

Nas últimas décadas, o papel do mercado como regulador supremo da vida econômica nos países capitalistas foi severamente limitado. O Estado adquiriu diversos instrumentos de controle sobre a economia: dele passaram a depender o montante dos meios de pagamento, as trocas de desconto e redesconto, os preços pagos aos agricultores, o nível mínimo da escala salarial, a orientação do comércio externo, a taxa cambial, as contribuições para a previdência social;

os tributos, em vez de servirem apenas de fontes de recursos necessários ao poder público para que ele possa desempenhar suas funções, passaram a ser meios para estimular ou desestimular o consumo, aumentar ou reduzir a poupança, ativar ou amortecer o investimento; os gastos públicos, em lugar de se justificarem somente em função dos serviços que tornam possíveis, passaram a ser programados tendo em vista sua influência sobre o nível de emprego. Desse modo, aparelhou-se o Estado para intervir na economia, sempre que o desenrolar do ciclo ameaça levá-la ao colapso.

Inicialmente, supôs-se que essas novas modalidades de intervenção governamental na economia eliminariam o ciclo de uma vez e a literatura apologética se aprimorou na exaltação de um capitalismo sem crise. Proclamou-se a eternidade do sistema e alguns, mais afoitos, chegaram a ponto de negar a anarquia de produção à economia capitalista moderna, com o que ela deixaria de ser capitalista. Pouco a pouco, no entanto, o entusiasmo cedeu vez a apreciações mais sóbrias. O crescimento econômico no capitalismo moderno é inevitavelmente acompanhado por inflação. Esta, por sua vez, tende a crescer explosivamente, na medida em que nenhum grupo ou classe social se conforma em absorver custos mais elevados sem procurar aumentar seus rendimentos. E inflações galopantes – as experiências de dois períodos de pós-guerra o provaram – são, via de regra, altamente deletérias para a economia. De modo que o Estado, armado de poderosos instrumentos de controle da economia, para poder suprimir os impulsos inflacionários é obrigado a fazer o que antes era realizado pelos mecanismos impessoais do mercado: deter o crescimento econômico e desencadear a crise.

É este o processo a que estamos assistindo no Brasil, neste momento. A crise de superprodução (ou subconsumo) está muito bem caracterizada: as vendas sofrem uma queda geral, os estoques se acumulam com grande rapidez, a produção sofre paralisações cada vez mais graves, falências e concordatas se multiplicam e o desemprego se alastra de modo alarmante. São os efeitos clássicos da crise, cujo enunciado pode ser lido em qualquer manual que trate de conjuntura. No entanto, o seu caráter geral de crise capitalista se embaça por

DESENVOLVIMENTO E CRISE

aquilo que deveria torná-lo mais claro: o fato de ser uma crise produzida pela política econômica do governo.

É fácil demonstrar que a política econômica posta em prática pelo governo de abril consistiu, basicamente, num ataque cerrado à demanda efetiva. A política salarial não passou de uma ofensiva contra a manutenção dos salários reais, vale dizer, contra o poder aquisitivo dos assalariados. A política de crédito, isto é, de restrição ao crédito, teve por consequência (desejada) a transformação, em capital circulante, de fundos que seriam normalmente investidos em capital fixo. Desse modo, começou a cair a taxa de investimentos. Finalmente, a política tributária, isto é, de aumentos tributários reduziu ainda mais o poder aquisitivo de consumidores e investidores. A queda da demanda efetiva – tanto de bens de consumo como de bens de produção – teria de se verificar fatalmente.

O fato de se poder responsabilizar o governo ou, mais precisamente, certos ministros do governo pela crise teve o condão de lhe esconder o caráter de crise conjuntural do sistema, para se tornar o resultado de uma política econômica errada ou (conforme os apreciadores) de uma política econômica certa, porém erradamente aplicada. O governo, ou melhor, o ministro do Planejamento torna-se, então, uma figura mitológica. O poder que lhe atribuem é tal que ele pode, por sua pr6pria vontade, paralisar o progresso da nação, arruinar milhares de empresários, lançar centenas de milhares de trabalhadores no desemprego, sem que ninguém possa impedi-lo. Ou a nação foi acometida por uma perversão masoquista e se compraz com um ministro de Planejamento sádico, ou fomos todos vitimados por idiotia irremediável. É algo assim o que escreve o sr. Carlos Lacerda, por exemplo, quando afirma: "O país ficou entregue, no essencial, a teorias que estão para ser comprovadas na prática, sustentadas e aplicadas por homens que nada têm a ver com os ideais da revolução. Tais homens sofrem de uma doença terrível, a rigidez da autossuficiência doutrinária". E mais adiante: "Não fosse a vivência prática, uma certa malícia, uma certa *finesse* do ministro da Fazenda, homem corajoso mas sutil, que cita poucos autores, mas viveu bastante para saber que a economia não é uma ciência exata, este país

204   DESENVOLVIMENTO E POLÍTICA

já teria estourado – e com ele a Revolução".[1] Afinal, se nossa salvação depende das qualidades pessoais do sr. Bulhões, é que nossa desgraça se origina nos defeitos também pessoais do sr. Campos...

A mitificação da política econômica e dos homens que a formulam não é apenas um pecado do sr. Lacerda. Os críticos, em sua maioria, não conseguem sair desse plano. O sr. Herbert Levy, por exemplo, não se cansa de procurar um debate público com o ministro (conseguiu-o, afinal, na Câmara) com o pressuposto de que, se puder desmascarar a sua política econômica, salvará o país da crise. A maioria dos que se manifestam seguem pela mesma trilha: acostumados a analisar a economia pelo prisma das medidas de política econômica – o que é natural num país em que os dados estatísticos saem com atrasos de vários meses, se não de anos –, eles se mostram incapazes de considerar os fatores objetivos que, de forma geral, determinam os limites dentro dos quais a política governamental tem de se enquadrar. É claro que, nessa base, a figura do ministro se agiganta além de qualquer medida. A caricatura de Jaguar, publicada no n.2 da *Revista Civilização Brasileira* (p.111), em que uma roupa de super-homem é entregue ao dr. Roberto Campos, revela bem a sensibilidade do caricaturista ao teor geral das análises correntes.

A questão é que quase ninguém parece se preocupar com a situação objetiva da economia. Em lugar disso, generaliza-se a preocupação com a motivação subjetiva da política posta em vigor. O fato de o ministro não ser homem de negócios porém teórico de gabinete basta para alguns como explicação para a crise. "Ah, se ele tivesse experiência prática de vida de negócios, não aplicaria com tanta rigidez receitas doutrinárias". Outros veem o governo envolvido numa sinistra conspiração com as forças imperialistas contra o bem-estar do país. Que o atual governo deseja a integração econômica no chamado Bloco Ocidental e, em função disso, subordina toda sua política, inclusive a econômica, é fora de dúvida. Mas por que interessaria ao imperialismo uma crise de superprodução no país, que, além de prejudicar seus próprios investimentos aqui, ainda causa gravíssimas

---

1 Lacerda, "A revolução precisa ouvir e fazer", *Jornal do Brasil*, 28 mar. 1965, Caderno Especial, p.6.

DESENVOLVIMENTO E CRISE

205

tensões sociais com potencialidades revolucionárias inegáveis, isto ainda ninguém respondeu satisfatoriamente.

É nesse contexto que é preciso analisar os debates e controvérsias gerados pela crise e as posições assumidas pelas diversas classes sociais.

3. A oposição de direita: Lacerda x Roberto Campos

O forte do sr. Carlos Lacerda nunca foi, ao que sabemos, a política econômica. É surpreendente vê-lo, portanto, travestido de porta-voz do desenvolvimentismo e até do nacionalismo. Explica-se o fato pela necessidade que tem o sr. Lacerda de mudar de bandeira, já que a que brandiu durante tantos anos lhe foi inutilizada pela vitória de 1º de abril. O sr. Lacerda se notabilizou como propagandista de um maniqueísmo peculiar às mentalidades simples. A realidade nacional se transformava, em suas mãos, num palco de rádionovela, em que a pobre mocinha (o povo) era brutalizada e enganada por um par de vilões: a "corrupção" e a "subversão", aos quais se opunha um paladino (ele, Lacerda). Depois de 1º de abril, os vilões foram eliminados de cena. No entanto, a mocinha passa de mal a pior. O sr. Lacerda, sem abandonar o manequeísmo, precisa, portanto, inventar novos vilões.

Sociologicamente, o maniqueísmo moralista, do qual o sr. Lacerda foi apenas um dos aproveitadores mais afortunados, é o substrato da concepção de vida do pequeno burguês, sobretudo do pequeno empresário, que se assusta e se assanha contra a interferência do Estado em sua atividade econômica particular. Na ação econômica do Estado, ele só enxerga a corrupção (que indubitavelmente existe) ou o fim inconfessável de arruiná-lo com o fito subversivo de erguer sobre os escombros da economia privada uma estrutura socialista. O sr. Lacerda soube excitar, até o paroxismo, o medo do pequeno-burguês diante do conhecido (o Estado como aparelho arrecadador, como cabide de empregos, como desperdiçador de recursos) e do desconhecido (a subversão, a convulsão social, o terror vermelho). Agora, outros demônios precisam ser encontrados para explicar o Mal.

206 DESENVOLVIMENTO E POLÍTICA

Os esforços lacerdianos, no campo da crítica econômica, são significativos, não pelo seu conteúdo em si, mas pelo que representam de síntese dos anseios contraditórios de parte da classe média. Sua primeira investida foi contra o liberalismo do governo. "Saímos do fanatismo estatal para o fanatismo liberal".[2] Esse ataque é uma barretada aos que sabem que a fraseologia liberal, que constitui o envoltório ideológico da política do governo, é sinal de um desconhecimento deplorável da modernização do capitalismo nos últimos trinta anos. Isto não impede, no entanto, o sr. Lacerda de dirigir a sua ofensiva principal contra o "estatismo", revelando ainda mais atraso que os que ele critica. Obviamente, a coerência não é o seu forte.

A base geral do ataque de Lacerda à política do governo é a tese de que o planejamento estatal está matando a iniciativa privada. E ele não perde tempo em pintar o inocente Plano de Ação Econômica do Governo (Paeg) com ares de monstro e extrair dele as conclusões políticas mais terrificantes (para o pequeno-burguês).

É impressionante que seja preciso ter coragem para dizer como novidade algo que já está incorporado à experiência de todas as nações democráticas: o planejamento econômico global exige, como condição de êxito, o Estado totalitário. Só prospera depois de abolida a livre empresa. Tentar empregá-lo simultaneamente com a livre empresa é antecipar a liquidação desta. Em termos de mecânica do processo econômico-social, significa a estatização progressiva. Em termos políticos, abrir as portas ao comunismo, que se quis extinguir, ou ao fascismo, que já devia estar extinto. No mais, é uma questão de graduação.[3]

Não recuando diante de nenhum exagero, o sr. Lacerda não se peja de comparar ao Gosplan soviético o nosso Consplan, onde se acham os representantes das classes produtoras exatamente para apreciar a política que ele critica. Esse ataque panfletário ao planejamento do ministro não se salva do ridículo, pois se insurge até contra as projeções

---

2 Ibid.

3 Documento lido perante a TV em 18 de maio de 1965 e publicado em *O Estado de S. Paulo*, 19 e 20 de maio de 1965.

DESENVOLVIMENTO E CRISE

de demanda e oferta de produtos específicos. O sr. Lacerda vê intenções demoníacas nas previsões de produção de leite e ovos e se lança quixotescamente na defesa da livre iniciativa... das vacas e das galinhas. Se o sr. Lacerda se pilha presidente, até as galinhas serão livres de botar quantos ovos queiram e talvez possam até escolher o galo de sua preferência. Seria preciso, agora, lhes conferir o direito de voto...

Mas a tese do sr. Lacerda tem fundamentos mais sérios. Sabendo que toda sua catilinária *não teria sentido se não oferecesse alguma alternativa à política anti-inflacionária*, o novel estudioso da Economia não se arreceia de apresentar uma teoria totalmente original da inflação.

O processo inflacionário no Brasil tem seu ponto central no elevado grau de estatização da economia. O combate à inflação, portanto, tem de ser concentrado nos setores que não prejudicam a produção e não *exatamente o oposto,* como está fazendo o governo. O governo reforça o setor estatal da economia – mais de 50% e sempre crescendo. E enfraquece o setor livre a ponto de estrangulá-lo.

Na medida em que se procure combater a inflação com base num "programa" de restrição à livre empresa, o que se consegue é ampliar mais a estatização. Em consequência agravar o foco principal da inflação.[4]

Essa deliciosa "teoria" leva a uma conclusão lógica: para combater a inflação é preciso "concentrar os métodos restritivos anti-inflacionários na desestatização e na eficiência estatal, pela retirada do Estado daquelas áreas que não lhe são próprias e pela obtenção de índices produtivos nas áreas próprias ao Estado".[5]

A teoria lacerdiana da inflação se apoia num certo número de premissas que não são demonstradas, nem podem sê-lo, porque representam o oposto da realidade:

1) a inflação é causada porque a economia não é bastante produtiva (de fato, a inflação é causada tanto por excesso – como foi o caso do café –, como por falta de produção em determinados setores; a falta de planejamento e não o seu excesso é sua causa mais profunda);

---

4 Ibid.
5 Ibid.

208　　　　　　　　　　　　　　　DESENVOLVIMENTO E POLÍTICA

2) a economia não é bastante produtiva porque o setor público é pouco produtivo e muito grande (de fato, a baixa produtividade do setor público é apenas contábil; o setor "livre" do sr. Lacerda apresenta produtividade maior graças aos subsídios que recebe do setor público – fretes menores que o custo de operação, créditos oficiais a juros reais negativos, câmbio favorecido etc. – e que ocasionam, em parte, os déficits da economia estatal);

3) a inflação se agravou porque o setor público cresceu em detrimento do privado (obviamente, o crescimento do setor público se deu em função das necessidades do privado e não em detrimento dele; por isso mesmo, a relação entre a estatização e a inflação é abstrusa, na forma apresentada pelo sr. Lacerda).

Na realidade, a tese do sr. Lacerda quanto à inflação só merece alguma discussão na medida em que ela representa os preconceitos da parcela mais ignorante de nosso empresariado. Este, no fundo, só quer duas coisas: 1) que o deixem continuar ganhando dinheiro, como vinha fazendo; 2) que a inflação pare, de modo que seus cálculos econômicos não sejam atrapalhados. Que o governo acabe com a inflação lá do lado dele. Como? pergunta com razão o sr. Roberto Campos: "Vender a Petrobras, dissolver a Eletrobras, vender a Siderúrgica Nacional e o Vale do Rio Doce?"[6] O "como" não interessa ao pequeno empresário, sem crédito e sem fregueses, esmagado por estoques invendáveis e dívidas por saldar. O que ele sabe é que o Estado o está levando à beira da ruína com a sua política e qualquer saída lhe parece boa, principalmente uma em que o próprio bicho-papão deve aparar suas garras em vez de afundá-las na tenra carne da "iniciativa privada".

É claro que, na polêmica a respeito das causas de inflação e dos meios de contê-la, o sr. Roberto Campos tinha de levar a melhor, não porque seja melhor economista, mas porque seu ponto de partida é uma visão global do processo, do ângulo da grande burguesia

---

6 R. Campos, "Resposta a C. Lacerda", lida perante a TV em 21 de maio de 1965 e publicada em *O Estado de S. Paulo*, em 23 de maio de 1965.

DESENVOLVIMENTO E CRISE

(nacional e estrangeira), que não tem por que temer um Estado que sabe a seu serviço e é, por isso, naturalmente superior à visão limitada do pequeno-burguês, a que o sr. Lacerda nem sequer deu forma teórica, mas apenas entremeou de gozações e ditos de espírito.

No que tange ao exame crítico do Paeg, no entanto, foi o sr. Lacerda que levou a melhor. Diz ele:

> Comprometeu-se o "Programa":
> a) acelerar o ritmo de desenvolvimento econômico do país, interrompido no biênio 1962-1963.
> Para cumprir tal compromisso seria preciso aumentar, em 1964, para 6% o ritmo de desenvolvimento. Ora, ele foi negativo em 1964. O produto nacional bruto caiu. Este ano (1965), pelos resultados até abril, ele vai ser novamente negativo. Diminuiu, pois, em 1964, e ainda diminuiu mais no primeiro quadrimestre deste ano. Nestes últimos quatro meses a arrecadação do imposto de vendas e consignações na Guanabara sofreu uma queda de 8 a 9 bilhões de cruzeiros, que traduz uma queda de 160 a 180 bilhões no volume de vendas. Tal diminuição é irrecuperável, etc.[7]

Aqui temos uma crítica justa ao que é a inconsistência mais grave do "Plano" do sr. Campos. Este, para deter uma inflação avassaladora, recorreu aos únicos métodos que o regime capitalista lhe oferece: restringir a demanda efetiva. Em princípio, haveria outra alternativa. Seria a de tabelar todos os preços do país. O tabelamento não poderia ser parcial, porque numa inflação de custos todos os preços são solidários entre si em seu movimento ascensional. As experiências dos últimos anos, de tabelamento dos gêneros considerados "de primeira necessidade", mostram isso fartamente. É impossível impedir que o preço do leite suba se o da ração se eleva. Ora, o tabelamento total de preços significa o desligamento de todos os mecanismos do mercado, que teriam que ser substituídos por algum tipo de planejamento global. E, aí sim, o fantasma exorcizado por Lacerda de fato se materializaria: o planejamento substituiria a iniciativa privada.

---

7 Lacerda, Documento lido perante a TV em 18 de maio de 1965 e publicado em *O Estado de S. Paulo*, 19 e 20 de maio de 1965.

Não é preciso cogitar muito por que o sr. Campos não se voltou para essa alternativa. Afinal, ele e o governo que integra apreciam tão pouco qualquer restrição à iniciativa particular quanto o sr. Lacerda. De modo que a única alternativa que lhe restava era permitir que os empresários fixassem livremente seus preços e ao mesmo tempo "induzi-los" a não recorrer à sua elevação. Ora, o único modo de fazer que a "livre iniciativa" não suba os preços quando seus custos aumentam ou a demanda pressiona é exatamente reduzir a demanda. É lógico que o industrial ou o comerciante que não vende mais que uma fração do que produz ou deseja vender não pode aumentar o preço, mesmo que os custos subam. Agora, não há dúvida também de que essa alternativa não somente acaba com a inflação (a longo prazo) como também causa a crise (a curto prazo).

Quando o sr. Campos afirma (no Paeg) que o produto nacional irá crescer 6% ao ano ao mesmo tempo que o custo de vida não subirá mais que 25%, ele está simplesmente prometendo o impossível. E deveria, forçosamente, saber disso. A atitude do otimismo oficial que ele e os demais porta-vozes do governo sempre assumem é falsa. Supor o contrário seria subestimá-lo como economista e nada autoriza a se pensar que o sr. Campos não conheça sequer o beabá de economia, onde se aprende que qualquer redução de demanda efetiva tem consequências depressivas imediatas.

Durante meses, o governo e os meios de divulgação que o apoiam tentaram negar o que era evidente para todos, isto é, que o país estava caminhando para uma crise. Durante muito tempo, no máximo o que eles admitiam eram "dificuldades setoriais". A partir de março deste ano (1965), no entanto, tornou-se impossível tapar o sol com uma peneira. Os sintomas de crise se tornaram indisfarçáveis quando pesquisa realizada pela Federação das Indústrias do Estado de São Paulo (Fiesp) mostrou que só no mês de março cerca de 8% da mão de obra industrial da capital de São Paulo foi demitida. As reduções de dias de trabalho nas maiores fábricas automobilísticas do país – Volkswagen, Willys, Simca, Vemag – tornou a realidade da crise inegável. O governo e seus partidários passaram então, num recuo estratégico, a uma segunda linha de defesa: a crise existe, porém é transitória. Decorre apenas de uma "reversão de expectativas", ou seja, os consumidores

DESENVOLVIMENTO E CRISE

não compram porque esperam que os preços baixem. Seria apenas um fenômeno psicológico, esquecendo-se convenientemente os que defendem esse ponto de vista de que o poder aquisitivo do consumidor foi brutalmente reduzido por reajustamentos de salário inferiores ao custo de vida, elevações tributárias e empréstimos compulsórios.

É nessa linha do "faz de conta" que o sr. Campos tenta se defender do ataque de Lacerda: "Sabia-se que 1964 seria um ano de transição e os objetivos de crescimento foram fixados, em termos genéricos, para 1965 e 1966. A tentativa de avaliar o programa de desenvolvimento em função do que ocorre em dois ou três meses isolados carece de sentido; desenvolvimento é problema de longo prazo e só nesse contexto pode ser considerado".[8]

O que o sr. Campos quer dar a entender é que as "dificuldades" dos primeiros meses deste ano são passageiras. Porém, em abril, ainda segundo a Fiesp, foram demitidos mais 4,7% dos que trabalhavam nas indústrias da capital paulista em março. E, em maio, o total dos demitidos alcançou 6,5% dos que ainda trabalhavam em abril. De acordo com uma amostra de 342 empresas com quase 100 mil trabalhadores, a redução do número de empregados de dezembro a maio foi de 13%, o que significa, para a totalidade da mão de obra paulistana, que só em 1965 cerca de 85 mil pessoas perderam o emprego na indústria (isto sem incluir a construção civil, comércio e os demais serviços). Esses dados e outros referentes ao interior de São Paulo, Minas Gerais, zonas açucareiras do Rio de Janeiro e Nordeste etc., mostram não só a gravidade da crise, mas também que ela tende a se agravar cada vez mais.

4. O método "gradualista" de combate à inflação

A importância do debate sobre a duração da crise ultrapassa o ataque demagógico do sr. Lacerda e a defesa lastimável do sr. Campos, pois a conclusão a esse respeito delimita as perspectivas de ação política para o futuro imediato. Podemos afastar de cogitação a ideia

---

8 Campos, "Resposta a C. Lacerda", lida perante a TV em 21 de maio de 1965 e publicada em *O Estado de S. Paulo*, em 23 de maio de 1965.

de que a solução da crise será questão de semanas ou meses. Nem se deve dar importância excessiva a fatores isolados: nem as safras algo maiores deste ano representarão alívio duradouro, nem a queda das exportações de café agravará muito a situação. A maioria desses fatores se compensarão mutuamente. Na realidade, a duração da crise dependerá do tempo que será necessário para superar as pressões inflacionárias que até o momento foram apenas reprimidas.

A inflação torna a repartição de renda entre as diversas classes (e grupos dentro das classes) extremamente dinâmica. Cada classe é obrigada a enfrentar custos sempre em elevação: cresce o custo de vida para a classe operária; aumentam os preços das matérias-primas e auxiliares e da mão de obra para os industriais; sobem as despesas de comercialização para os comerciantes e assim por diante. *A reação de cada classe diante da elevação dos preços que paga* é aumentar igualmente os preços *que cobra*: os operários lutam por maiores salários, industriais e comerciantes elevam os preços dos produtos que vendem etc. etc. Depois de algum tempo de inflação, a resistência à elevação dos preços se torna mínima. A elevação de uns justifica a dos outros. Os patrões aumentam os salários porque sabem que podem (e irão) aumentar os preços de venda. Os consumidores aceitam preços mais elevados porque sabem que seus rendimentos também irão subir. As classes e grupos se encontram em estado de reivindicação permanente, sempre procurando, através do reajustamento nominal de seus vencimentos, preservar o poder aquisitivo destes. Obviamente, este não constitui o fator *criador* da inflação, porém é o seu mais poderoso *mecanismo de sustentação*.

Enquanto esse mecanismo da sustentação não for rompido, o combate à inflação é impossível. Ora, a única maneira de rompê-lo (respeitados os cânones da economia de mercado) é forçar cada classe a aceitar reajustamentos de seus rendimentos em nível inferior à elevação dos seus custos. De modo que se induz uma *redução* geral dos rendimentos reais de todas as classes. Os assalariados recebem reajustamentos inferiores à elevação do custo de vida. Cai seu poder aquisitivo e a demanda de bens de consumo se reduz (principalmente de bens duráveis, de necessidade menos premente). Os comerciantes desses bens não podem elevar os preços na mesma proporção em que

DESENVOLVIMENTO E CRISE

se elevaram os seus custos. Transmitem a pressão à indústria ao reduzir os pedidos e esta diminui seu ritmo de produção, reduzindo sua folha de pagamento, seja pela demissão de parte dos seus empregados, seja pela diminuição das horas ou dias de trabalho. Cai também o consumo de matérias-primas com as mesmas consequências para as empresas que as produzem. Cai a margem de lucro de comerciantes e industriais, ao passo que o desemprego mina a resistência operária (já por si reduzida pela intervenção nos sindicatos) contra novas reduções do seu salário real. Como se vê, a crise é tanto *meio* como *produto* do combate "gradualista" à inflação posto em prática. a procura do equilíbrio num nível de emprego mais baixo. É claro que a margem de redução dos rendimentos de cada classe depende da capacidade política de resistência que ela possa oferecer. A resistência dos assalariados – os grandes derrotados de 1º de abril – mostrou-se débil. No máximo conseguiu preservar algumas conquistas anteriores como o 13º salário. Já a burguesia apresentou resistência mais ativa e que repercute no plano político, como não poderia deixar de ser, em manifestações como as de Lacerda, CNI, Dias Leite etc. Mas, na prática, o caráter bonapartista do atual governo também não lhe permitiu ganhos substanciais.

Vejamos, agora, quanto tempo será necessário para que seja atingida a "estabilização". Em março, o governo reajustou o salário mínimo em 57%, ao passo que o custo de vida se tinha elevado em cerca de 85%. O aumento concedido foi de cerca de dois terços da elevação do custo de vida. Suponhamos que este cresça igualmente 57% este ano (o que está próximo da maioria das estimativas) e que a sua taxa de crescimento continue a cair de um terço nos próximos anos. Teríamos então 38% de inflação em 1966, 25,5% em 1967 e 17% em 1968. Como se estima que uma inflação "controlável" não deve ultrapassar 20%, nenhum alívio sério da crise poderia ser esperado antes de 1968, de acordo com nossos pressupostos, que implicam:

a) que a redução do rendimento real da classe operária seja aplicada também aos rendimentos das outras classes;
b) que, sendo eliminados os fatores autônomos da inflação, o seu ritmo baixe na mesma proporção que os rendimentos;
c) que a taxa de redução de um terço, estimada para 1964, tanto dos rendimentos como da inflação, seja mantida nos próximos

anos. Está claro que esses pressupostos são algo arbitrários, principalmente quando se abstraem os fatores autônomos da inflação, como o comportamento da Balança de Pagamentos, a arrecadação tributária, o montante das safras, a marcha dos investimentos públicos etc.

É preciso ressaltar que não pretendemos apresentar um prognóstico da evolução da crise, porém apenas uma estimativa sumária da *ordem de grandeza* de sua duração. O que é claro, no entanto, é que o otimismo oficial, que não enxerga mais que uma transferência de estoques e uma "reversão de expectativas" de curta duração, é totalmente destituído de fundamentos.

A evolução real da crise dependerá do maior ou menor êxito das diversas classes em resistir a maiores reduções dos seus rendimentos reais. À medida que essa resistência tiver êxito, reduz-se a queda do nível geral de emprego e, portanto, do produto nacional. É verdade, porém, que nessa mesma proporção se perpetuará a inflação.

Tudo leva crer que a defesa dos níveis de rendimento real se intensificará daqui por diante. As condições políticas derivadas do golpe de 1º de abril reforçaram enormemente a autoridade governamental, que chegou a adquirir características bonapartistas, na medida em que seu poder provinha antes de mais nada das Forças Armadas. Agora, com as perspectivas eleitorais mais definidas, o poder volta em parte aos civis, aos porta-vozes dos grupos e classes sociais. É provável que o eleitorado puna nas urnas os que considera responsáveis pela crise e pela queda dos seus rendimentos reais. Nessas condições, uma crise mais atenuada, porém mais longa, entremeada por recuperações acompanhadas por fortes surtos inflacionários, parece ser a perspectiva mais provável.

5. *A oposição de "esquerda": Dias Leite, CNI etc.*

A ação econômica do governo não sofre, como é óbvio, oposição apenas pela direita, representando a insatisfação do empresariado médio diante da crise, que ameaça arruiná-lo e cuja motivação mais profunda escapa à sua compreensão. Também pela "esquerda"

DESENVOLVIMENTO E CRISE

se fazem ouvir vozes críticas e que representam principalmente a preocupação pela cessação do desenvolvimento e pela progressiva desnacionalização da economia. Selecionamos, como amostra representativa dessa corrente de pensamento, as manifestações do prof. Dias Leite no Consplan[9] e o documento da Confederação Nacional da Indústria (CNI) sobre a política econômica do governo.[10]

Essas manifestações começam por reconhecer que os objetivos de combate à inflação e retomada do desenvolvimento (entendido como crescimento do produto nacional) são incompatíveis entre si. Diz o prof. Dias Leite:

> A nossa primeira objeção à Política Econômica em curso recai sobre a escolha de objetivos. Essa escolha decorre, a nosso ver, em grande parte, do próprio *diagnóstico da crise, no qual são dissociados a inflação e o crescimento econômico, como se se tratasse de processos independentes.* [...] *A nossa compreensão de um processo único não nos permitiria estabelecer estes objetivos de forma independente,* a menos que conhecêssemos com precisão as relações quantitativas que caracterizam o processo e pudéssemos, por essa via, verificar sua compatibilidade. Infelizmente nosso conhecimento dessas relações é ainda muito limitado e não permite uma verificação. Só por acaso seria o programa consistente. (Grifos no original)

O documento da CNI é menos explícito a esse respeito, porém dá a entender algo semelhante quando diz:

> Em linhas gerais podemos fazer os seguintes reparos no programa do governo atual: a) excessivamente ambicioso, pois partindo de uma situação de estagnação e quase hiperinflação, propõe-se, em três anos, a quase tudo o que existe de mais sugestivo na literatura econômica, desde o término virtual da inflação até a reforma agrária.

E mais adiante, ao propor um programa alternativo: "O que segue é uma súmula de um planejamento econômico modesto, porém realista, que não profetiza resultados nem marca data para os preços

---

9 Publicado no *Jornal do Brasil*, 30 maio 1965, Caderno Especial.
10 Publicado na *Folha de S.Paulo*, 27 mar. 1965.

216 DESENVOLVIMENTO E POLÍTICA

pararem. Presume apenas caminhar no rumo certo, e não medir a distância sem ter percorrido o caminho".

Ambas as críticas objetam quanto às metas do programa porque pressupõem a permanência do mercado como órgão supremo de regulação da economia. Nenhuma alternativa de economia centralmente planejada é sequer cogitada, nem para ser rejeitada. Os dois documentos se mantêm rigorosamente no terreno da economia capitalista e os consideramos oposição de "esquerda" à política econômica atual apenas porque as alternativas que propõem seriam, *se factíveis,* mais progressistas que a política em vigor.

Dentro dos limites da economia capitalista, o reconhecimento de que é impossível fazer a economia crescer enquanto se procura deter a inflação é absolutamente correto. Segue-se daí a necessidade de urna escolha: crescimento ou deflação. Tanto o prof. Dias Leite como a CNI, ante o dilema, optam pelo crescimento, ainda que isto signifique relegar o combate à inflação a um futuro incerto. O prof. Dias Leite diz:

> *julgamos insuficiente a simples retomada do ritmo de desenvolvimento anteriormente alcançado, e consideramos necessário e exequível crescimento mais rápido.* De acordo com nossa interpretação do processo, a adoção de um tal objetivo de crescimento tornaria inviável a fixação de uma meta quantitativa para a desvalorização monetária. Esta se resumiria a uma imposição qualitativa, qual seja, a de que o ritmo de inflação decrescesse. (Grifos no original)

É nas recomendações de como fazer a economia crescer que ambos os documentos tomam posições mais avançadas: o entreguismo do atual governo, que deposita todas suas esperanças num influxo maciço de capital estrangeiro é severamente criticado; o privatismo do Paeg é condenado pelo prof. Dias Leite, que defende *"a presença da empresa pública nos setores específicos da vida econômica do país,* que compõem o que designamos como *núcleo de expansão econômica"* (grifos no original). Também a CNI critica a falta de planejamento setorial no Paeg, o que tornaria "impossível tentar-se elevar a taxa de crescimento". Finalmente, o sentido social da política econômica do governo é atacado tanto pelo prof. Dias Leite ("Quanto à captação e à aplicação da poupança, cumpre reconhecer que ela está sendo, na sua maior parte, retirada das economias individuais das classes média e inferior... a parte principal do sacrifício exigido... haveria de ser atribuído às classes superiores de renda."), como pela CNI ("Para que os mercados cresçam suficientemente, é preciso uma política salarial realista. Se o poder aquisitivo dos assalariados diminui, o mercado se contrai e todos perdem."). Em contraste com a argumentação de Lacerda, que coloca toda ênfase nos perigos do planejamento e na ineficiência do "estatismo", isto é, do setor público da economia, seguem os documentos do prof. Dias Leite e da CNI a linha geral das reformas de base, defendem a primazia do capital nacional sobre o estrangeiro e exigem do Estado o desempenho de um papel ativo na promoção do crescimento, embora insistam que a prioridade na luta contra a inflação deva ser dada na área de contenção dos gastos públicos, preservando-se de qualquer sacrifício a iniciativa privada nacional. Representam, em suma, o ponto de vista do que se costuma chamar de "burguesia nacional".

O ponto fraco dessas críticas é obviamente o tratamento dado ao problema da inflação. Se a elevação de preços fosse relativamente moderada, como no início do mandato de Juscelino, por exemplo quando não passava de 15% a 20% ao ano, uma saída desenvolvimentista seria possível. Porém, com taxas de mais de 80% de inflação, a situação é qualitativamente outra. Os perigos de hiperinflação são reais. O mecanismo de luta pela preservação dos rendimentos, por si só, poderia precipitar a economia numa inflação galopante, mesmo que os fatores autônomos pudessem ser contidos a curto prazo. Na realidade, *qualquer programa de crescimento implica agravar certos desequilíbrios que, em economia de mercado, geram inflação*. Para o prof. Dias Leite, por exemplo, "cabe ao governo federal assegurar a estabilidade financeira do núcleo de expansão econômica", ao qual cabe, por sua vez, "garantir o suprimento adequado de fatores básicos e [...] criar condições para um crescimento sustentado das indústrias produtoras de bens de capital e, por essa via, de toda a indústria pesada. A ele fica reservada a missão estratégica de arrastar o setor industrial do país a um desenvolvimento acelerado". Ora, foi exatamente o desempenho dessa "missão estratégica", no passado, um dos fatores principais dos déficits dos orçamentos da União e, portanto, das emissões com suas consequências inflacionárias. O prof. Dias Leite esqueceu-se de indicar como será possível ao governo continuar "arrastando o setor industrial a um desenvolvimento acelerado" e ao mesmo tempo reduzir as emissões e dessa forma deter a inflação.

A CNI acha que "é essa a estratégia correta. Primeiro sanear o déficit". Porém ela pensa também que "é preciso inverter a tendência de transferir o crédito do setor privado para o público". O que significa agravar o déficit, em vez de saneá-lo.

A contradição que priva essas críticas à política econômica vigente do caráter de "alternativas" é a falsa solução dada ao dilema: inflação e crescimento. Dando prioridade ao crescimento, pensam os opositores de "esquerda" ter colocado de pé o ovo de Colombo: o próprio crescimento daria cabo da inflação. Essa forma de pensar se baseia num falso silogismo, porque confunde os *resultados* do crescimento com os *meios* necessários para que ele venha a ocorrer. É do mesmo tipo da famosa pergunta de Maria Antonieta a respeito do povo francês: "Se não tem pão, por que não come bolacha?". Se a economia brasileira pudesse crescer sem produzir mais inflação, o seu crescimento efetivamente contribuiria para deter a inflação, pois a fatia de cada classe poderia aumentar, já que o bolo todo se tornaria maior. Mas, nesse caso, nem haveria o problema, ou seja, não estaríamos a braços com uma taxa inflacionária de cerca de 90% ao ano, pois esta resulta precisamente do esforço, feito no passado, (e da anarquia de produção própria do capitalismo) para crescer.

O silogismo em que se baseia a oposição de "esquerda" é o seguinte:

- premissa maior: "O crescimento econômico expande a oferta global de bens e serviços";
- premissa menor: "A expansão da oferta global contrabalança o aumento dos meios de pagamento e reduz seu efeito inflacionário";
- conclusão: "O crescimento acaba por contribuir para luta contra a inflação".

A falsidade do silogismo consiste em supor que o próprio crescimento não exige uma elevação dos meios de pagamento. Na

DESENVOLVIMENTO E CRISE

realidade, exige e em maior proporção que o aumento da oferta de bens e serviços resultante.

6. O reformismo diante da crise

O erro básico do que podemos chamar de "reformismo" é simplesmente não levar em consideração o fato de que o desenvolvimento econômico tem produzido, no Brasil, um regime capitalista com todas as contradições a ele inerentes. Como toda a luta pelo desenvolvimento tem sido travada contra os resíduos pré-capitalistas da nossa economia colonial, gravou-se nos que participam da luta a convicção de que o capitalismo é inerentemente superior à economia que herdamos de nosso passado colonial. E ele é mesmo. Porém essa superioridade *relativa* não impede que suas contradições criem, por sua vez, obstáculos ao desenvolvimento das forças produtivas.

Ainda mais: como todas as atenções se focalizaram sempre nos obstáculos estruturais ao desenvolvimento, surgiu a ideia de que a inflação é causada por esses obstáculos, o que não deixa de ser igualmente verdadeiro. A rigidez da estrutura colonial da agricultura, por exemplo, torna a oferta de produtos desse setor relativamente inelástica, o que constitui um dos fatores do encarecimento da alimentação nas cidades e, portanto, da inflação. É claro que uma reforma agrária que elevasse substancialmente a produtividade na agricultura eliminaria esse foco inflacionário. Acontece que os obstáculos estruturais ao desenvolvimento não são as únicas causas da inflação. Esta é causada tanto pelos pontos de estrangulamento derivados daqueles obstáculos como pelo esforço para a sua superação.

A contradição entre os impulsos desenvolvimentistas e os obstáculos pré-capitalistas geram o que se pode chamar de "crise estrutural". Essa crise se manifesta nas contradições entre a expansão da indústria de base e a estreiteza do mercado de bens de produção, entre a necessidade de concentração de poupanças para inversões em grande escala e a debilidade do mercado de capitais (que enseja a exportação destes, em grau considerável), entre a demanda crescente de bens de produção importados e a relativa escassez de divisas devida à presença exagerada de capital estrangeiro na economia e às remessas excessivas e incontroladas de lucros daí decorrentes etc. Dizer que cada um desses pontos de atrito entre os impulsos de desenvolvimento e as inadequações da estrutura constituem fatores autônomos da inflação é uma coisa. Porém supor que as reformas de base, que eventualmente poderão romper os obstáculos ao desenvolvimento, são a solução eficaz para o impasse inflacionário é coisa muito diferente. Essa suposição desconhece os efeitos acumulativos do processo inflacionário e se mostra incapaz de compreender que uma inflação de mais de 80% ao ano não pode ser detida por um ataque, necessariamente demorado, às causas originais da onda inflacionária.

A economia capitalista – e ela existe no Brasil, embora incompleta – aprofunda e multiplica os impulsos inflacionários através do próprio funcionamento do mercado, em que cada preço constitui um custo e em que, portanto, a elevação de alguns preços repercute sobre todos os demais. É claro que, para que isto possa acontecer, é preciso que os meios de pagamento se expandam, o que depende, por sua vez, de decisões adotadas no nível governamental. Mas, se deixarmos de entender o governo como entidade autônoma que preside e vigia o processo social e passarmos a entendê-lo como parte integrante do mesmo, é fácil compreender por que os sucessivos governos, levados pelo desejo de não interromper o crescimento e desenvolvimento da economia, tenham deixado rédea solta ao processo inflacionário até este atingir tal gravidade que um instinto elementar de preservação do funcionamento da economia coagiu todos os governos, a partir do de Jânio Quadros, a tentar deter a inflação, ainda que à custa do desenvolvimento.

A chamada "escola estruturalista", que não é mais que a versão econômica do reformismo, sempre brilhou na análise das causas profundas da inflação que caracteriza as economias em desenvolvimento capitalista. O que nunca impediu que os seus expoentes – como Prebitsch, na Argentina, e Celso Furtado, no Brasil –, quando no poder, passassem a procurar nos "remédios monetaristas" o alívio para crises inflacionárias agudas. E o estruturalismo se distinguiu em mostrar as implicações inflacionárias da "crise estrutural" sem atentar para as "crises de conjuntura" que a economia capitalista, mesmo em formação, não deixa de sofrer.

DESENVOLVIMENTO E CRISE

Desse modo, a crítica estruturalista à atual política econômica sofre de contradições insanáveis. Proclama a necessidade de se promover o desenvolvimento e exige que os investimentos públicos se realizem na medida necessária, mas, ao mesmo tempo, pedem que se elimine o déficit do orçamento federal, estancando o jorro de emissões. Exige que o poder aquisitivo dos salários seja preservado e, ao mesmo tempo, quer que o ritmo de elevação dos preços seja reduzido. Em resumo, deseja que o equilíbrio seja encontrado no mais alto nível de emprego, sem que a economia seja globalmente planejada.

Essas contradições decorrem da recusa a encarar a realidade econômica capitalista tal qual ela realmente é. Mas, como já tem sido dito, os fatos têm cabeça dura. A longa sucessão de ministros, de Gudin a Roberto Campos, passando por Lucas Lopes e Santiago Dantas, que tentaram deter a inflação, sempre provocando efeitos depressivos com suas medidas, acabará por deixar claro que a solução do problema não depende de maior engenho dos que se aplicam à sua procura, mas, como a quadratura do círculo, o problema *não tem solução dentro das premissas do sistema*. A questão não é de agora nem se limita ao Brasil. A tentativa de construir um capitalismo sem crises e em crescimento contínuo já ocupou os melhores intelectos de todos os países durante os últimos 150 anos. O melhor que se pôde encontrar foram as alternativas de crescimento impetuoso alternado com crises e depressão ou estabilidade relativa com crescimento muito reduzido. Mais do que isso, nem mesmo a aplicação da magia keynesiana pode prometer. Quem quiser escapar do dilema terá que pensar além do capitalismo – ou seja, numa solução socialista.

Referências bibliográficas

CAMPOS, R. Resposta a C. Lacerda. Lido perante a TV, em 21 maio 1965. Publicado em *O Estado de S. Paulo*, 23 maio 1965.

CNI. *Folha de S.Paulo*, 27 mar. 1965.

LACERDA, C. A revolução precisa ouvir e fazer. Rio de Janeiro: *Jornal do Brasil*, 28 mar. 1965, Caderno Especial, p.6.

LACERDA, C. Documento lido na TV, 18 maio 1965. Publicado em *O Estado de S. Paulo*, 19-20 maio 1965.

LEITE, A. Dias. *Jornal do Brasil*, 30 maio 1965, Caderno Especial.

A política
das classes dominantes

1. Introdução[1]

Esta parte do livro trata dos partidos de direita. Classificamos os partidos, conforme os interesses de classe que defendem, em partidos de direita – da grande burguesia –, partidos de centro – da pequena burguesia –, e partidos de esquerda – da classe operária e dos assalariados em geral.

No panorama político brasileiro, os partidos geralmente não possuem conteúdo de classe bem definido. Analisando-se, porém, sua ação política, podemos distinguir como partidos de direita a UDN e o PSD, além de algumas legendas menores (PL, PR etc.). A justificativa dessa aplicação do critério de classe se acha na análise exposta nas páginas que se seguem.

Verifica-se que a constituição dos partidos de direita se dá na própria atuação dos agrupamentos. A fluidez da organização partidária

---

1 Originalmente publicado em: Octavio Ianni; Paulo Singer; Gabriel Cohn; Francisco C. Weffort, *Política e revolução social no Brasil*, Rio de Janeiro, Editora Civilização Brasileira, 1965, p.63-125. (Nota dos organizadores)

permite que a qualquer agremiação se abram, a cada momento decisivo do processo político, diferentes perspectivas de ação. Conforme a perspectiva adotada, a composição de classe do partido sofre reajustamentos. A única maneira que encontramos para seguir a linha de evolução dos partidos de direita foi submeter à análise o período de existência desses partidos, isto é, a evolução política brasileira de 1945 até hoje.

Esta seção se compõe de três partes. Na primeira, analisamos o mecanismo político-eleitoral que leva à constituição dos partidos de direita. Na segunda, seguimos o funcionamento desse mecanismo no período acima mencionado. Na terceira, resumimos nossas conclusões e delineamos o que nos parecem ser as possibilidades de evolução no futuro imediato.

É clássico já, em qualquer introdução, colocar as limitações a que se acha sujeito o trabalho. No nosso caso é mais fácil definir a que limitações ele *não* se acha sujeito. O que se vai ler é apenas um ensaio de quem tem sido observador e ocasionalmente participante da vida política do país. Não se trata de pesquisa nem se pretende provar as assertivas feitas. Não nos preocupamos, tampouco, com o rigor nas definições de conceitos. Usamos os termos na acepção que nos parece mais comum.

Dizer que é um trabalho sem pretensões seria um exagero. Temos uma pretensão, pelo menos: esclarecer, em alguma medida, aos que se engajam na luta do povo brasileiro pela sua libertação, o que são os partidos de direita.

2. Realidade e aparência

Existe, no Brasil, uma concepção generalizada de que partidos são *correntes de opinião* organizadas para atuar no plano político. Essa concepção é tão amplamente aceita que chegou a moldar os textos legais que tratam do assunto. O Código Eleitoral de 1945 (decreto-lei 7.586, de 28 de maio de 1945), por exemplo, exige que os partidos tenham âmbito nacional e programa que não contrarie os princípios democráticos etc. O que caracterizaria o partido político seria, antes de tudo, o seu programa, que seria, por sua vez, a codificação de

A POLÍTICA DAS CLASSES DOMINANTES

princípios e posições da corrente de opinião que o partido representa. A lei 1.164, de 24 de julho de 1954, vai além. Ao lado do programa, define, como documento básico do partido, os estatutos. Seguindo a sistemática da legislação trabalhista, que propõe um "estatuto-padrão" aos sindicatos e demais organizações trabalhistas, define também a citada lei (que consubstancia o Código Eleitoral em vigor) quais devem ser os órgãos dos partidos – convenções, diretórios etc., como se devem processar as alianças partidárias, como a disciplina partidária deve ser preservada etc. Em toda essa minuciosa legislação transparece sempre a ideia de que partidos são agrupamentos de pessoas que têm opiniões iguais ou semelhantes sobre os principais problemas políticos do país, e se propõem a lutar por determinadas soluções para esses problemas, submetendo-se a uma disciplina comum para atingir esses objetivos. Que esse ponto de vista também é defendido por incontáveis comentaristas e observadores da vida política, que nele se baseiam para acoimar de "inautênticos" os partidos nacionais, é desnecessário tentar provar.

O fato é que os partidos políticos brasileiros, particularmente os de centro e de direita, não são nada disso (embora, com a evolução recente da vida política do país, possam vir a sê-lo). Referindo-nos, daqui em diante, principalmente aos partidos de direita, tema desta parte do livro, é fácil mostrar como até agora eles em absoluto se ajustam às características que a concepção predominante atribui ao partido político. Os programas desses partidos são praticamente desconhecidos e ninguém (com razão) lhes dá a mínima importância. São em geral anódinos, refletem determinadas preocupações do momento em que os partidos foram formados e nunca se pensou em atualizá-los. Também não são divulgados. Na verdade, eles já preencheram sua função: satisfazer uma exigência da legislação eleitoral.

Não existe, nesses partidos, qualquer unidade de ação. Qualquer problema importante da política nacional os divide irremediavelmente e, o que é mais notável, a maioria nunca procura colocar a minoria diante do dilema de conformar-se com a decisão partidária ou deixar a agremiação. Muito pelo contrário, a minoria se denominará de "cisão" ou algo equivalente, defenderá seu ponto de vista particular contra a maioria partidária, sem perder os seus componentes a qualidade de membros do partido.

É interessante notar, nesse contexto, que na maioria das vezes os partidos declaram questão aberta problemas que envolvem "questões de consciência", fugindo obviamente à sua função precípua de constituírem *correntes de opinião*. Numa "corrente de opinião", diante da maioria dos problemas não ter opinião própria ou ter várias, contraditórias, é um contrassenso. É fácil demonstrar que nenhum dos nossos partidos de direita (e isto vale igualmente para os de centro) tem opinião própria perante problemas cruciais, como parlamentarismo ou presidencialismo, voto do analfabeto, remessa de lucros e controle do capital estrangeiro, reforma agrária etc. etc.

Significa isto que nossos partidos de direita não são partidos? Se entendermos por partidos correntes de opinião organizadas, de fato não o são. Mas se entendermos por partidos órgãos que participam da vida política do país, que não a moldam nem a regem, por inteiro, mas desempenham dentro dela um determinado papel, então somos obrigados a concordar que os partidos de direita existem como tal e sua atuação pode ser entendida, desde que se desmistifique a concepção do que sejam.

Quando, em 1945, se reinaugurou no país o regime representativo, não havia partidos políticos (exceto os de esquerda, que emergiam da ilegalidade).

A tendência predominante na vida política era o particularismo e o individualismo. A tendência centrípeta só se manifestava na cúpula, refletindo os interesses de uma alta burguesia, ainda algo incipiente, mas que já começava a encarar o conjunto do país como um mercado nacional.

A tendência ao particularismo na vida política brasileira tem raízes na própria estrutura socioeconômica que o país herdou do seu passado colonial. O que caracteriza a economia colonial é a autossuficiência da unidade produtiva. No latifúndio se produz, ao lado do artigo de exportação (café, açúcar, cacau etc.), a maioria dos elementos necessários à sobrevivência de sua população: alimentos, objetos de uso caseiro, instrumentos de trabalho etc. Cada fazenda constitui, assim, em maior ou menor grau, um todo fechado, relativamente desligado da economia regional. Evidentemente, a superestrutura política que se assenta sobre tais bases econômicas tem que tender

A POLÍTICA DAS CLASSES DOMINANTES 229

ao particularismo. Acrescente-se ainda a considerável extensão do território nacional, a precariedade dos meios de comunicações, a heterogeneidade cultural e será fácil compreender por que as tendências centrífugas sempre foram particularmente fortes na história do país.

Para preservar a unidade nacional, sempre foi necessário contrapor ao particularismo local um governo nacional exageradamente centralizado. Assim aconteceu durante o Império, quando o Brasil constituía um Estado unitário, em que as províncias quase não gozavam de qualquer autonomia real. Com a República, instaurou-se a federação, mas o predomínio do governo federal, fundamentado na aliança dos estados mais fortes (São Paulo e Minas), permaneceu em boa medida. Depois da Revolução de 1930, o particularismo voltou a ameaçar a unidade do país (Revolução Paulista de 1932), o que serviu, em parte, para justificar o Estado Novo, que reinstaurou o centralismo de fato e de direito.

Quando se reintroduziu o regime representativo, em 1945, tornou-se necessário adotar medidas que impedissem que a vida política nacional fosse dominada por uma série de claques regionais e locais. A maioria dos líderes políticos da grande burguesia estava consciente de que o país estava adquirindo uma economia capitalista e que o papel do governo federal nesse processo era decisivo. Cabia ao governo criar no Brasil a indústria pesada (Volta Redonda), multiplicar a produção de energia elétrica (Paulo Afonso), cuidar do abastecimento de combustível (o que daria, poucos anos depois, a Petrobras), rasgar estradas nacionais, defender os preços externos de nossos produtos de exportação etc. Seria impossível, para um governo dilacerado pela rivalidade infindável de numerosos grupos locais, realizar tais tarefas.

Uma das medidas adotadas para garantir um governo federal forte foi criar, *por coerção legal*, partidos nacionais, representativos de correntes de opinião, entidades que, na verdade, caracterizam a vida política de países com economias desenvolvidas e nacionalmente integradas. É óbvio que a tentativa tinha que fracassar. Não se pode modificar, por decreto, uma realidade social e política. Os partidos, que nasceram da legislação eleitoral de 1945 e 1950, sempre foram entidades anômalas, que só tiveram viabilidade porque a lei lhe concede determinados privilégios, que lhes permitem monopolizar certos aspectos da vida política.

Um desses aspectos é o eleitoral. Só podem disputar eleições candidatos devidamente registrados por partidos. A exigência de "legenda" é um dos elementos mais poderosos para manter uma débil centelha de vida nos partidos nacionais. Não fosse essa exigência, as disputas eleitorais se fariam, em grande parte, à revelia dos partidos. É sabido que, para a grande massa despolitizada, conceitos como "partido", "político partidário", "interesses partidários" têm conotação pejorativa, lembram interesses escusos de conventículos. É preciso acentuar que isto não é um preconceito. "Partidário", no Brasil, significa, via de regra, o interesse de um pequeno grupo. Seja como for, o fato de isto ser consciente para a grande maioria do eleitorado faz que os candidatos prefiram apresentar-se como "apartidários", "desligados de grupos e partidos" etc. Jânio Quadros, por exemplo, sempre insistiu muito nessa tecla. Se não fosse a exigência de legenda, a maioria dos candidatos se apresentaria como independente e os partidos perderiam sua razão de ser.

Outro desses aspectos é a vida parlamentar. Os regimentos de nossas assembleias parlamentares organizam a atividade legislativa em função de bancadas partidárias. São as bancadas que indicam a constituição da mesa diretora dos trabalhos e a composição das comissões permanentes e temporárias. Isto é tão importante na atividade parlamentar que dificilmente um vereador, deputado ou senador se mantém, por muito tempo, desligado de qualquer bancada. Não fossem os trabalhos legislativos organizados assim, a maioria dos parlamentares seria de livre-atiradores, compondo duas grandes bancadas muito flácidas: a do governo e a da oposição. Como, no entanto, quase todos os parlamentares se sentem coagidos a participar de bancadas (pelos motivos indicados) e como as bancadas têm que se vincular necessariamente a partidos, estes se fortalecem, e conseguem apresentar alguma vida nos interregnos eleitorais.

Há outros aspectos ainda, de importância secundária. A fiscalização das eleições, por exemplo, tão importante para perpetrar ou prevenir fraudes nas apurações, é privilégio dos partidos.

A POLÍTICA DAS CLASSES DOMINANTES

Deve ficar claro que, se esses privilégios monopolísticos garantem a existência dos partidos, eles são incapazes de lhes infundir vida real. Os partidos de direita e de centro, no Brasil, são criaturas legais que, por assim dizer, fornecem apenas o arcabouço, dentro do qual a verdadeira vida política, com muitas dificuldades, se enquadra. Para se analisar a política nacional tal qual ela, de fato, se desenrola, é preciso furar os falsos cenários da política partidária e procurar, nos bastidores, os grupos de interesse e de pressão que constituem as unidades reais do processo político.

3. O político profissional

A política das classes dominantes é formulada e executada no Brasil, como em outros países, por políticos profissionais. Estes constituem um grupo numeroso de pessoas, desempenhando funções públicas nos legislativos (vereadores, deputados, senadores) e nos executivos (prefeitos, governadores, presidente da República e respectivos secretários e ministros). É interessante notar que os cargos "políticos" têm se multiplicado bastante, nos últimos anos, na área dos executivos da União e de alguns estados mais adiantados, pela expansão da previdência social (Iaps e caixas de aposentadoria) e pela criação de numerosas autarquias e sociedades mistas: Petrobras, Rede Ferroviária Federal, Eletrobras, Sudene, Banco Nacional de Desenvolvimento Econômico, Supra etc., no plano federal; Cagesp, Ceasa, Uselpa, Celusa etc., em São Paulo; Cemig, Frimisa etc., em Minas Gerais, e assim por diante.

Interessa-nos particularmente o político profissional que ocupa cargos eletivos, pois os que ocupam cargos de livre nomeação são escolhidos tendo em vista as áreas de influência eleitoral dos seus patronos ou amigos. Em outras palavras, os cargos de livre nomeação são distribuídos, entre os diversos grupos, em proporção à representatividade eleitoral que cada um possui. A distribuição dos cargos eletivos condiciona a dos cargos de livre nomeação, embora num segundo momento o condicionamento possa dar-se em sentido inverso. Examinaremos esse mecanismo, com mais pormenores, num outro ponto desta seção.

O político profissional burguês, de centro ou de direita, pode ser enquadrado em um de três tipos "puros": o coronel, o representante de grupo econômico e o político de clientela.

O coronel é o nosso político tradicional. Normalmente é um grande fazendeiro. Dentro do latifúndio, o senhor possui autoridade indiscutida e quase ilimitada. É obedecido incondicionalmente por agregados, arrendatários, parceiros e colonos, assim como por capatazes, administradores e também pelos membros de sua própria família. Nenhuma oposição lhe vem de baixo. No plano político, ele é o chefe absoluto de seu clã. Só se lhe pode opor um outro coronel, de força e prestígio equivalentes.

Nas áreas de economia colonial, no Brasil, a luta política se realiza entre dois grupos, de estrutura social e coloração política idênticas, cada um liderado por um "chefe de zona". Sendo a unidade política o município, é curioso notar que em cada um só haja *duas* facções, quando o número de grandes proprietários pode ser, e muitas vezes é, maior. A razão é a seguinte: o objetivo de cada coronel é obter favores do governo estadual ou federal; crédito nos bancos oficiais, moratória para suas dívidas, concessão de novas terras ou cargos públicos para si ou para membros do clã. Se uma das facções locais tem a sorte de estar filiada à corrente política que detém o governo estadual ou o federal, a maioria procura aderir a ela, para participar das vantagens que o situacionismo propicia. Os que são excluídos da distribuição de benesses, se unem na oposição, para não serem esmagados. Por que não aderem todos ao governo? Alguns por velhas inimizades com os eventuais detentores (locais) do poder. Outros por cálculo, prevendo que a oposição de hoje será poder amanhã (há estados, como o Rio Grande do Sul, em que a oposição tem sistematicamente ganho as eleições estaduais). Outros, ainda, porque as vantagens que o governo central pode conceder não chegam para todos.

Uma das características importantes do coronel é a lealdade ao clã político. Se um coronel se submete à chefia de um outro mais poderoso, um chefe regional ou estadual, permanecer-lhe-á leal tanto na fortuna como na desgraça. É importante notar que essa lealdade é pessoal, não ideológica. Ela se refere a pessoas, não a princípios. Ela constitui uma emanação do sistema de relações servis, ainda

A POLÍTICA DAS CLASSES DOMINANTES

sobreviventes no latifúndio. Constitui, por outro lado, também uma maneira de ordenar, a estabilizar a hierarquia social e política, que se supõe repousar sobre uma base econômica inalterável: o latifúndio. Isto dificulta o adesismo total e irrefreado. É por essa razão que pessoas mais idosas, educadas num ambiente político em que o coronel era a figura central, franzem o nariz diante do "amoralismo" da maior parte dos políticos de hoje.

O coronelismo produziu, em outras épocas, grandes caudilhos políticos, que eram verdadeiros "suseranos", contando, como "vassalos", com numerosos chefetes locais. Hoje o coronelismo está em decadência em muitas regiões do Brasil. A penetração da indústria lhe é mortal, pois ela provoca o adensamento da população urbana, cujo comportamento político é diferente. Mesmo nas regiões em que a indústria ainda inexiste, o poder dos coronéis está sendo solapado pela organização do trabalhador agrícola. O sindicato ou liga camponesa constitui um desafio direto ao coronel, pois as relações de lealdade dos trabalhadores para com o senhor de terra ficam ameaçadas. Daí a extrema violência da reação senhorial contra qualquer tentativa de organizar os trabalhadores do campo. Ou o coronel esmaga, em sangue – se preciso –, qualquer tentativa nesse sentido, ou ele pode considerar encerrada sua carreira de chefe político.

Apesar da violência, a organização do trabalhador rural está avançando, ao mesmo tempo que a indústria se alastra. O extermínio político do coronel prenuncia o fim do latifúndio colonial. Mas, apesar de tudo, o coronel ainda sobrevive em muitas partes. É uma figura em decadência, mas dispõe ainda de muito poderio local, cuja pressão no plano nacional não é nada desprezível.

O representante de grupo econômico pode ser um banqueiro, um comerciante, um industrial ou mesmo um fazendeiro do tipo capitalista. É muitas vezes um advogado de grande empresa ou testa de ferro de grupo estrangeiro. Representa múltiplos interesses econômicos coligados (nacionais e estrangeiros): empreiteiros de obras públicas, empreendedores que necessitam de crédito do BNDE ou do Banco do Brasil, concessionários de serviços públicos ou industriais que desejam determinadas facilidades de importação etc. Contam-se nesse grupo numerosos representantes de grupos especuladores com câmbio, café ou outro artigo.

234   DESENVOLVIMENTO E POLÍTICA

O representante do grupo econômico se elege à custa de dinheiro. Sua tática é comprar votos de cabos eleitorais. O cabo eleitoral é o complemento necessário do representante de grupo econômico. Entre ambos se estabelece uma espécie de simbiose. O cabo eleitoral contribui para a eleição do representante do grupo econômico. Este, em troca, o sustenta financeiramente e lhe presta favores políticos.

O cabo eleitoral é um líder local, que dispõe de algumas dezenas ou no máximo algumas centenas de votos, quantidade insuficiente para permitir que ele mesmo conquiste algum cargo eletivo. Ele é uma espécie de advogado administrativo de sua comunidade, que pode ser uma vila, uma favela, o quadro associativo de um clube recreativo. Organizações religiosas também oferecem campo de ação para cabos eleitorais: tendas espíritas, centros de umbanda, igrejas evangélicas, católicas[2] ou de outras religiões. O cabo eleitoral cuida dos interesses dos seus "representados", principalmente diante de autoridades públicas. Tanto de interesses individuais (matrícula de crianças em escolas oficiais, internamento de doentes em Santas Casas ou outros hospitais gratuitos, empregos públicos etc.) como de interesses coletivos (instalação de linhas de ônibus, telefones públicos, escolas, postos sanitários, calçamentos e iluminação de ruas etc.). O prestígio do cabo eleitoral se mantém e cresce se ele é capaz de atender boa proporção das reivindicações. Se fracassar, pode surgir um rival mais afortunado que o substitua. É por isso que ele precisa contar com proteção "de cima", que ele obtém precisamente contribuindo para a eleição de vereadores e deputados.

É preciso salientar que nem todos os cabos eleitorais vendem os votos dos seus protegidos. Muitos chegam mesmo a integrar-se em partidos de esquerda e se transformam em militantes de um ideal,

---

2 É preciso distinguir entre a ação da Igreja Católica como organização relativamente centralizada e a dos clérigos individualmente. A Igreja possui uma linha política própria, que ela procura fazer adotar pelo eleitorado católico, nem sempre com muito êxito. O padre é um cidadão com atividade política mais específica. Muitas vezes pertence a um grupo político, se candidata e se elege a cargos públicos. Mesmo quando sua integração em um grupo determinado não é completa, ele sempre funciona como orientador público para pelo menos parte do seu rebanho. É nesse contexto que o consideramos aqui.

A POLÍTICA DAS CLASSES DOMINANTES

que nenhum proveito pessoal e imediato lhes pode proporcionar. Mas um grande número de cabos eleitorais vende os votos que controla. E, diante da procura crescente, o preço costuma ser elevadíssimo. Feita a transação, o cabo eleitoral faz o trabalho para o seu candidato. Este ajuda fazendo donativos a instituições locais, clube de futebol, igreja etc. e montando escritórios eleitorais. A propaganda maciça por meio de cartazes, alto-falantes, impressos etc. serve para completar o trabalho eleitoral do cabo. É preciso reforçar a convicção dos eleitores de que o candidato vai ser eleito, que "já ganhou", pois esta é a garantia de que poderá cumprir suas promessas.

É dessa maneira que cruzeiros se transformam em votos. O número de grupos econômicos que procuram colocar representantes seus em órgãos legislativos e mesmo em executivos está crescendo muito nos últimos anos. O mesmo vem acontecendo com o poderio econômico desses grupos. Isto se deve, de um lado, à expansão da economia capitalista no Brasil, da qual esses grupos são expressão direta. Resulta, por outro lado, também, da intervenção crescente do Estado no campo econômico, o que amplia a área de contato entre o governo e grupos econômicos, valorizando cada vez mais a ação de representantes de tais grupos em posições de influência junto às autoridades públicas. Cada vez que o governo toma uma medida de alcance econômico, ele fere interesses de alguns grupos e favorece os de outros. É óbvio que a força política de cada grupo é, num caso assim, decisiva. Quando o governo, por exemplo, libera o câmbio (Instrução 204 da Sumoc), ele favorece os grupos estrangeiros que investem no país e os exportadores, em detrimento dos importadores de equipamentos industriais e seus clientes, isto é, os próprios industriais brasileiros (além dos consumidores, que não constituem grupo econômico no sentido que aqui damos à expressão). O mesmo acontece quando o governo altera o zoneamento do salário mínimo, abre ou asfalta uma rodovia, funda uma sociedade mista, institui ou suprime subsídios a determinadas atividades, regulamenta o exercício de uma profissão, amplia ou restringe o crédito a certos ramos econômicos etc. etc. Tudo isto faz que os grupos capitalistas, nacionais ou estrangeiros, sejam forçados a organizar-se e a procurar transformar seu poderio econômico em influência política.

O surgimento de organizações nacionais, como o Instituto Brasileiro de Ação Democrática (IBAD) e o Instituto de Pesquisas e Estudos Sociais (IPES), que somam e sistematizam a ação dos principais grupos econômicos no campo político, não é mais que o resultado desse processo. O capitalista que despende dinheiro em política, tende a encarar essa despesa como um investimento, que deve, no devido tempo, proporcionar lucro. Muito depressa ele se convence que os rendimentos se elevam com o crescimento da escala em que esses investimentos podem ser reunidos É muito mais eficiente participar do financiamento da eleição de algumas centenas de deputados federais do que gastar o equivalente na eleição de um ou dois representantes diretos. O IBAD, IPES e congêneres insistem no anticomunismo, porque *este* constitui a base ideológica comum de toda a classe dominante. Mas, na realidade, eles constituem um gigantesco cartel de numerosos grupos econômicos, predominantemente estrangeiros ou ligados a interesses estrangeiros, dispostos a dominar a vida política do país. Com o grau de cartelização já alcançado, pode-se dizer que os grupos econômicos estão muito perto desse objetivo: tornarem-se o fator predominante no processo político brasileiro.

O político de clientela difere do representante de grupo econômico principalmente por não estar ligado a interesses econômicos definidos. No fundo, ele não passa de um cabo eleitoral suficientemente poderoso para conquistar algum cargo eletivo, embora, para tanto, possa contar com a ajuda de outros cabos eleitorais.

O político de clientela representa um setor do eleitorado cujos problemas e necessidades conhece bem e no qual possui posição de liderança. Ele se caracteriza pela estreiteza do seu horizonte político. Sua atividade se restringe à satisfação de reivindicações imediatas do seu eleitorado. É sumamente ignorante dos problemas mais sérios que a atividade legislativa ou executiva lhe apresenta e toma posição perante eles levado pela sua ideologia pessoal ou pela tendência geral da opinião pública, dentro ou fora dos órgãos de poder a que pertence. É, por isso, perfeitamente possível que adote posições progressistas num dado momento e delas se arrependa no momento seguinte. É desse modo que se explica também que, numa Câmara Federal de maioria conservadora, como foi a da legislatura de 1958-1962, tenha sido aprovado um projeto tão avançado como foi o do sr. Celso Brant de "Remessa de Lucros".

De forma geral, o político de clientela reflete a tendência dominante no momento. É suscetível de ser influenciado pelo terrorismo político que lhe faz crer que o país está na véspera de uma revolução comunista; mas é sensível também a reivindicações e movimentos populares, principalmente se envolvem parcela do "seu" eleitorado. Sendo, no entanto, fundamentalmente oportunista, ele sempre tenderá a amoldar-se ao grupo que detém o poder, o que significa que, no período atual, a maioria dos políticos de clientela está mais próximo da posição de direita ou de centro, do que de esquerda.

É preciso considerar que a caracterização do político profissional que fizemos é relativamente abstrata, pois trata de tipos "puros". Na realidade, o político profissional burguês pode possuir características de mais de um tipo. Há coronéis que se ligam a grupos econômicos. Há representantes de grupos econômicos que praticam política de clientela. E certamente há políticos que apresentam características dos três tipos. Getúlio Vargas, o mais completo político burguês que o Brasil já teve, reunia as características de coronel de São Borja, de representante de grupos econômicos (principalmente da indústria nacional) e praticou sempre política de clientela, sobretudo com o proletariado urbano de todo o país.

4. Os grupos políticos

Na política, "a união faz a força" é lema fundamental. Nenhum político, por mais prestigioso que seja, consegue muito isoladamente. A formação de grupos é, portanto, a regra. Esses grupos se constituem na base do toma lá, dá cá. Vejamos, por exemplo, o que acontece num corpo legislativo. Se um deputado ou um grupo de deputados deseja a aprovação de algum projeto, precisa conseguir votos dos demais. Se à maioria o projeto em questão for indiferente, é possível conseguir um número suficiente de votos favoráveis, desde que os interessados se comprometam por sua vez a votar projetos de interesse dos deputados, cujos votos estão solicitando.

Esse escambo de votos é muito comum e constitui uma das bases dos grupos políticos. Os grupos se compõem, fundamentalmente, de deputados comprometidos a se apoiarem mutuamente. É óbvio que os grupos se organizam mais facilmente se todos os seus componentes defendem algum interesse comum. Representantes de grupos econômicos que não sejam concorrentes entre si, nem tenham muitos interesses divergentes, se coligam num grupo. Coronéis ligados por laços antigos de aliança, isto é, que coparticiparam muitas vezes das "delícias da situação e das agruras da oposição", podem formar grupos muito sólidos. Mas é possível, também, que interesses heterogêneos se coliguem em grupos. Representantes de grupos econômicos rivais se aliam a políticos de clientela e a coronéis, para melhor defesa de seus interesses.

É comum também que políticos profissionais que iniciam a sua carreira com uma caracterização acabem por adquirir outra. Políticos de clientela muitas vezes se associam a grupos econômicos, cujos interesses acabam por representar. Isto acontece, às vezes, quando políticos de clientela se ligam a representantes de grupos econômicos, sendo induzidos, pelo sistema de escambo de votos, a defender interesses de agrupamentos capitalistas. A ligação espúria pode tornar-se permanente. Mas o momento crucial para essa transformação é o das eleições. Na medida em que a caça de votos pelos grupos econômicos se acentua, a vida dos políticos de clientela se torna mais difícil. A sua zona eleitoral é frequentemente invadida por candidatos de grupos econômicos, que compram o apoio de cabos eleitorais e desenvolvem espetaculosa (e milionária) propaganda. O político de clientela, que pode ser um homem de posses, mas raramente é bilionário, corre o perigo de não se eleger (ou reeleger). Nessas condições, ele aceitará prazerosamente a ajuda financeira de um grupo econômico, principalmente se na atividade parlamentar seus caminhos já se tinham cruzado antes. Para os grupos econômicos é preferível (e menos dispendioso) apoiar um candidato de influência eleitoral própria a criar um novo político profissional. Desse modo, políticos de clientela tornam-se representantes de grupos econômicos sem perder totalmente as suas características anteriores.

A POLÍTICA DAS CLASSES DOMINANTES

É ilustrativa, nesse sentido, a ação do IBAD e organizações congêneres, que financiaram muitos candidatos à reeleição e que possuíam prestígio eleitoral suficiente para lhes garantir certa independência de atitudes. Parece estranho que mesmo homens como o falecido Fernando Ferrari, por exemplo, tenham aceito ajuda de origens tão suspeitas. É que a penetração do poder econômico no processo eleitoral já é tão decisiva que mesmo políticos influentes acham-se na obrigação de concorrer na corrida de gastos fabulosos para assegurar sua eleição. Comumente esse processo tem sido apontado como "corrupção eleitoral". Isto supõe, novamente, que o voto *deve* ser a expressão de um ponto de vista político, de uma opção ideológica. Na realidade, no sistema capitalista, tudo o que tem equivalência econômica tende a transformar-se em mercadoria. Como tentamos demonstrar, cargos eletivos são cada vez mais suscetíveis de proporcionar rendimento econômico. Isto faz que, de modo crescente, o voto se torne mercadoria. O processo corruptor é uma consequência inevitável do próprio capitalismo, que só pode ser contrabalançado pelo movimento operário, cujo crescimento permite o aparecimento do voto de classe. Enquanto a maioria do eleitorado trabalhador continuar desprovido de consciência de classe, o seu voto será fatalmente mercadejado pelos que o controlam.

Outra figura política cujo caráter social tem mudado às vezes é o coronel. O contato com representantes de grupos econômicos na atividade parlamentar pode levá-lo a investir em empreendimentos capitalistas. A política burguesa apresenta frequentemente boas oportunidades para negócios. O político profissional sabe, com prioridade, de medidas governamentais que suscitam ocasiões para investimentos lucrativos. A indústria automobilística é um exemplo nesse sentido. Ela foi introduzida no país graças a numerosos privilégios concedidos pelo governo, tornando o investimento nela um negócio altamente vantajoso. Os próprios grupos estrangeiros devem ter facilitado o investimento por parte de políticos de influência, deputados, senadores etc. É natural que os coronéis, ocupantes de cargos eletivos, aproveitem essas oportunidades e se transformem em representantes de grupos econômicos, sem perder sua qualidade de coronéis.

240 DESENVOLVIMENTO E POLÍTICA

Esse processo é, na verdade, mais geral. Há uma tendência muito ampla de latifundiários realizarem investimentos em empresas capitalistas. Antigamente, as inversões desse grupo, fora da agricultura, se dirigiam geralmente à especulação imobiliária ou à compra de títulos públicos. Com o desenvolvimento industrial, surgiu a tendência de os lucros da exploração latifundiária serem investidos também em empreendimentos manufatureiros. Um exemplo conspícuo, nesse sentido, é o de a família Prado, tradicionalmente cafeicultora, tornar--se proprietária de importante indústria de vidro em São Paulo.

Uma consequência desse processo é que certos políticos profissionais, que são eleitos como coronéis, acabam por desenvolver uma atividade política de representantes de grupos econômicos.

Podemos resumir tudo isto dizendo que o desenvolvimento da economia capitalista no Brasil repercute no plano político no sentido de tornar o representante de grupo econômico a figura central do processo. Não somente elegem-se, em número cada vez maior, representantes de grupos econômicos para os legislativos, como também no próprio processo de articulação dos grupos políticos burgueses o poder econômico – isto é, a burguesia capitalista – ganha novos representantes.

Um aspecto importante a ressaltar é que a organização dos grupos políticos não se restringe aos legislativos. Ela abarca também os executivos. O chefe do executivo é eleito com o apoio de determinados grupos políticos. Uma vez ganha a eleição, esse apoio é pago com cargos no governo. A distribuição de cargos se faz em proporção à força eleitoral de cada grupo, refletida pelo número de parlamentares que ele conseguiu eleger. Se o chefe do executivo é, ele mesmo, líder de um grupo, ele proporcionará ao *seu* grupo um quinhão maior de cargos, de modo a fortalecê-lo politicamente. Cada cargo tem um certo peso político, dependendo do número de empregos que o seu titular pode preencher, do vulto das verbas que por meio dele são manipuladas, do maior ou menor rendimento eleitoral dos serviços públicos prestados por meio do cargo. Lugares de grande peso político, por exemplo, são considerados o Ministério e as secretarias (estaduais) de Viação e Obras Públicas. Esse peso político decorre de vários fatos: 1) esses lugares permitem o controle das ferrovias, consideradas

A POLÍTICA DAS CLASSES DOMINANTES 241

de grande rendimento eleitoral, pelo número de empregos disponíveis; 2) a construção rodoviária e de obras públicas (pontes, edifícios etc.), também controlada por esses cargos, permitem manejar verbas vultosas, das quais sempre é possível um rendimento considerável, em conluio com empreiteiros e fornecedores.

Geralmente, o chefe do executivo procura ampliar a área parlamentar que o apoia, atraindo grupos políticos que não o sustentaram nas urnas. Pagando o preço correspondente, em cargos, ele pode fazê-lo sem muita dificuldade. É claro que o estoque de cargos e sinecuras é limitado. Alguns grupos políticos terão que ficar excluídos da partilha. Estes formarão sua oposição. Mas, para um político profissional, qualquer que seja o seu tipo, é muito penoso (e politicamente danoso) permanecer muito tempo na oposição. Por isso inventou-se uma terceira posição; nem situação, nem oposição, mas "independência" ou "oposição construtiva". Esta é uma posição que apresenta várias vantagens: os seus ocupantes não se "desgastam" no governo, isto é, não são responsabilizados pelas insuficiências e falhas de quem está no governo e não consegue cumprir nem parte das promessas pré-eleitorais; ao mesmo tempo, obtêm numerosos favores do governo, barganhando seus votos cada vez que o governo não conta com maioria segura para algum projeto que lhe interessa. É preciso notar que mesmo quando a bancada situacionista é majoritária, o governo nunca pode estar seguro de contar com todos os seus votos. Isto porque cada deputado (vereador ou senador) é fiel, antes de tudo, aos interesses particulares do grupo que representa. Se determinada medida que o governo deseja ver aprovada fere esses interesses, o parlamentar, ainda que governista, lhe negará o seu voto. De modo que o governo quase sempre precisa contar com alguns votos da "oposição construtiva". Ele os obterá, mas à custa de determinados favores: construirá um ginásio na zona eleitoral do deputado A, asfaltará uma rodovia na do deputado B, e fará que o banco oficial abra um crédito substancial à companhia presidida pelo sobrinho do deputado C.

Desse modo, compõe-se o grupo político de representantes no legislativo e no executivo. Esses grupos podem ser muito amplos, compostos por vereadores, deputados estaduais e federais, senadores, prefeitos, governadores, secretários (municipais e estaduais) e

242 DESENVOLVIMENTO E POLÍTICA

ministros. Na sua base pode haver uma rede de cabos eleitorais. O que une todo esse pessoal é a solidariedade e a ajuda mútua. Algumas vezes todos defendem os interesses de um mesmo grupo econômico. Outras vezes defendem interesses heterogêneos mas não contraditórios. O grupo político pode ter ampla base territorial ou restringir-se a determinada zona. Pode também decompor-se em subgrupos mais ou menos autônomos.

Resta-nos considerar, agora, como esses grupos se enquadram nos partidos. Já vimos que esse enquadramento é forçado pela legislação e se dá, primordialmente, por ocasião das eleições, quando os grupos precisam de legenda. Não é preciso haver muita coerência entre os grupos que integram uma mesma legenda partidária. Apesar de o sistema de representação proporcional, como ele vigora entre nós, acentuar o voto na *legenda,* pois o número de cadeiras atribuído a cada partido depende do número total de votos obtido pela legenda, as eleições têm se caracterizado quase sempre pelo individualismo do candidato. O eleitor vota em nomes, não em partidos, principalmente quando se trata de partidos de direita. De modo que a lista de candidatos de um partido pode compor-se de representantes de interesses muito heterogêneos e mesmo contraditórios. A composição dessas listas se faz, em boa parte, por acaso. A cúpula partidária, que controla a legenda, muitas vezes vende os lugares da lista a quem oferece mais, embora essa venda se disfarce como contribuição aos cofres partidários ou ajuda à campanha do candidato partidário ao executivo.

Realizada a eleição, constituem-se as bancadas. Nesse momento, as incongruências entre os eleitos pelo mesmo partido vêm à tona. Quase sempre, no começo de cada legislatura há algumas trocas de legenda por parlamentares. A distribuição de lugares no executivo, sempre dificultosa, exacerba os entrechoques de interesses. Finalmente, depois de muitos vaivéns, os partidos de direita constituem suas bancadas, em que já há maior coerência entre os grupos. As bancadas são, via de regra, federações de grupos, com certo grau de homogeneidade. É preciso, no entanto, não superestimar essa homogeneidade: nas bancadas grandes, os grupos se diferenciam, constituindo alas, dissidências etc., com atuação praticamente independente. São

A POLÍTICA DAS CLASSES DOMINANTES 243

sub-bancadas, não reconhecidas oficialmente pelo regimento, mas muitas vezes mais efetivas que as bancadas formais.

Há, por outro lado, a tendência de agrupar todos os parlamentares de direita em frentes suprapartidárias, como a Ação Democrática Parlamentar (ADP). Essa tendência surgiu como resposta ao agrupamento de parlamentares de esquerda, na chamada Frente Parlamentar Nacionalista (FPN); ela resulta, de um lado, da necessidade de defesa da direita parlamentar, em face de uma esquerda cada vez mais organizada e agressiva; ela exprime, por outro lado, a cartelização dos grupos econômicos, no IBAD & CIA: o financiamento eleitoral comum cria um laço a mais entre os congressistas da direita, facilitando sua unificação.

O enquadramento dos grupos de políticos profissionais nos partidos é, na realidade, um processo de interação. Conforme os grupos que integram determinado partido, este desenvolverá uma linha política que corresponderá a uma média ponderada das linhas dos grupos. A linha de atuação, assim estabelecida, atrairá novos grupos ao partido, que com ela se identificam, e afastará outros, que se consideram incompatibilizados com ela. Isto dá lugar a um reagrupamento muito intenso, cada vez que o cenário político exige definição de atitudes por parte dos partidos. Daí a grande instabilidade dos partidos de direita, os quais procuram reagir, dando às suas estruturas o máximo de flexibilidade. A disciplina partidária é reduzida à sua expressão mínima, tolerando-se a existência de alas, dissidências etc., que defendem seus próprios pontos de vista. O partido passa a ser expressão organizada, não de uma, mas de várias correntes de opinião, unidas apenas por um interesse de legenda. Mesmo assim, as incompatibilidades podem crescer a tal ponto que grupos mudam de legendas com muita frequência. Dos quatro ou cinco presidentes que a UDN teve, até hoje, por exemplo, dois – os senhores Otávio Mangabeira e José Américo de Almeida – deixaram o partido, e um terceiro – o sr. Magalhães Pinto atual governador de Minas Gerais – se encontra hoje praticamente em dissidência, defendendo posições radicalmente contrárias às da linha partidária em problemas cruciais, como o da alteração constitucional para a reforma agrária.

Para se compreender a dinâmica da permanente constituição e reconstituição dos partidos de direita no Brasil, é preciso seguir a

244 DESENVOLVIMENTO E POLÍTICA

evolução política dos últimos anos, o que faremos, a largos traços, na próxima seção.

5. Os partidos e a realidade política

a. O ano de 1945 – redemocratização e golpe

Em 1945, quando surgiu a maior parte dos partidos de direita, o grande divisor de água da política burguesa era Getúlio Vargas, ainda no poder até outubro daquele ano. Essa divisão é que originou a formação de dois grandes partidos de direita, cada qual com um candidato à presidência: o PSD com o general Dutra e a UDN com o brigadeiro Eduardo Gomes. O PSD foi formado com os que tinham colaborado com o Estado Novo e ocupavam, portanto, a maior parte dos cargos públicos. Orlando M. Carvalho conta como se fundou o PSD em Minas Gerais:

> Em fins de março de 1945, o interventor em Minas ordenou aos prefeitos nomeados que viessem a Belo Horizonte, acompanhados de cinco a dez pessoas de influência no município. A 8 de abril assinaram a ata de fundação do PSD 5.400 pessoas, das quais 4.480 mencionaram as respectivas profissões. Esse grupo constitui o núcleo dos principais chefes políticos locais, muitos dos quais vieram à capital para observar os acontecimentos e não se sentiram obrigados a manter os compromissos decorrentes de suas assinaturas nas atas inaugurais do novo partido. O estudo do destino posterior dos membros das comitivas fundadoras do PSD é muito expressivo, pois mostra que prevaleceu o espírito de facção em parte considerável dos seus componentes. Refeitos os quadros partidistas, as velhas facções vieram a inspirar de novo as lutas locais e os chefes passavam de um partido para outro, sem dificuldade, em função das manobras no município.[3]

---

3 Orlando M. Carvalho, Os partidos políticos em Minas Gerais, em Revista Brasileira de Estudos Políticos, v.1, n.2, jul. 1957, p.103-4.

A POLÍTICA DAS CLASSES DOMINANTES   245

É provável que a fundação do PSD, em outros estados, tenha sido efetuada de modo semelhante.

A UDN reuniu os grupos políticos que se opuseram ao Estado Novo. Com o desaparecimento do Estado Novo, o laço que unia essa gente passou a perder sentido e a UDN teve que criar uma linha menos voltada ao passado e mais capaz de enfrentar os problemas do presente e do futuro.

Em 1945, apesar de oficialmente apoiar a candidatura do seu ministro da Guerra (general Dutra), Getúlio manobrava, com base em seu prestígio popular, para manter-se no poder. Era a época do queremismo, à base do qual foi fundado o PTB. Havia enorme efervescência popular, "Comitês Democráticos" formavam-se por toda parte, centenas de milhares de adesões engrossavam as fileiras do Partido Comunista. Havia a suspeita de que os comunistas apoiavam as pretensões continuístas do presidente, que parecia cortejar a esquerda, o que assustou a alta burguesia, enquadrada tanto no PSD como na UDN. Em 29 de outubro, ambos os partidos se uniram no apoio ao golpe militar que apeou Getúlio do poder. Diante da inevitabilidade das eleições, Getúlio compreendeu que precisava evitar, a qualquer custo, a eleição do brigadeiro Eduardo Gomes, o qual, no poder, não pouparia esforços para destruí-lo politicamente. Preferiu apoiar, portanto, Dutra (apesar da "traição" de 29 de outubro), pois com este continuariam no poder os responsáveis por tudo que se fizera durante o Estado Novo (1937-1945).

b. Governo Dutra – o reinado da burguesia nacional

Dutra foi eleito e o PSD emergiu das urnas como o maior partido nacional. A aliança com o PTB se desfez rapidamente e, em 1948, se concertou um governo de "união nacional", na realidade, uma coligação situacionista dos três mais importantes partidos de direita: PSD, UDN e PR. Durante a guerra, o crescimento da indústria nacional se tinha acentuado muito. A burguesia nacional surgiu, assim como o grupo mais forte das classes dominantes. O grupo latifundiário-exportador se enfraquecera muito pela crise de 1930; durante a guerra, as nossas exportações tradicionais *não* se puderam recuperar, mas, em compensação, a de tecidos (produto industrial) se expandira enormemente. Os grupos estrangeiros dirigiam seus investimentos à reconversão da indústria americana à produção civil e à reconstrução da economia europeia e japonesa, de modo que não havia nenhum competidor de peso para a burguesia nacional.

O governo Dutra (1946-1951) foi o governo de nossa burguesia industrial. Isto se pode notar por dois aspectos da política então posta em prática: a política operária e a política cambial.

A política operária é sempre a pedra de toque para se averiguar o conteúdo de classe de um governo. É dela que depende, em grau considerável, a taxa de exploração que se forma na economia ou, em outras palavras, o modo como se reparte o produto social entre as principais classes: o proletariado e a burguesia. Pois bem, a política operária do governo Dutra foi toda ela dirigida no sentido de elevar a taxa de exploração, isto é, de aumentar ao máximo a parte do produto social que vai parar nos bolsos da burguesia e reduzir, portanto, ao mínimo a parte que cabe à classe operária. Em 1947, o Partido Comunista foi colocado fora da lei. Na mesma época, quase todos os sindicatos de alguma importância sofreram intervenção (sob o pretexto de que estavam dominados por comunistas): suas diretorias, eleitas pelos associados, foram depostas e em seu lugar colocados interventores, designados pelo governo. Esses interventores (com possíveis exceções) se notabilizaram pela subserviência aos patrões e pela desonestidade em relação ao patrimônio das entidades que foram chamados a dirigir. Os sindicatos passaram a ser lugares perigosos para trabalhadores com consciência de classe. O direito de greve, na prática, foi abolido. Os salários ficaram congelados, em sua maioria (principalmente o salário mínimo), enquanto o custo de vida, no Rio, subia, entre 1946 e 1951, de 62% (dados da revista *Conjuntura Econômica*). Desse modo se reduziram os salários reais efetuando-se uma redistribuição altamente regressiva da renda. O resultado da elevação da taxa de exploração foi o crescimento da taxa de lucro, reforçando o processo de acumulação de capital.

Mas o governo não somente intensificou a exploração do proletariado; ele também promoveu a espoliação da burguesia latifundiária e exportadora a favor da burguesia industrial. Isto se fez através da política cambial.

A POLÍTICA DAS CLASSES DOMINANTES 247

Logo depois da guerra, o nosso balanço de pagamentos apresentava ponderável saldo positivo. Um certo número de países aliados – a Inglaterra e outros – nos devia elevadas quantias. A partir do fim da guerra, essas quantias começaram a nos ser pagas. Daí deveria resultar a queda do câmbio, ou seja, o cruzeiro deveria valorizar-se, em relação às outras moedas. Se o dólar valia 18 cruzeiros no fim da guerra, ele passaria a valer 12 ou 10. Mas isso acarretaria uma queda dos preços dos produtos importados, pois o preço, em moeda nacional, de um artigo que custasse, digamos, 5 dólares, cairia de 90 para 60 ou 50 cruzeiros. Se isso acontecesse, haveria perigo sério de a indústria estrangeira desenvolver uma concorrência mortífera contra a indústria nacional.

É preciso lembrar que a indústria brasileira se expandiu fortemente, entre 1940 e 1945, precisamente por estar livre da competição da indústria estrangeira, a qual se achava inteiramente voltada para a satisfação das necessidades bélicas. Havia muita apreensão de que, com o fim da guerra, a volta da indústria estrangeira ao nosso mercado fizesse desaparecer uma grande parte do parque industrial brasileiro. O perigo seria ainda muito mais grave, é evidente, se o câmbio estivesse baixo, barateando os produtos importados.

Para conjurar esse perigo, instituiu o governo o monopólio estatal do câmbio. Este foi fixado a Cr$ 18,30 por dólar. O governo comprava todas as divisas a esse preço e as revendia aos importadores. O cruzeiro fora desvalorizado para defender a indústria nacional.

Pouco depois, no entanto, a situação do nosso balanço de pagamentos se inverteu. Nossas reservas em outros países se esfumaram, boa parte dela na compra de ferrovias britânicas no país, todas em péssimo estado, algumas verdadeiros ferros-velhos. A superabundância de divisas desapareceu. Por outro lado, a inflação ia corroendo o valor interno do cruzeiro, o que fatalmente tinha que se refletir no seu valor externo. Como o governo mantinha o câmbio fixo a Cr$ 18,30 por dólar, a desvalorização se transformou em seu oposto, na valorização do cruzeiro. O dólar, que presumivelmente teria valido 10 ou 12 cruzeiros no fim da guerra, passados alguns anos, teria subido a 30 ou 40 cruzeiros, se não fosse o monopólio estatal de câmbio, que o mantinha a Cr$ 18,30.

Se a importação continuasse livre, essa valorização externa do cruzeiro teria favorecido a indústria estrangeira, competidora da nossa. Mas, com a valorização do cruzeiro e, portanto, com o barateamento da divisa estrangeira, a procura por essas divisas de muito excedia a oferta. Aplicou o governo, então, uma espécie de "racionamento" das divisas, para cuja aquisição era preciso uma "licença de importação". Esta só era concedida para importação de bens complementares à nossa indústria, não para bens concorrentes. Podia-se importar máquinas, combustíveis, matérias-primas, mas nunca similares aos produtos nacionais.

A situação, então, tornou-se a seguinte: os exportadores eram obrigados a entregar as divisas por uma quantia fixa de cruzeiros, que valiam cada vez menos. Os importadores, aquinhoados com licenças de importação, adquiriam essas divisas pela mesma quantia de cruzeiros e importavam bens de produção para a indústria. Instituiu-se assim o "confisco cambial". Uma grande parte da mais-valia produzida no setor colonial da economia era, assim, subtraída das mãos dos latifundiários e exportadores e ia parar no bolso dos industriais, sob a forma de bens de produção extraordinariamente baratos.

Dessa forma, realizou o governo de "união nacional" os melhores desejos da burguesia industrial: elevou a taxa de exploração do proletariado e transferiu para a indústria uma parte substancial do produto da exploração do campesinato.

É preciso notar que a UDN participou de todo esse processo, sem que seus líderes mostrassem excessiva consideração pelos interesses feridos do setor latifundiário. Nessa altura, ambos os partidos (PSD e UDN) representavam predominantemente a burguesia industrial, embora os coronéis estivessem integrados tanto num como no outro. A UDN só viria a adquirir o caráter de partido de classe da burguesia latifundiária e exportadora mais tarde. Na realidade, o setor latifundiário da burguesia suportou bem o confisco cambial, nesse período, porque os preços dos produtos de exportação estavam em rápida ascensão. Segundo os índices de *Conjuntura Econômica*, esses preços em dólares se elevaram 132% entre 1946 a 1951. Se não houvesse o confisco cambial, os proprietários e latifundiários teriam embolsado toda essa diferença. Como a política cambial manteve constante a

A POLÍTICA DAS CLASSES DOMINANTES   249

relação dólar/cruzeiro, é preciso descontar a elevação do nível geral de preços, que nesse período foi de 72%. Isto significa que o ganho *real* do setor latifundiário foi de "apenas" 35%. O resto coube à burguesia industrial, através do barateamento de importações. O fato de que a elevação dos preços dos produtos de exportação, em dólares, superasse a elevação do nível geral de preços no país, fez que o confisco cambial provocasse relativamente poucos protestos por parte dos prejudicados. Esses protestos só se intensificariam na segunda metade da década de 1950, quando os preços dos produtos de exportação (em dólares) começaram a baixar.

c. O último mandato de Getúlio – o renascimento do movimento operário

Em 1950, a sucessão presidencial dividiu os partidos da "união nacional". A UDN voltou a levantar a candidatura do brigadeiro Eduardo Gomes e o PSD lançou o nome do sr. Cristiano Machado. Aproveitando-se da divisão dos partidos governamentais, Getúlio também entrou na disputa presidencial, vencendo-a por larga margem de votos.

A vitória de Getúlio vem revelar, pela primeira vez, uma característica de nosso processo eleitoral que permanece até hoje. As máquinas eleitorais conseguem mobilizar eficientemente o voto para os cargos legislativos, mas são impotentes para orientar a votação para cargos majoritários, principalmente de âmbito federal. Em 1950, elegeu-se um Congresso predominantemente pessedista e udenista, com um presidente da República do PTB, apoiado pelo PSP, partidos de reduzida representação parlamentar. Tudo leva a crer que o grande número de candidatos ao legislativo, cada um disputando votos numa base pessoal ou de grupo, "despolitiza" a eleição. O voto acaba sendo dado a um nome recomendado por alguém que soe ser, geralmente, um cabo eleitoral. Já quanto ao voto para presidente (ou governador de um estado importante), as questões políticas influem poderosamente sobre a decisão do eleitor, que não se resigna a aceitar a orientação do cabo eleitoral. Pelo contrário, é este que, para não perder os votos para o legislativo, é obrigado a sancionar a escolha dos seus eleitores. Depois das eleições de 1950, divulgou-se frequentes vezes, para explicar a derrota de Cristiano Machado, que numerosos cabos eleitorais pessedistas trabalharam a favor de Getúlio, coagidos pela pressão de suas "bases".

A eleição de Getúlio se deveu principalmente ao fato de que ele era o único dos três candidatos "importantes" (o quarto foi João Mangabeira, do Partido Socialista, que não conseguiu despertar a atenção do eleitorado) que não estava comprometido com a política antioperária do governo anterior. Getúlio, na campanha, dissociou-se dela e as massas acreditaram nele.

Eleito Getúlio, retomou a UDN sua antiga bandeira antigetulista. Círculos udenistas, com ligações nos altos comandos das Forças Armadas, procuraram impedir a posse de Getúlio (sob o pretexto de que ele não tinha obtido maioria absoluta no pleito); Getúlio foi empossado, no entanto, sob a sombra protetora da espada do general Estillac Leal. Para apaziguar a burguesia, que pressentia na eleição de Getúlio uma vitória operária, este formou um ministério predominantemente pessedista, entregando uma pasta a um político udenista (João Cleofas, ministro da Agricultura). O Ministério da Fazenda, sempre importante na determinação da política econômica, foi entregue ao sr. Horácio Lafer, do PSD, e representante de poderoso grupo econômico de base agroindustrial (grupo Klabin).

A política de confisco cambial foi mantida integralmente nesses primeiros anos do último mandato de Getúlio. Mas, no referente à política operária, alguma coisa tinha que mudar. Desde o fim do governo anterior, a base sindical, organizada por militantes de esquerda, exercia pressão no sentido de realização de eleições sindicais. Em 1950, a bancada socialista na Câmara Federal apresentou projeto de lei "de emergência" no sentido de realização imediata de tais eleições, sob controle da Justiça Eleitoral. Havendo sérios indícios de que tal projeto poderia ser aprovado, adiantou-se o governo convocando as eleições para o próprio ano de 1950 ainda, mas sob controle do Ministério do Trabalho e com a exigência de apresentação por parte dos candidatos de um "atestado de ideologia" a ser fornecido pela polícia política. As eleições, nessas condições, constituíram importante etapa na luta dos trabalhadores pela liberdade sindical. Em alguns sindicatos, chapas de oposição conseguiram, apesar de tudo, registro

A POLÍTICA DAS CLASSES DOMINANTES 251

e foram eleitas. Em outras, a oposição conseguiu que a chapa oficial e única não obtivesse quórum, isto é, a atividade oposicionista fez que menos de 50% dos sindicalizados fosse às urnas. Em muitos sindicatos, no entanto, a intervenção ministerial foi "legalizada" por eleições de que a oposição operária não pôde participar.

Com a posse de Getúlio, em início de 1951, a luta prosseguiu com redobrada intensidade. O governo continuou a opor-se a que o controle dos sindicatos passasse, de forma irrestrita, às bases sindicais, mas as medidas restritivas foram sendo aplicadas com cada vez menos rigor. Entre 1950 e 1953, a maioria dos sindicatos passou a ser dirigida por elementos livremente eleitos pelos associados. A vida sindical ressurgiu e reivindicações, abafadas por longos anos de intervenção, voltaram à tona.

Entre essas reivindicações, a do reajustamento salarial era a mais premente, devido à redução dos salários reais no período anterior. Em 1952, reajustou o governo o salário mínimo, de acordo com a desvalorização da moeda. Em 1953, produziu-se um amplo movimento grevista em São Paulo, unindo as mais importantes categorias profissionais – metalúrgicos, têxteis, vidreiros, marceneiros e gráficos – numa parede de mais de vinte dias, que terminou com uma vitória quase total dos trabalhadores. Essa greve foi importante porque ela não só evidenciou a potência do movimento operário, como também garantiu, na prática, o direito de greve, apesar do decreto 9.070, de 1946, que o restringe enormemente e que está em vigor até hoje. O movimento foi tão amplo que a Justiça do Trabalho não se achou em condições de aplicar os dispositivos daquele decreto.

Nessa mesma época realizaram-se as primeiras eleições para a prefeitura de São Paulo, com a surpreendente vitória do sr. Jânio Quadros, apoiado por apenas dois pequenos partidos (o Partido Democrata Cristão e o Partido Socialista Brasileiro) contra o candidato apoiado por todas as demais agremiações partidárias legais.

Tudo isto veio mostrar que não se podia contar mais com a passividade da massa operária para a aplicação da política inaugurada no mandato de Dutra. O governo de Getúlio estava rapidamente perdendo suas bases populares. Para recuperá-las, reformulou-se em importantes aspectos a política do governo e se efetuou uma completa remodelação ministerial. O Ministério da Fazenda foi entregue ao sr. Oswaldo Aranha, velho companheiro do presidente, desde antes da Revolução de 1930. O Ministério do Trabalho coube a um então desconhecido político gaúcho chamado João Goulart, cuja única credencial era a sua estreita ligação pessoal com Getúlio.

Oswaldo Aranha inaugurou sua gestão na Fazenda pondo em prática uma reforma cambial que, sem eliminar o confisco, o atenuava consideravelmente. A razão era a seguinte: entre 1951 e 1953, os preços de nossas exportações em dólares *baixaram* 9%; ao mesmo tempo, o nível geral de preços internos subiu 27%. Mantido o confisco cambial, através da constância da relação dólar/cruzeiro, os dois movimentos de preços acima mencionados se combinariam para desfalcar as rendas dos exportadores e fazendeiros de quase 29%. Como vimos antes, o ganho real desse grupo no período anterior (1946-1951), apesar do confisco, foi de 35%. Entre 1951 e 1953, esse ganho se transformaria numa perda de 29%, se não fosse a reforma Oswaldo Aranha, que fez que os preços, em cruzeiros, das exportações, se elevassem (ainda em 1953) 13% acima dos preços em dólares, reduzindo assim as perdas do setor latifundiário-exportador. Em 1954, essa diferença chegaria a 46%. (Todos os dados calculados a partir dos índices de *Conjuntura Econômica*.)

João Goulart, por sua vez, deu uma completa reviravolta na política trabalhista do governo. As novas direções sindicais, até aquele momento hostilizadas e reprimidas pelo governo, passaram a contar com apreciável apoio do Ministério do Trabalho para suas reivindicações. Apesar da repressão policial à greve dos marítimos, em julho de 1953, o ambiente geral que se criou era de que o governo encarava com simpatia os movimentos encetados pelos sindicatos. Em 1954, fato insólito então, propôs-se nova revisão do salário mínimo, com uma majoração de 100% sobre os níveis de 1952. Os protestos, dessa vez, foram inúmeros, pois os dados oficiais sobre a elevação do custo de vida, nos dois anos anteriores, davam porcentagem muito inferior. Embora os dados oficiais não merecessem muito crédito e provavelmente subestimassem a elevação real do custo de vida, é provável que tenha havido também um certo aumento do salário mínimo real (isto é, em capacidade aquisitiva).

A POLÍTICA DAS CLASSES DOMINANTES · 253

Finalmente, um terceiro fator surge nesse período para definir o processo político: a questão das relações da economia nacional com o capital estrangeiro. Desde 1948, um pequeno grupo de intelectuais nacionalistas iniciou uma campanha pelo monopólio estatal da exploração e refinação do petróleo. Pouco depois, o Partido Comunista, que admitia a participação do capital privado nacional nesses campos, mudou de posição e passou a apoiar a campanha, que rapidamente ganhou âmbito nacional e provocou extraordinária efervescência. Getúlio Vargas enviou mensagem ao Congresso propondo a criação de uma companhia estatal, as quais foram aprovadas com o apoio decisivo das bancadas da UDN.

Quais foram as posições dos partidos de direita nesse período? Examinaremos as dos dois principais, PSD e UDN. O PSD fez parte do governo de Getúlio, desde o início, e alguns dos seus líderes desempenharam mesmo papel relevante na formulação da política governamental. A mudança de orientação, a partir de 1953, parece não ter afetado em nada os termos de colaboração do PSD com o governo. A reforma cambial deve ter sido bem recebida pelos grupos latifundiários exportadores ligados ao partido e se a nova política trabalhista atemorizava grupos ligados à indústria dentro do PSD, tal fato não foi suficiente para afastar a agremiação do governo. É interessante lembrar, como já salientamos antes, que a participação no governo é bastante vital para políticos burgueses, no sentido de poderem defender proficuamente os interesses que representam.

Quanto à UDN, o caso foi bem diferente. A própria origem do partido, nascido da luta contra o Estado Novo, impelia-o à oposição. Como já vimos, essa tendência se manifestou praticamente antes da posse de Getúlio. A partir da constituição do governo, a UDN se dividiu em duas alas. Uma, constituída principalmente por políticos do Nordeste, que aceitaram colaborar com o governo, nele representados pelo ministro da Agricultura, João Cleofas, outra, formada predominantemente por políticos do Centro-Sul, intransigentemente oposicionista e antigetulista. Para se compreender essa divisão é preciso considerar que o Nordeste é, economicamente, muito mais fraco que o Centro e o Sul; em consequência, os governos estaduais e mesmo os municipais dependem do governo federal em muito maior medida que os das outras regiões do país. Além disso, o antagonismo a Vargas no Nordeste era muito menos exacerbado que no Sul. Basta lembrar que um udenista histórico, como José Américo, não hesitou em largar o governo da Paraíba para integrar o último ministério de Getúlio.

Em São Paulo, o antigetulismo nutria-se das lembranças de 1932. Também no Rio de Janeiro e no Rio Grande do Sul esse sentimento ainda era muito intenso nos círculos udenistas (e do Partido Libertador). Além disso, políticos dessa área do país podiam dar-se mais ao luxo de cultivar certa independência do governo federal. Seja como for, a UDN dessas regiões fixou-se numa atitude oposicionista e, como constituía a maioria do partido, passou a falar e agir em seu nome (apesar de não tomar nenhuma medida contra a ala colaboracionista).

A oposição udenista a Getúlio desenvolveu-se, no primeiro período (de 1951 a 1953), quase inteiramente no plano moralista. Denunciar verdadeiras ou supostas negociatas do governo constituía sua principal função. A partir de 1953, porém, o seu alvo preferido passou a ser a política trabalhista do governo. É preciso seguir com cuidado a evolução da política udenista nesse terreno. Até 1953, a UDN encarava com certa simpatia as tentativas de libertar os sindicatos do controle governamental. Este era exercido, em grande parte, por meio de "pelegos", que eram também, em sua maioria, cabos eleitorais de políticos do PTB. Combater os "pelegos" equivalia, portanto, a atacar as bases eleitorais do principal partido adversário.

A nova política trabalhista inaugurada por João Goulart certamente assustou determinados círculos burgueses, que nunca tiveram a experiência, antes, de ter que enfrentar um movimento operário relativamente livre de repressão policial. A UDN resolveu explorar esses temores, ampliando-os e aprofundando-os. A acusação que se levantou contra o governo era que sua política trabalhista era, nada mais, nada menos, que a preparação para instaurar no país uma "república sindicalista", nos moldes do regime peronista, então imperante na Argentina. Essa atitude deve ter alienado da UDN os poucos grupos operários que porventura pudessem ter tido por ela certa simpatia (a hipótese de que tais grupos tenham existido em 1953 é

A POLÍTICA DAS CLASSES DOMINANTES

consideravelmente menos absurda do que parece hoje). Dessa maneira, vai a UDN adquirindo a característica de partido antioperário e antipopular. Essa característica vai, por outro lado, atrair à UDN grupos econômicos interessados na repressão do movimento operário, o que, por sua vez, vai reforçar a linha adotada. Temos, aqui, um caso em que uma linha política se reforça e aprofunda, pelas transformações que acarreta na estrutura da organização que a adota. Fossem os partidos de direita, no Brasil, menos flácidos em sua organização e o efeito dessa tendência seria muito menor.

Da linha antioperária, adotada a partir de 1953, decorreram, pouco a pouco, os outros aspectos reacionários que a política udenista vem adquirindo nos últimos anos. Inicialmente, a atitude antioperária (de atribuir a todas as greves caráter político, por exemplo) foi adotada como um expediente na luta antigetulista, pelo grupo majoritário da UDN. Num segundo momento, porém, essa posição vai congregar na UDN a maioria dos grupos econômicos cujos interesses se opõem ao desenvolvimento do país. Esse processo se dá paulatinamente. Em 1953, a UDN ainda vota pelo monopólio estatal do petróleo, numa posição mais avançada que a de Getúlio. Em 1954, no governo, ela se responsabiliza pela célebre Instrução 113 da Sumoc, que privilegia o capital estrangeiro em relação ao nacional. Em 1960, ela apoia os dispositivos da Lei de Diretrizes e Base da Educação, que obrigam o poder público a subsidiar o ensino particular. E, a partir de 1963, ela se constituiu no grande adversário da reforma agrária e, *ipso facto,* do movimento camponês (ao passo que o PSD desenvolve um jogo muito mais dúbio, embora, no fundo, tão contrário à reforma agrária quanto a UDN).

d. O interregno Café Filho – imobilismo e privilégios ao capital estrangeiro

A campanha udenista conseguiu impressionar certos círculos do comando das Forças Armadas. Surgiu, então, o célebre "Memorial dos Coronéis", que exigia o afastamento de Jango do Ministério do Trabalho. Getúlio se submeteu à exigência, porém recusou-se a designar novo ministro, mantendo à testa do ministério um interino.

256 DESENVOLVIMENTO E POLÍTICA

E logo depois promulgou os novos níveis de salário mínimo. Sua tática era resistir e ganhar tempo. Temendo antagonizar a burguesia, não procurou, dessa vez, a aliança dos comunistas (como em 1945) nem com qualquer força de esquerda. Manteve-se na defensiva, contemporizando e talvez pudesse ter alcançado êxito, mantendo-se no poder não fosse o atentado contra Lacerda, no qual perdeu a vida o major Vaz. Esse fato veio alterar completamente o equilíbrio de forças. A descoberta de que o atentado fora tramado no próprio palácio presidencial, por pessoas estreitamente ligadas ao presidente, arrastou uma maioria, até então indecisa, do oficialato das Forças Armadas a favor dos que exigiam a deposição de Getúlio. Os acontecimentos de agosto de 1954 são conhecidos: a deposição, o suicídio, a "carta-testamento".

O vice-presidente Café Filho, aceitando assumir o poder naquelas circunstâncias, permitiu que a vida legal não sofresse solução de continuidade. Na prática, porém, foi obrigado a reconhecer a supremacia *de fato* do grupo militar golpista ligado à UDN. Esta, portanto, tornou-se o partido da situação. O PSD, apesar de ter participado do governo deposto, aceitou fazer-se representar no novo governo, designando Lucas Lopes para o Ministério da Viação. O PTB passou à oposição, apesar de um representante trabalhista (o senador Caiado de Castro) ter aceito o Ministério do Trabalho.

O governo Café Filho (agosto de 1954-novembro de 1955) reproduziu formalmente o esquema de forças que compunham o governo Dutra, com maior predomínio da UDN, no entanto. Na realidade, porém, a situação era muito diferente. Se analisarmos as relações entre as classes pelo prisma da política econômica – da burguesia industrial com a burguesia latifundiária-exportadora através da política cambial, da burguesia com o proletariado através da política trabalhista e da burguesia nacional com a burguesia internacional através da regulamentação dos investimentos estrangeiros –, verificaremos que o governo Café Filho se caracterizou pelo imobilismo, que resultou de um equilíbrio de forças antagônicas que se anulavam reciprocamente.

No referente à política cambial, tentou-se introduzir, várias vezes nesse período, uma reforma que eliminasse completamente o

A POLÍTICA DAS CLASSES DOMINANTES 257

confisco através do restabelecimento do mercado livre de câmbio. Todas as tentativas, no entanto, fracassaram, por resistências dentro do próprio governo. Um ministro da Fazenda, o sr. José Maria Whitaker, chegou a demitir-se exclusivamente por isso. No seu interessante depoimento ("Seis meses, de novo, no Ministério da Fazenda"), ele se refere à divisão de opiniões que o seu projeto de reforma cambial causou no ministério e entre a assessoria do presidente da República. É interessante notar, por exemplo, que "os ministros militares consideraram inoportuna medida de tal envergadura nos últimos dias de um governo de transição, receando o brigadeiro Eduardo Gomes, para a aviação civil, prejuízos, cuja possibilidade ficara aliás grandemente reduzida pela majoração recente dos preços da gasolina" (p.88). Num problema de tão grande alcance, as opiniões se dividiam, quebrando qualquer unidade partidária. A UDN (ala majoritária), que empunharia a "liberdade cambial" como uma de suas bandeiras mais importantes, não conseguiu impedir que o seu ilustre patrono vetasse a sua instauração efetiva, quando para tanto se oferecia ótima oportunidade.

A política trabalhista foi, de modo geral, passiva. Na impossibilidade de retomar uma política agressivamente antioperária, como a posta em prática no período de Dutra, o governo também não prosseguiu, evidentemente, na política de apoio e estímulo às reivindicações sindicais, ficando numa atitude defensiva e incolor. A política de restrição de crédito posta em prática, principalmente pelo ministro Eugênio Gudin, deve ter dificultado as lutas operárias, pois acarretou sensível redução da atividade industrial, que se prolongou por todo o ano de 1955.

Foi em relação ao capital estrangeiro que se tomou a medida mais importante: a Instrução 113 da Sumoc, pela qual se permitem importações de equipamentos sem cobertura cambial. Ora, os únicos a poderem aproveitar dessa facilidade eram as subsidiárias de firmas estrangeiras, que dessa maneira foram colocadas em situação privilegiada em relação às nacionais, obrigadas a comprar divisas nos leilões de câmbio para importar equipamentos. Dessa vez, a burguesia nacional reagiu e protestos foram levantados, inclusive pela Federação das Indústrias de São Paulo. Apesar disso, a Instrução 113 continua em vigor, até hoje, incorporada ao Decreto 42.820, de 27 de dezembro de 1957.

Esse fato levanta uma indagação. Seria a burguesia nacional incapaz de impedir uma medida que aparentemente fere seus interesses? Tudo indica que não. Como já vimos, durante o governo Dutra, seus interesses de classe foram atendidos, em detrimento tanto do setor latifundiário-exportador como da classe operária. Durante o último governo de Getúlio, apesar da taxa de exploração do proletariado ter sido algo reduzida, os interesses da burguesia sempre mereceram atenção especial. Mesmo sob Café Filho, a oposição à reforma cambial, presumivelmente inspirada em interesses industrialistas, conseguiu impedir que esta passasse. Como se pode explicar que a classe de maior influência sobre o governo seja impotente para impedir que perdure uma medida como a Instrução 113? A explicação é que a relação com o capital estrangeiro divide nossa burguesia industrial em partes antagônicas. É preciso distinguir, em primeiro lugar, a pequena da grande burguesia industrial. Segundo estudo de Heitor Ferreira Lima,[4] as pequenas (de menos de 50 empregados) e as médias (de 50 a menos de 250 empregados) empresas predominaram nos seguintes ramos industriais: madeira, mobiliário, vestuário e calçados, editorial e gráfica, couros, peles e produtos alimentares. Nesses ramos, as pequenas e médias empresas detinham, em 1957, 70% ou mais do valor da produção. Note-se que são quase todos ramos da indústria de bens de consumo e nos quais predomina, geralmente, o capital nacional, exceto no ramo de produtos alimentares, onde estão enquadrados também os grandes frigoríficos estrangeiros, moinhos e fábricas de alimentos industrializados. Já na indústria de borracha, fumo, material elétrico e de comunicações e metalurgia, mais de 50% do valor da produção era detido (em 1957) pelas empresas grandes, isto é, de 250 ou mais empregados. Esses ramos têm duas características em comum: 1) são quase todos (exceto a indústria têxtil e de fumo) fabricantes de bens de produção; 2) em quase todos (exceto a indústria têxtil) é importante a participação do capital estrangeiro.

---

4 Heitor Ferreira Lima, Amparo à pequena e média indústria, em *Revista Brasiliense*, n32, nov.-dez. 1960, p.19-33.

A pequena burguesia industrial é potencialmente nacionalista e contrária ao capital estrangeiro. Ela teme, em geral, a concentração do capital, o domínio do seu mercado pelas grandes firmas monopolísticas ou oligopolísticas, que lhe são muito superiores na luta concorrencial. Ora, os pequenos e médios industriais sabem que a maior ameaça, nesse sentido, lhes vem do capital estrangeiro, que já vem concentrado ao país e traz consigo indiscutível superioridade tecnológica. Como a pequena burguesia industrial se situa, em sua maioria, na indústria de bens de consumo, como vimos, geralmente ela é obrigada a adquirir seus equipamentos de companhias estrangeiras aqui sediadas. O antagonismo comprador-vendedor pode reforçar sua inclinação nacionalista.[5]

Já a grande burguesia industrial tem posição muito mais favorável ao capital estrangeiro, porque frequentemente se associa com ele. Há exceções, também, quando ela entra em concorrência com firmas estrangeiras, como é o caso na indústria de alumínio, por exemplo, da luta entre o grupo Ermírio de Moraes e uma subsidiária estrangeira. Isto, no entanto, acontece raramente. Na maioria das vezes, o empresário brasileiro procura associar-se a algum grande truste internacional, em busca de: a) reforço de capital, principalmente de equipamento que ainda não se produz no país; b) processos técnicos, geralmente patenteados, que surgem apenas em países altamente industrializados, onde se investem abundantes recursos em atividades de pesquisa. É claro que essas necessidades se fazem sentir com muito maior agudeza nos setores da indústria de bens de produção, principalmente na indústria pesada, onde a concentração do capital, como vimos, é muito maior. O estabelecimento desses ramos industriais, no Brasil, data precisamente do período que estamos analisando. Os primeiros anos da década de 1950 assinalam a expansão da siderurgia, da indústria mecânica de material elétrico, material de transporte

---

5 Ela teme, no entanto, também o capitalismo de Estado, que confunde com o socialismo. Atordoada pela propaganda, vê no fantasma do Estado um inimigo pior que o capital monopolista. Desse modo, a média burguesia, vivendo num mundo de espectros e alucinações, oscila entre o nacionalismo e a reação.

etc. De modo que a tendência da burguesia nacional de se associar ao capital internacional se acentua a partir dessa época.

É preciso considerar que a cada passo que o processo de industrialização dá adiante surge um novo setor da burguesia, com seus interesses próprios e sua maneira peculiar de encarar o processo. À medida que a indústria cresce e se altera a sua composição interna, modificando-se a relação de proporcionalidade entre seus ramos, a composição das duas grandes classes ligadas à indústria – a burguesia e o proletariado – também vai se alterando. No caso da burguesia brasileira, que é o que nos interessa neste momento, a alteração mais importante que se verificou foi esta: o surgimento de um novo setor, economicamente mais poderoso porque de capital mais concentrado, ligado à indústria de bens de produção e, via de regra, associado ao capital estrangeiro. Essa transformação se liga a um claro processo de centralização do capital – um número menor de grandes empresas tomando o lugar de um número maior de pequenas – aprofundando o fosso que separa a grande da pequena burguesia industrial. É a essa mudança de característica da grande burguesia industrial brasileira – antes ligada predominantemente à produção de bens de consumo e muito mais independente do capital estrangeiro – que se pode atribuir a permanência das disposições da Instrução 113 e dos privilégios que outorga ao capital estrangeiro.

É importante notar que essa nova etapa do desenvolvimento econômico do Brasil coincide com um período em que o capital internacional trustificado está à busca de novos campos de investimento. Do fim da guerra até 1950, mais ou menos, esse capital se achava empenhado na reconstrução da economia industrial da Europa ocidental e do Japão, devastada durante o conflito. A guerra da Coreia (1950-1953), acelerando o rearmamento das grandes potências capitalistas, ofereceu-lhe novas áreas de investimento. A partir de 1954-1955, esses campos de aplicação começaram a ficar saturados, ao mesmo tempo que a quantidade de capital, a procura de colocação no plano internacional, se acrescia com a volta ao cenário mundial do capitalismo alemão, italiano e japonês. Ao mesmo tempo, a vitória dos comunistas em alguns países coloniais – China, Indochina do Norte – cerrava ao capital imperialista importantes territórios de penetração. Dessa

A POLÍTICA DAS CLASSES DOMINANTES   261

maneira, criavam-se condições favoráveis a que o apelo da burguesia nacional ao capital estrangeiro fosse atendido por este, com redobrada presteza. O período seguinte, do governo Kubitschek, seria, assim, o da penetração maciça do capital estrangeiro no Brasil.

e. *O governo Juscelino – desenvolvimento, imperialismo e inflação*

A sucessão presidencial, em 1955, apresentou-se de maneira especialmente difícil para os partidos de direita devido à crise político-militar do ano anterior, que prosseguia ininterruptamente. O grupo militar dominante desejava a união dos partidos de direita – UDN e PSD – principalmente ao redor de um candidato de seu agrado. A UDN apoiava essa posição, mas o PSD se recusou, temendo repetir o erro de 1950, quando o poder lhe fugiu das mãos devido a uma candidatura impopular, apoiada unicamente nas máquinas eleitorais, cujo funcionamento falhou. Se a "união nacional" dos partidos de direita se desse, o PTB acabaria lançando a candidatura de Jango, com o apoio da esquerda. Nesse caso, a vitória de Getúlio, em 1950, poderia repetir-se, ou então os militares vetariam a candidatura de Jango, o que daria uma ditadura militar, com hegemonia da UDN, à qual se achavam ligados quase todos os oficiais golpistas. Nenhuma das duas hipóteses deve ter sido de muito agrado dos políticos do PSD, os quais resolveram, apesar da oposição do grupo militar no poder, lançar como candidato o então governador de Minas, Juscelino Kubitschek de Oliveira. Essa candidatura foi endossada pelo PTB, que indicou Jango para a vice-presidência, e apoiada pelos comunistas. A UDN, desorientada pela resistência do PSD à pressão militar, marchou, junto com outros partidos, para uma candidatura militar, a do general Juarez Távora, um dos cabeças do golpe contra Getúlio. Adhemar de Barros se constituiu numa terceira candidatura, e, devido às suas posições "populistas", desviou votos de Juscelino.

A vitória de Juscelino foi, como a de Getúlio de 1950, resultado de um protesto popular, no caso, contra o golpe de agosto de 1954. Foi também um voto a favor do desenvolvimento econômico a qualquer custo que Juscelino procurou encarnar. Como o desenvolvimento decresceu durante 1955, devido à política econômica posta em prática (como vimos antes), a pregação juscelinista encontrou ampla repercussão.

Os esforços de Juarez Távora de se aproximar da classe operária, acenando com a participação nos lucros e desenvolvimento de ampla demagogia social-cristã, foram baldados, apesar do apoio de um "grande eleitor", indubitavelmente popular, como era Jânio Quadros. A linha antioperária da UDN marcou sua candidatura e a levou à derrota.

Entre o dia da eleição e a posse do novo presidente, o grupo militar no poder, com a cobertura política da UDN majoritária de Lacerda, Mesquitas & cia., procurou manobrar desesperadamente para se manter nele. Conspirava-se quase abertamente, na preparação do golpe. Mas, nessa conjuntura, a maioria dos oficiais, politicamente neutros, aderiu ao grupo "legalista" e o contragolpe preventivo de novembro de 1955 garantiu a posse de Juscelino.

O período de JK caracterizou-se, principalmente, pela entrada, em grande escala, de capital estrangeiro no Brasil, que se assenhoreou dos principais ramos da indústria pesada e de bens de produção em geral. O resultado é que a desnacionalização da grande burguesia brasileira se aprofundou cada vez mais. O nacionalismo da pequena burguesia industrial (e também a comercial), ameaçada pela trustificação da economia, se acentuou, por outro lado, mas a sua resistência mostrou ser inefetiva. É que o pequeno burguês não é um político militante, nem tem meios para financiar políticos profissionais e mantê-los a seu serviço. Dirigindo, em geral, pessoalmente a sua empresa, nem sequer tem tempo para dedicar muita atenção à política. Toma conhecimento dela pelos meios normais de divulgação e exprime sua opinião pelo voto individual. Na melhor das hipóteses, se filia a um partido de centro, como o PTB ou PSD, mas mesmo essa tendência só vem se acentuando nos últimos anos. Assim, apesar do seu número considerável, a pequena burguesia tem expressão política bastante limitada.

Já o grande burguês participa, via de regra, da vida política com intensidade. Como a administração das empresas em que possui ações o ocupa pouco, pois só se desincumbe de tarefas de comando

A POLÍTICA DAS CLASSES DOMINANTES   263

geral, dispõe de bastante tempo para se dedicar à política. Além disso, seus interesses dependem, em grande proporção, de medidas governamentais: crédito de bancos oficiais, licença de importação, política cambial, subsídios etc. Sua atividade normal o coloca em contato frequente com políticos profissionais, de cuja influência necessita para obter favores do governo. Por isso, normalmente faz valer seu poderio econômico em termos políticos. Vimos, na segunda e terceira partes desta seção, como o dinheiro se converte em votos. É a grande burguesia, apenas, que está em condições de recorrer a esses expedientes e é por isso que, apesar do seu número restrito, a sua expressão e influência política é bem mais ampla que a da pequena burguesia. É desse modo que ela consegue desempenhar o seu papel de classe dominante.

Além de tudo isto, as correntes nacionalistas e de esquerda nunca fizeram oposição muito cerrada ao governo de Juscelino, em parte porque o encaravam como mal menor em face da oposição udenista, em parte porque a política financeira posta em prática pelo governo criou uma euforia inflacionária, no curso da qual as dificuldades econômicas da pequena burguesia se atenuavam em certa medida.

A inflação foi a forma específica que o governo encontrou para elevar a taxa de exploração da classe operária, sem antagonizá-la em demasia. Os métodos postos em prática no período de Dutra tinham-se tornado inviáveis. A contínua elevação de preços, acarretando permanente baixa dos salários reais, com reajustamentos periódicos dos salários nominais, era uma forma de intensificar a exploração, proporcionar crescente taxa de lucro à burguesia nacional e ao capital estrangeiro e permitia, ao mesmo tempo, manter a fidelidade do eleitorado operário, contentando-o com os reajustamentos salariais. A política operária do governo voltou a ser "ativa", sob o patrocínio do PTB, sem que a burguesia tivesse motivos de preocupação.

A política cambial foi, formalmente, mantida a mesma, mas um dos seus aspectos essenciais, o confisco, praticamente desapareceu. A razão fundamental desse fato foi o declínio persistente dos preços (em dólares) de nossos produtos de exportação, a partir de 1955. No fim do período, em 1960, o preço do café era 30% inferior ao de 1955, o do cacau, 26%, o do açúcar, 8%, o do minério de ferro, 16%, o do pinho, 12%, e o do algodão, 36%. Como vi*mos*, esse decréscimo dos preços já vinha de antes e trouxe consigo a necessidade de se elevar a remuneração, em cruzeiros, dos exportadores. Entre 1955 e 1960, os preços em *dólares* do conjunto de nossas exportações baixaram quase 25%, mas em *cruzeiros eles* subiram 126%, de modo a compensar a desvalorização de nossa moeda que, nesse período, foi de 172%. (Todos os dados de *Conjuntura Econômica*.) Assim, se tomarmos um período maior, digamos de 1953 a 1960, verifica-se que os preços, em cruzeiros, dos produtos de exportação se elevaram na mesma medida que o nível geral de preços, apesar da sua queda em dólares. Desse modo, eliminou-se, pouco a pouco, o confisco cambial. É preciso notar que, nesse período, verifica-se forte superprodução de café, devido à expansão dos cafezais, estimulada pela elevação dos preços no período de após-guerra. Como o cafeeiro é uma planta perene de período de maturação mais ou menos longo (quatro a seis anos), a expansão da oferta, provocada por intenso plantio nos primeiros anos da década, veio provocar superprodução na segunda metade da mesma. O governo foi obrigado a absorver os estoques invendáveis, operação cujo financiamento constituiu apreciável fator inflacionário. Além disso, a diminuição de nossa receita em dólares, devido à queda do valor da exportação, desequilibrou nosso balanço de pagamentos, o que levou o governo a recorrer ao financiamento externo e a estimular ao máximo a entrada de capital estrangeiro no país.

No fim do governo de Juscelino, os expedientes usados para estimular o desenvolvimento, ludibriar a classe operária, cuja exploração se intensificava, e sustentar a capacidade de importar com uma exportação declinante já se tinham tornado inaplicáveis. A inflação crescia com dinâmica própria, ameaçando desembocar em explosão de preços. O endividamento externo atingia proporções colossais, sendo que uma parte importante dos compromissos contraídos era a curto prazo. Generalizou-se o anseio, por toda a população, por um governo que pusesse paradeiro à inflação e a uma situação cuja fragilidade se revelava pelo artificialismo de que se achava revestida e pela febre especulativa que ensejava.

Durante esse período, todo o PSD manteve-se no papel de partido governamental, usufruindo de todas as vantagens dessa situação.

É de se supor que numerosos grupos econômicos, em parte criados pelo "desenvolvimento" juscelinista, ao calor da proteção governamental, tenham aderido ao PSD, dando a esse partido um caráter, cada vez mais nítido, de órgão representativo da grande burguesia industrial e comercial.

A UDN, que tinha alimentado veleidades golpistas até novembro de 1955, passou a constituir a oposição a Juscelino. Nessa situação, ela passou a encarnar, em medida crescente, a alternativa à inflação como método de elevar a taxa de exploração do proletariado. Essa alternativa consiste, em sua essência, na estabilização de preços e salários através de redução dos salários reais e da sua manutenção nesse nível por quaisquer meios, que podem ser (e às vezes *têm* de ser) o desemprego e a repressão policial dos movimentos reivindicatórios. É óbvio que essa alternativa nunca é apresentada nesses termos. A propaganda udenista prefere falar em estabilidade de preços, política de austeridade "para todas as classes" etc. Como, de fato, essa política implica tudo o que mencionamos e, além do mais, na virtual paralisação do desenvolvimento econômico, a própria burguesia não pode se resignar a ela facilmente. À primeira vista, tem-se a impressão de que essa posição deveria ter levado a UDN ao isolamento e à decadência. De fato, porém, a fortaleceu. É que as duas alternativas, a inflacionária e a deflacionária, encarnadas episodicamente pelo PSD e pela UDN, não passam de duas faces da mesma moeda. Uma acompanha a outra, são duas fases do ciclo de conjuntura capitalista.

A orgia inflacionária e de endividamento externo do país tinha que terminar numa crise que só poderia ser superada por dois tipos de solução: transformações profundas na própria estrutura econômica (que examinaremos na próxima seção) ou deflação, como preconizava a UDN. Na medida em que o método inflacionista de Juscelino e do PSD ia se tornando cada vez mais inviável, o dilema que foi exposto se impunha com urgência crescente. E por mais que a burguesia seja favorável ao desenvolvimento, sua posição de classe só lhe permite escolher a segunda alternativa. E a UDN passou a se apresentar como "o" agrupamento político capaz de levá-la à prática. No fim do governo de Juscelino, um número cada vez maior de grupos econômicos deve ter se rendido à evidência de que uma política de "estabilização

266 DESENVOLVIMENTO E POLÍTICA

e austeridade" se impunha e, consequentemente, começaram a voltar os olhos para a área udenista.

f. Jânio Quadros – sete meses de equívocos

Para a sucessão presidencial de 1960, mais uma vez se propôs a "união nacional" do PSD e da UDN. Dessa vez a proposta partiu do governo e o candidato seria Juraci Magalhães, então governador da Bahia e presidente nacional da UDN. Mas esta recusou, provavelmente porque os grupos econômicos que por trás do cenário manobram as decisões partidárias não acreditavam que um candidato comprometido com o apoio do juscelinismo pudesse ser eleito e – se o fosse – pudesse realizar a política deflacionista que achavam necessária. O candidato mais apto para essa tarefa era o sr. Jânio Quadros. Jânio reunia todas as condições: era popular (isto é, fácil de eleger), tinha fama de campeão contra a corrupção e a desonestidade, e fazia do combate à inflação sua bandeira máxima. Sem estar filiado à UDN, Jânio tinha um longo rol de serviços prestados à "causa": apoio a Juarez Távora em 1955, eleição de Carvalho Pinto ao governo de São Paulo, em 1958, etc.

Em face dessa situação, aglutinaram-se as forças governistas, com o apoio dos comunistas e socialistas, ao redor da candidatura do marechal Lott, cujo mérito maior fora ter se colocado à testa do golpe "legalista" de novembro de 1955 e, depois, ter mantido a estabilidade militar do governo, como ministro da Guerra.

A campanha eleitoral foi, em boa medida, uma comédia de equívocos. Lott, apoiado pela esquerda, pautou seus pronunciamentos por um anticomunismo extremo, que lhe alienava as simpatias das massas urbanas, sem lhe granjear apoio nas áreas mais conservadoras. Jânio, candidato da direita, introduziu no debate eleitoral a política externa, solidarizando-se com a Revolução Cubana e propondo uma atitude de independência em relação aos dois blocos que dividem o mundo. No final, ganhou o melhor orador, o demagogo talentoso, capaz de entusiasmar as massas operárias com tiradas esquerdistas e, ao mesmo tempo, inspirar confiança à burguesia com apelos à austeridade e promessas de sobriedade no trato do dinheiro público.

A POLÍTICA DAS CLASSES DOMINANTES   267

Durante o curto governo de Jânio, os "quiproquós" prosseguiram. Inaugurou-se a política externa "independente" com medidas que causaram estardalhaço – reatamento de relações diplomáticas com a URSS, apoio à autodeterminação de Cuba em conferências internacionais etc. –, porém a direção da política econômica foi entregue a homens da UDN (Clemente Mariani e outros). Com a Instrução 204 da Sumoc restabeleceu-se a liberdade cambial, satisfazendo-se velhas aspirações do setor latifundiário-exportador e dos investidores estrangeiros. A política deflacionista iria prosseguir com elevação das tarifas de diferentes serviços públicos, ao mesmo tempo que se falava na "verdade salarial" como preparação para um congelamento parcial dos salários.

As medidas assim tomadas tiveram por resultado descontentar gregos e troianos. Os trabalhadores protestavam contra a alta do custo de vida, provocada pelas primeiras medidas deflacionistas (principalmente a Instrução 204, que desvalorizou o cruzeiro, elevando assim os preços dos produtos importados). A burguesia mais conservadora se atemorizou com a política externa "independente". Essa política tinha valor mais simbólico que real. Embora desagradando os americanos com o apoio ao direito de autodeterminação de Cuba, o presidente Jânio Quadros não trepidava em solicitar o adiamento do vencimento de nossas dívidas a curto prazo com os americanos e estes acediam. Acediam porque o que lhes interessava era menos as atitudes altissonantes do presidente, mas as medidas concretas de ordem econômica e estas mereciam, como é óbvio, sua total aprovação.

Durante esse período, o PSD ficou na oposição e tudo indica que menos por convicção do que por não ter sido convidado a participar do governo. Jânio não colocou empenho algum em se assegurar maioria parlamentar e formou o governo com alguns amigos pessoais e políticos da UDN. Uma das possíveis razões para proceder assim é que ele pretendia conduzir uma devassa nos negócios do governo anterior (formaram-se diversas comissões de correição etc.) e lançar sobre seus ombros a responsabilidade por medidas econômicas impopulares que fosse obrigado a tomar. Obviamente, para poder fazer isso, Jânio tinha que conservar as mãos livres, evitando comprometer-se com o PSD. Este, portanto, teve que se resignar a ficar na oposição e defender a herança do governo JK.

A UDN encontrou-se numa situação curiosa. Membros dirigentes do partido ocupavam os principais ministérios (Fazenda, Relações Exteriores, Minas e Energia), mas porta-vozes tradicionais da ala majoritária da agremiação, como Carlos Lacerda e o jornal *O Estado de S. Paulo* expendiam críticas ferozes à política exterior do governo, críticas que acabaram por envolver o governo como um todo.

Em agosto de 1961, Carlos Lacerda, governador da Guanabara, denunciou publicamente um golpe contra as instituições que estaria sendo tramado pelo presidente da República. No dia seguinte, aparentemente por não ter conseguido convencer os chefes militares a consentir na intervenção federal na Guanabara, Jânio renunciou à presidência.

Essa renúncia deu lugar a controvérsias intermináveis, a conjecturas inúmeras e abundantes e a inconvincentes explicações do próprio renunciante. Os motivos subjetivos da renúncia são de interesse secundário. Objetivamente, ela se verificou porque uma política bonapartista, isto é, acima das classes sociais, como a que Jânio estava pondo em prática, mostrou ser incompatível com as instituições democráticas. Uma política interna, econômica, para cuja aplicação seria preciso a repressão policial do movimento operário, tem que contar com pleno apoio e cobertura da burguesia e do imperialismo. Uma política externa independente, que procura alinhar o país entre as nações do terceiro mundo, tem que contar com o apoio da classe operária e demais camadas populares. As duas políticas são irreconciliáveis e, postas em prática conjuntamente, esvaziam a base social do governo, a não ser que este tenha poderes ditatoriais, capazes de esmagar qualquer oposição e de suprimir qualquer debate livre. É por isso que governos bonapartistas, isto é, que não se identificam com nenhuma classe social diretamente, têm que ser governos ditatoriais. Jânio deve ter sentido de algum modo a contradição, embora a corrosão da base social do seu governo se tivesse apenas iniciado quando se deu a renúncia. Seu afastamento do governo reabriu todos os problemas, retornando a crise, agora também no plano político e institucional, com redobrada intensidade.

g. *Jango Goulart – o país na encruzilhada*

A renúncia de Jânio colocou o problema do poder na ordem do dia. O seu sucessor legal era o vice-presidente da República, o sr. João Goulart, que no momento da renúncia se achava em missão oficial, fora do país. Os chefes militares, inclusive o marechal Denys, que fora um dos principais comandantes do movimento legalista de novembro de 1955, vetaram a posse de Jango, acusando-o de não merecer confiança, por suas antigas ligações com os comunistas. O que, na realidade, motivou os militares a essa tentativa de golpe não era apenas isto. A atitude golpista dos altos oficiais não só recebeu apoio de círculos da grande burguesia nacional e do imperialismo, mas tudo leva a crer que foi instigada por eles. Esses círculos compreendiam muito bem que a política econômica que, do seu ponto de vista de classe, se fazia necessária exigiria severa repressão dos movimentos reivindicatórios dos assalariados e não esperavam, com ou sem razão, que Jango fosse capaz de levar a cabo tal tarefa. Que esses círculos tenham agido politicamente, sobretudo por intermédio da UDN, não nos deve levar a supor que o golpe fracassado de 1961 se deva unicamente à disputa pelo poder entre a UDN e a aliança PSD-PTB. É óbvio que a ambição de poder de certos chefes militares e políticos também desempenhou algum papel no caso, porém a questão de como resolver a crise econômica foi certamente o fator básico e decisivo.

Todo desenvolvimento da crise de agosto/setembro de 1961 confirma essa hipótese. O PSD assumiu atitude conciliatória em relação às pretensões golpistas e a solução parlamentarista favoreceu, fundamentalmente, esse partido, que possuía a maior representação no Congresso. Ao calor da crise se forjou a aliança PSD-UDN, que iria se manter até a derrota final do parlamentarismo (janeiro de 1963), demonstrando, através da unidade dos dois maiores partidos de direita, que os grupos da grande burguesia estavam superando suas divergências e dispostos a resistir à entrega do Poder Executivo a alguém que não lhes merecesse plena confiança.

Ao lado de Jango se colocaram os grupos de esquerda e de centro representando o operariado urbano, o campesinato, os estudantes e a pequena burguesia. Pela primeira vez, nestes últimos dezoito anos, a grande burguesia nacional e seus sócios imperialistas tiveram que se defrontar com as massas num choque direto. A primeira batalha terminou com um compromisso: Jango tomou posse, mas como presidente de uma república parlamentarista.

O parlamentarismo era, evidentemente, uma péssima solução para a burguesia, que necessitava precisamente do oposto, isto é, de um governo forte que só poderia ser presidencialista. A luta entre direita e esquerda se traduziu, quase imediatamente, numa luta entre o presidente e a maioria parlamentar. O primeiro queria a volta do presidencialismo, a última, a manutenção do parlamentarismo. Para se dar alguma saída à situação, que ameaçava deteriorar-se, o PSD assumiu um papel extremamente dúplice: formou a maioria *situacionista* com o PTB e a maioria *parlamentarista* com a UDN, isto é, participou do governo, ao lado do PTB, mas defendia a manutenção do parlamentarismo em aliança com a UDN. O fato reflete a desorientação da grande burguesia, a qual, provocando a crise com o fito de obter um governo forte, capaz de reprimir o movimento popular, acabou com um governo fraco, sujeito às pressões do presidente, o qual só tinha como base de sustentação o próprio movimento popular, isto é, a esquerda. É, o que se diria, um tiro que saiu pela culatra.

Empossado Jango na presidência, a grande burguesia e sua expressão política, os partidos de direita, se dividiram em duas facções. Uma, que se exprimia sobretudo através do PSD, aderiu a Jango, julgando preferível devolver a este os poderes presidenciais, de modo a lhe permitir constituir um governo forte, capaz de jugular a crise econômica da forma que melhor conviesse aos seus interesses de classe. A outra facção da grande burguesia (e do imperialismo) continuou não tendo confiança em Jango, atitude esta provavelmente reforçada pelo modo como ele galgou ao poder, sustentado pelas forças de esquerda e delas dependente. Essa facção, que se exprimia sobretudo através da UDN e de uma grande parte do PSD, achava preferível manter Jango privado dos poderes presidenciais, através da permanência do parlamentarismo.

O objetivo político primordial de Jango era, evidentemente, a reconquista do pleno controle do Poder Executivo. Ele percebeu que o apoio burguês com que ele podia contar nesse sentido era insuficiente

A POLÍTICA DAS CLASSES DOMINANTES

para poder sair do ponto morto. As intermináveis negociações ao redor da antecipação da data do plebiscito lhe mostraram isto. A facção contra Jango da burguesia podia contar com uma representação parlamentar talvez exagerada em relação à sua força real, porque era do interesse dos deputados a preservação do parlamentarismo, pois nesse sistema os poderes e a influência dos membros do Legislativo são consideravelmente ampliados. Seja como for, Jango foi forçado a concluir que se ele não pudesse, através do apoio da esquerda, mobilizar forte pressão de massas sobre o Congresso, o presidencialismo seria restaurado no Brasil apenas no fim do seu mandato. Daí o seu apelo ao movimento operário e estudantil, o qual, através de greves gerais e demonstrações de massas, conseguiu arrancar do Parlamento a antecipação do plebiscito para janeiro de 1963, através do qual se restaurou o presidencialismo. É preciso lembrar que, nesse episódio, somaram-se, à pressão de massas, dispositivos militares, inclusive de generais direitistas que iriam, depois, procurar reprimir o movimento operário. Esse fato e a grande maioria pró-presidencialista no plebiscito mostram que importantes forças da grande burguesia já se tinham resignado a encarregar João Goulart da magna tarefa de solucionar a crise econômica à custa do povo trabalhador.

É preciso compreender que os acontecimentos de agosto de 1961 a janeiro de 1962 alteraram de muito a correlação de forças no quadro político do país. Após a derrota nas eleições de 1960, a esquerda experimentou incessante crescimento de forças (não estamos considerando aqui as divisões, muitas vezes significativas, dentro da esquerda). As soluções revolucionárias para a crise econômica, através de transformações na estrutura econômica do país, que até 1961 podiam ser apontadas como "ideias exóticas", acabaram sendo teses oficialmente defendidas pelo governo da República. A autoridade ganha por ideias como as de que há um processo de espoliação imperialista do país, de que é preciso redistribuir a terra através de uma reforma agrária etc., foi imensa. É óbvio que o progresso dessas ideias não se deve exclusivamente ao seu patrocínio oficial; foram as próprias transformações da realidade e as peripécias da luta de classes que deram validade às ideias de esquerda aos olhos do povo. Mas o fato de o governo fazê-las suas, forçado pelas contingências da luta política, não deixou de

272 DESENVOLVIMENTO E POLÍTICA

contribuir para esse resultado. Pela primeira vez nestes últimos três lustros, se defronta a grande burguesia e o capital estrangeiro com uma esquerda no comando de poderosas organizações de massas e com real influência sobre os poderes constituídos.

Restabelecido o presidencialismo, Jango teve que se voltar para a crise econômica, que não deixou de se agravar durante esse tempo todo. O resultado foi o Plano Trienal, que tivemos ocasião de analisar em outra oportunidade.[6] O que interessa ressaltar aqui é que esse plano, apesar de elementos positivos em sua parte analítica e apesar de propugnar por reformas de base, é um documento que engloba, em sua essência, as soluções burguesas para a crise econômica. A sua aplicação, no primeiro semestre de 1963, sob a direção de San Thiago Dantas, provocou imediatamente uma recessão pronunciada nas atividades econômicas, acompanhada de desemprego nos centros industriais etc. A crítica de esquerda ao Plano Trienal e à política econômica que dele decorre foi imediata e vigorosa, mas ela não impediu a aplicação das medidas deflacionistas por quase um semestre. Manifestando-se a recessão, porém, com todas as suas consequências, também a Confederação Nacional da Indústria reagiu e divulgou um memorial verberando a política econômica do governo por sacrificar o desenvolvimento econômico do país. Esse fato possivelmente mostra que a pequena burguesia industrial despertou, sob o impacto de uma crise que a atinge profundamente, e fez valer o peso do seu número para obrigar o órgão de cúpula de sua classe a velar por seus interesses. Quem, no final, se somou no apoio à política deflacionista foi apenas a grande burguesia, o imperialismo e os latifundiários. Viu-se, assim, a classe dominante desprovida de quase todo apoio social. O que em 1961 era uma política perfeitamente viável, embora impopular, tornou-se, em 1963, praticamente impossível de aplicar. Em junho, Jango reformou o ministério, nomeando para a pasta da Fazenda o sr. Carvalho Pinto, que, apesar de ser homem de confiança da burguesia, está (no momento em que escrevemos, setembro de 1963) aplicando uma política de medidas a longo prazo – planejamento

---

6 Mário Alves; Paul Singer, *Análise do Plano Trienal*, Rio de Janeiro, 1963, Editora Universitária [A análise do Plano Trienal foi republicada em *Desenvolvimento e crise* (presente neste livro)].

A POLÍTICA DAS CLASSES DOMINANTES 273

administrativo, melhoria da arrecadação – sem que a crise seja afetada. A depressão, iniciada no primeiro semestre, continua e a inflação se agrava sem cessar.

Durante esse período todo, o PSD participou do governo, representando a ala da grande burguesia que confia que Jango possa resolver a crise de acordo com seus interesses de classe. Mas, ao mesmo tempo, opõe-se o PSD às veleidades reformistas de Jango, refletindo a recusa da grande burguesia a qualquer medida que venha *dividir* as classes dominantes, num momento em que ela prevê duros choques com o movimento operário e camponês. Jango deseja acenar com a reforma agrária para fazer o proletariado aceitar restrições salariais e outras medidas deflacionárias e para poder criar, no movimento camponês, uma camada de pelegos que lhe estejam submissos. Jango sente que os dispositivos constitucionais referentes à expropriação lhe amarram as mãos nesse sentido. A luta pela reforma constitucional não somente reforça o apoio da esquerda ao governo como, se vitoriosa, permitirá a Jango desenvolver vasta demagogia com pequenas redistribuições de terra, que em seu conjunto nunca dariam uma reforma agrária (embora possam abrir caminho para ela). A perspectiva da grande burguesia é diferente. Ela sente e sabe que ou ela descarrega o peso da crise nas costas dos assalariados ou a continuação da crise liquida com o capitalismo no Brasil e, portanto, com a sua posição de classe dominante. Nessa situação, ela não se pode permitir o abandono de um aliado natural, qual seja a burguesia latifundiária.

A posição do que hoje já parece ser a maioria da grande burguesia é expressa através da UDN (exceto a chamada "bossa nova", que parece ser uma ala pequena burguesa casualmente ligada à UDN). Essa posição é de que Jango, por suas ligações e dependência da esquerda, não está em condições de resolver a crise e, pelo contrário, ao não resolvê-la abre perspectivas a soluções revolucionárias ("ao perigo comunista" de acordo com a sua linguagem). A consequência lógica dessa posição é extravasar a luta contra Jango do plano de oposição legal para o do golpe militar. Retorna, desse modo, a UDN à sua posição de 1954-1955: alcançar o poder através do oficialato reacionário das Forças Armadas, só que agora no contexto de uma crise econômica, que lhe pode granjear o apoio de setores decisivos da classe dominante, à medida que esta se convence que o governo é inoperante e que nos quadros do regime democrático a crise não pode ser debelada.

6. Os partidos de direita em perspectiva

Os partidos de direita, no Brasil, surgiram, em 1945, como expressão da nova correlação de forças no seio das classes dominantes. A crise do café, em 1930, destruiu as bases econômicas da hegemonia latifundiária no processo político brasileiro. A Revolução de 1930, ao apear a oligarquia latifundiária do poder, completou a transformação no plano político, colocando o estado a serviço da industrialização, ou seja, do fortalecimento da burguesia industrial. Esta, com o crescimento industrial havido durante a II Guerra Mundial, tornou-se o setor hegemônico das classes dominantes.

A estrutura partidária brasileira é, em parte, o resultado do esforço deliberado do legislador, a serviço da burguesia industrial, para a qual a democracia representativa é, antes de mais nada, uma projeção, no campo político, da livre concorrência econômica. No mercado livre, todos os empreendedores têm as mesmas oportunidades de influir sobre o resultado final do entrechoque e acomodamento dos interesses contraditórios. Assim deve ser também no campo político: cada grupo político-econômico deve ser livre para pressionar o Estado a favor de seus interesses. Acontece, porém, que o Brasil ainda é um país subdesenvolvido; a função do Estado não é apenas servir de árbitro na luta dos interesses privados. O Estado tem que intervir vigorosamente no processo econômico e para tanto tem que contar com uma base firme, que permita que a política econômica do governo não seja dilacerada pelo embate de grupos de interesses antagônicos da própria burguesia. A estrutura partidária vigente é o compromisso dessas duas exigências contraditórias: o sistema de eleições proporcionais, que alimenta a multiplicidade de partidos, exprime a necessidade de que na arena política impere a livre concorrência de opiniões e interesses; a exigência de partidos nacionais, dispondo de um número mínimo de eleitores etc. e aos quais se outorga

A POLÍTICA DAS CLASSES DOMINANTES

o monopólio da atividade política legal, reflete a necessidade de proporcionar ao governo um arcabouço político viável em função das tarefas desenvolvimentistas que lhe cabem.

Os grandes partidos de direita – o PSD e a UDN – surgiram, portanto, como articulação nacional de interesses sociais e econômicos bastante heterogêneos. A composição de classes desses partidos é dual: neles estão representados grupos da *grande burguesia*, tanto industrial e comercial como latifundiária e tanto nacional como estrangeira e grupos da *pequena burguesia*, tanto empresarial (pequenos e médios industriais, comerciantes, lavradores) como profissional (profissionais liberais, altos tecnocratas e gerentes da indústria etc.). A primeira observação é que esse alinhamento não é absolutamente estável nem "necessário"; nele existe uma considerável margem de casualidade. Indivíduos e grupos mudam de partido com facilidade, ao sabor da conjuntura política. Mas, ao lado do aparente arbítrio desses deslocamentos de grupos e pessoas, há uma sistemática, que se manifesta no plano mais amplo da política federal. Determinado indivíduo ou grupo pode achar-se insatisfeito com o tratamento recebido pela direção municipal ou estadual do partido em que se acha enquadrado. Esse fato pode levá-lo a se declarar em cisão ou a se transferir a outra legenda, mas quase sempre de *orientação política análoga*. As cisões da UDN, por exemplo, têm-se encaminhado geralmente ao Partido Libertador ou ao Partido Republicano. É que as alternativas no plano nacional são em número muito mais limitado. Na análise que procedemos na seção anterior deve ter ficado claro que a cada momento de inflexão da política econômica, provocado por mudanças na economia nacional, as alternativas de ação eram muito poucas e frequentemente predeterminadas pelo equilíbrio de forças das grandes classes sociais. Por isso, a composição de interesses nos grandes partidos de direita (o raciocínio é válido também para partidos de centro) adquire certa funcionalidade no plano nacional e, mais do que isso, enseja uma dinâmica que a reforça. A constelação de interesse predominante, num certo momento, impõe ao partido uma linha de conduta que vai reforçar o grupo hegemônico com adesões de grupos de interesses análogos e vai enfraquecer, por outro lado, os grupos minoritários que se esfacelam por cisões e abandonos. Desse modo, cada partido vai constituindo, na própria ação política, sua base social, se não homogênea, pelo menos de interesses não antagônicos no plano nacional. A intenção do legislador de dotar o país de partidos nacionais, de pronto irrealizável devido ao particularismo decorrente da economia semicolonial, vai se realizando, aos poucos, à medida que o capitalismo se expande no país e que as contradições do processo provocam tensões sociais agudas, que forçam o alinhamento de interesses em blocos antagônicos, do tipo direita x esquerda.

Um ponto de grande interesse é constituído pelas relações entre a grande e a pequena burguesia, nos quadros dos partidos de direita. Como já vimos, dispõe a grande burguesia de uma potencialidade política muito maior que a pequena burguesia, devido à maior concentração do seu poder econômico. Mas existe outra razão que explica por que, de um modo geral, os interesses da grande burguesia, nos agrupamentos partidários da direita. Uma das características do desenvolvimento capitalista é a concentração do capital, que favorece a grande burguesia. Esta pode, portanto, ter uma consciência muito mais clara dos seus interesses, que coincidem, de maneira geral, com a evolução do sistema. Já a pequena burguesia tem uma posição contraditória diante do capitalismo: enquanto classe possuidora, seus interesses coincidem com a manutenção do sistema; mas, enquanto classe expropriada ou expropriável pela concentração do capital, seus interesses são prejudicados pela evolução do capitalismo. Essa contradição faz que a pequena burguesia, em regra geral, tenha uma consciência mistificada dos seus interesses. Essa mistificação consiste, em primeiro lugar, na identificação dos seus interesses com os do "povo" ou "nação", pois, como classe intermediária, ela supõe reunir os interesses da classe dominante e das classes exploradas. Em segundo lugar, a mistificação cega o pequeno-burguês quanto à natureza dos antagonismos políticos, que ele supõe puramente ideológicos, o que faz que assuma uma atitude eclética, de "nem tanto à terra, nem tanto ao mar", de hostilidade aos "extremismos" e, no fundo, de tentar conciliar as delícias (para ele) do regime da propriedade privada com o progresso alcançável somente pelo planejamento econômico.

A grande burguesia se torna politicamente impotente, apesar do seu poderio econômico, no momento que se abre ao seu redor um vácuo social. Isolada, suas pretensões de representar a maioria democrática se desnudam no que é, em sua essência, o domínio de uma minoria insignificante. Logo, a grande burguesia precisa de massas de manobra. Estas, tão logo o proletariado e demais camadas exploradas tenham adquirido alguma consciência de classe, só podem ser constituídas pela pequena burguesia.

Para pôr a pequena burguesia a seu serviço, a grande burguesia se utiliza de ardis ideológicos. Fazendo concessões à consciência mistificada do pequeno burguês, os ideólogos da grande burguesia procuram reforçar os liames que o prendem ao capitalismo como sistema. Daí a vaga de teorias como a do "neocapitalismo", "capitalismo do povo" ou "capitalismo humanizado"; daí também a insistência com que se "prova" que a economia capitalista pode ser planejada; daí, finalmente, a ideia, repetida *ad nauseam,* que qualquer medida que afeta a propriedade privada – mesmo o latifúndio ou o capital estrangeiro – afeta também (e negativamente) a liberdade humana. Dessa forma fabrica a grande burguesia uma ideologia, menos para si do que em benefício da massa pequeno-burguesa que a segue.

No Brasil, a mistificação ideológica determinou mais uma diferença de estilo do que de conteúdo entre os dois grandes partidos de direita. O PSD tem insistido mais (particularmente através de Juscelino) no fato de que o capitalismo é capaz de promover o desenvolvimento. A UDN tem se empenhado mais na defesa ideológica do capitalismo, dando ênfase ao aspecto da liberdade individual.

Apesar de tudo isto, um dos fatos notáveis da evolução política dos últimos anos é que a pequena burguesia tem encontrado canais próprios de expressão ideológica – o nacionalismo – e política – os partidos de centro. Isto se deve, como vimos na seção anterior, à mudança no cenário econômico, onde se agrava o antagonismo entre grandes e pequenas empresas que, diante do influxo de investimentos estrangeiros, assume o caráter de conflito entre capital nacional e estrangeiro.

A crise econômica, latente no aprofundamento do processo inflacionário a partir de 1960, agrava essas contradições, que vão privar, pouco a pouco, a grande burguesia de sua base social. Daí o esforço violento daquela no sentido de recuperar o apoio da pequena burguesia. A arma que vai ser usada, nesse sentido, é o anticomunismo.

278 DESENVOLVIMENTO E POLÍTICA

Como todo ardil ideológico, o anticomunismo tem que refletir, embora deformadamente, um segmento da realidade. A propaganda anticomunista se baseia num fortalecimento real da esquerda (que analisamos no fim da seção anterior), mas exagerando-o imensamente. Procura-se dar a entender que a esquerda, isto é, "os comunistas", já se assenhoreou do poder e de que a crise econômica é totalmente pré-fabricada pelos maquiavélicos vermelhos, no sentido de provocar a revolução social. Qualquer movimento reivindicatório, qualquer greve é imediatamente apresentada como uma nova manobra para levar o país ao abismo. Difunde-se a noção de que a responsabilidade primordial da inflação cabe aos aumentos de salário – logo, qualquer reivindicação salarial é uma comprovação de que há um plano sinistro de provocar o caos econômico e social. Nesse contexto, apresenta-se o movimento sindical como sendo revolucionário extremado e a atitude de intransigência em relação a ele, assumida pelos patrões ultimamente (embora reflita também a queda nas atividades produtivas), é fundamentalmente fruto dessa propaganda e, ao provocar greves, tende a reforçá-la.

A parte da grande burguesia – hoje talvez majoritária – que se agrupa ao redor da UDN e aliados (boa parte do PSD, PL etc.) não só deseja ampliar suas fileiras na pequena burguesia como deseja mobilizar forças para a derrubada do governo. Os apelos nesse sentido, de *O Estado de S. Paulo*, de Lacerda & Cia., são claros. É preciso, portanto, convencer que "os comunistas" já estão no poder, e precisamente pela conivência de Jango. Os pronunciamentos de altos funcionários do governo a favor das reformas de base são apresentados como provas de que o poder já está nas mãos dos "comunistas". A existência de um ou outro professor marxista numa universidade é oferecida como outra "demonstração" do mesmo fato. E assim por diante.

Essa onda de propaganda "anticomunista", pouco hábil, mas potente, provoca verdadeira histeria em certos meios pequeno-burgueses. Grupos de desvairados se armam, prontos a enfrentar a "turba". Mas o fim da manobra é atingir, antes de mais nada, os quadros de oficiais das Forças Armadas, cujo caráter de classe é também pequeno-burguês. A ideia é excitar esses meios e levá-los ao golpe militar.

A parte da grande burguesia que ainda sustenta o governo de Jango encontra dificuldades em se defender dessa onda de propaganda, principalmente porque não pode desmascará-la de modo radical sem ferir seus próprios interesses. A ela também sorri a perspectiva de reprimir o movimento operário e camponês, pois compreende que isto se torna, para ela, à medida que a crise se aprofunda, uma necessidade cada vez mais premente. De modo que ela só pode responder com apelos tímidos à ordem, à tranquilidade e ao "desarmamento dos espíritos". À medida que o governo se mostra incapaz de enfrentar a crise, de um modo ou de outro, esses apelos encontram cada vez menos eco.

A atual situação econômica e política só admite três saídas: a) a deflação, método clássico burguês, que sacrifica à estabilidade, mesmo assim difícil de alcançar, o desenvolvimento do país e as esperanças das massas trabalhadoras de sair da miséria em que se encontram mergulhadas; b) reformas revolucionárias da estrutura econômica, que permita solucionar a inflação pelo planejamento efetivo da economia, o endividamento externo pela cessação da exploração imperialista e as contradições decorrentes do desenvolvimento desigual do campo e da cidade e – o que é a mesma coisa do ponto de vista geográfico – do Centro-Sul e das demais regiões periféricas do país pela reforma agrária; c) uma combinação das precedentes, em que medidas de transformação estrutural se combinam com uma política deflacionária.

Conforme a classe que dominar o poder, uma dessas três soluções será posta em prática. Se a grande burguesia retomar o pleno controle do poder, ela aplicará a primeira solução, como aconteceu em vários países da América Latina nos últimos anos. A uma estabilidade precária se associará a exploração intensificada dos assalariados, preparando novas e mais formidáveis crises para o futuro próximo.

Se a classe operária, liderando as massas trabalhadoras do campo e da cidade, assumir o poder, efetuar-se-ão as transformações estruturais indispensáveis, o que, por sua vez, alterará as bases econômicas da própria estrutura de classes, preparando o terreno para novas transformações que acabarão por levar o país ao socialismo.

280 DESENVOLVIMENTO E POLÍTICA

Finalmente, se a grande burguesia mostrar-se incapaz de retomar plenamente o poder e se a classe operária tampouco puder conquistá-lo, então haverá oportunidade de se aplicar a terceira solução, que teria que se apoiar sobre um governo forte, pois é, em sua essência, uma política bonapartista. Seu caráter de classe é pequeno-burguês, mas essa classe só consegue exercer o poder em condições ditatoriais, quando as outras duas classes podem ser silenciadas.

A grande burguesia joga hoje, portanto, com sua própria existência, enquanto classe. Os partidos de direita assumem, pois, pela primeira vez, a aparência de correntes de opinião, pois trata-se agora não mais de como melhor manipular o poder, mas de como recuperá-lo contra as classes exploradas em rebeldia.

7. Posfácio

Este trabalho foi redigido em setembro de 1963. De lá para cá, muitas coisas ocorreram, principalmente a deposição do presidente João Goulart pela força. Preferimos não "atualizá-lo" porque achamos que a análise, em sua essência, não somente continua válida, como foi confirmada pelos acontecimentos. A grande burguesia conseguiu êxito em sua campanha golpista e está aplicando a política econômica deflacionista que caracterizamos como sendo a expressão atual de seus interesses de classe. A esquerda, que, embora fortalecida, nunca tinha conseguido obter influência decisiva sobre o governo de Jango, também não foi capaz de definir soluções claras para a crise econômica em que se debatia o país. As "reformas de base", embora justas e necessárias, não constituíam alternativa real à política deflacionária e depressiva, preconizada pela direita. Desse modo, mostrava-se a esquerda imatura para o pleno exercício do poder. Sendo fraca demais para conquistá-lo, contentou-se em exercer o papel de grupo de pressão sobre os que o detinham. Nesse sentido, obteve êxito apreciável, conseguindo a concretização de várias medidas que advogava: monopólio estatal da indústria petrolífera, limitação da remessa de lucros, direito de sindicalização para os camponeses etc. Porém, mostrando-se incapaz de apresentar alternativas à solução burguesa da

A POLÍTICA DAS CLASSES DOMINANTES 281

crise econômica, a esquerda também foi impotente para resistir ao assalto da burguesia ao poder, mediante golpe.

A grande burguesia realizou vitoriosamente em 1º de abril de 1964 o que tentara sem sucesso em agosto de 1961. Fez que o governo fosse entregue a um grupo disposto a aplicar uma política deflacionária e capaz de suportar as consequências econômicas (depressão) e sociais (desemprego e miséria das massas) dessa política. Dos partidos de direita, a UDN colaborou ativamente para que tal fato se desse e colhe hoje os frutos da vitória. No corpo do trabalho já dissemos que ela parecia ter-se tornado a representante da maioria da grande burguesia. Hoje ela realiza a política dessa burguesia, com suficiente apoio militar para poder antagonizar a grande maioria do povo, que sofre suas consequências. Dessa forma, torna-se a UDN incompatibilizada com qualquer regime representativo autêntico, transformando-se na negação de sua própria imagem original: o partido liberal da "Eterna Vigilância" é agora o partido da tutela permanente da liberdade pelos militares.

O PSD manteve sua duplicidade até o fim. Participou dos sucessivos ministérios de Jango, porém aderiu ao Golpe tão logo este se mostrou vitorioso. No momento, parece encarnar os interesses daqueles setores da burguesia que desejam fazer o país retornar aos quadros de normalidade democrática. Nesse sentido, sua posição, diante da realidade econômica, parece utópica. A crise inflacionária, em processo de transformação em crise de depressão, desencadeia pressões sociais fortíssimas que só podem radicalizar o processo político. A moderação pessedista é cada vez menos adequada à situação e o consequente enfraquecimento do partido só será obstado se ele se orientar para uma posição oposicionista, capitalizando (junto com a esquerda) as dificuldades da UDN no poder.

O futuro de ambos os partidos está ligado à capacidade do capitalismo de se manter no país por meios políticos que exijam, para a expressão dos interesses das classes dominantes, de partidos como os que atualmente existem. O período de crise que o capitalismo brasileiro atravessa dificilmente permite prever que tal aconteça. Os acontecimentos de abril, com a intervenção decisiva do poder militar no processo político, demonstraram a falência da política partidária burguesa. As classes dominantes, tendo que legitimar seu domínio por novos meios, terão que encontrar outros veículos de expressão de seus interesses. Os partidos de direita talvez sejam as primeiras vítimas da vitória dos interesses que não puderam defender dentro das regras do jogo que justificavam sua existência.

SOBRE O LIVRO

FORMATO
13,5 x 21 cm

MANCHA
24,9 x 41,5 paicas

TIPOLOGIA
Coranto 10/14

PAPEL
Off-white 80 g/m² (miolo)
Cartão Supremo 250 g/m² (capa)

1ª Edição Editora Unesp: 2023

EQUIPE DE REALIZAÇÃO

EDIÇÃO DE TEXTO
Tulio Kawata (Copidesque)
Claudia Andreoti (Revisão)

PROJETO GRÁFICO
Marcos Keith Takahashi (Quadratim)

CAPA
Quadratim

EDITORAÇÃO ELETRÔNICA
Eduardo Seiji Seki

ASSISTÊNCIA EDITORIAL
Alberto Bononi
Gabriel Joppert

Rua Xavier Curado, 388 • Ipiranga - SP • 04210 100
Tel.: (11) 2063 7000 • Fax: (11) 2061 8709
rettec@rettec.com.br • www.rettec.com.br